第三代儿童心理教育

DI SAN DAI ER TONG XIN LI JIAO YU

赵小明/著

北方文艺出版社

图书在版编目（CIP）数据

第三代儿童心理教育 / 赵小明著 . -- 哈尔滨 : 北方文艺出版社 , 2019.11（2022.7 重印）

ISBN 978-7-5317-4631-7

Ⅰ . ①第… Ⅱ . ①赵… Ⅲ . ①儿童心理学 – 教育心理学 Ⅳ . ① G44

中国版本图书馆 CIP 数据核字（2019）第 187273 号

第三代儿童心理教育

DISANDAI ERTONG XINLI JIAOYU

作　者 / 赵小明

责任编辑 / 张贺然

装帧设计 / 琥珀视觉

出版发行 / 北方文艺出版社

邮　编 / 150080

发行电话 /（0451）85951921 85951915

经　销 / 新华书店

地　址 / 哈尔滨市南岗区林兴街 3 号

网　址 / www.bfwy.com

印　刷 / 哈尔滨久利印刷有限公司

开　本 / 710mm × 1000mm　1/ 16

字　数 / 354 千

印　张 / 26

版　次 / 2019 年 11 月第 1 版

印　次 / 2022 年 7 月第 2 次印刷

书　号 / ISBN 978-7-5317-4631-7

定　价 / 58.00 元

前　言

当教育市场如法式大轮盘赌桌，你的孩子未来的出路在哪儿？

恰逢互联网科技革命时代，20年后国家、社会需要什么人才？人工智能取代大多数职业几无悬念。家长茫然了，恐慌了，教育市场投资者却看到赚钱的契机，虽然他们兴办的教育机构对20年后职业的取向也是茫然的。

什么国学诵经教育，什么胎教，什么双语幼儿园教育，什么小学生武术、儿童跆拳道教育，不胜枚举，这些教育机构如同在一个巨大的法式轮盘赌桌上不停地旋转。

为什么如同赌桌呢？因为家长们以及各种教育机构对20年后能否将培训内容“变现”也是不确定的，无法预知的。家长们不停地筛选，最后也只能碰运气似的投注。

从你怀孕开始就得被迫卷入这个赌局，谁也无法成为社会的局外人，谁也无法躲过这场教育的赌局。

当然，你绝不是庄家。当庄家宣布开赌后，作为孩子的父母，你可以有幸成为参加者自由下注，下注的位置和筹码当然由自己选择。比如说，投注义务教育，或民办教育；投注国学诵经教育，或儿童机器人编程教育；投注胎教，双语、幼儿园教育，小学生武术、儿童跆拳道教育，围棋、户外模拟生存训练教育，儿童财商训练教育，精英富二代，奥数奥语教育，马术，女红德育班教育，儿童情商，儿童钢琴教育，儿童游学、夏令营、冬令营教育，或各种互联网在线教育等等，我不全部列举出来了。

然后，掌盘人把一个象牙球或塑料球放在微凸的轮盘面上以顺时针方向旋转。在这个过程中，家长们就是下注的赌博者，可不断下注。上面标着赌赢的号码、颜色等，钱多的家长为了增加概率，会同时下注多个项目。钱少的家长，只能选择其中一两个项目下注。假如下注成功，最后掌盘人按规定付给获胜者投注后的回报收益。

看起来没有太大问题，轮式底盘也算公平。但是这里面真正可怕的是这个赌注下去之后将持续长达一二十年的时间，开盘的时间要到孩子25岁或30岁之后，才能知道其真正的回报率。

所以绝大多数父母害怕的是，假如一个赌注下错了，就是一二十年，甚至连修改的机会都没有了。

每一对父母都会根据自己的知识经验，来判断哪一个轮盘的胜出率最高。现在最大的问题是，你如何知道现在下的注20年之后球会落到哪儿？

特别是互联网时代，人工智能对整个人类社会各个行业的重组是一次新的巨大的革命。16—19世纪中期的英国圈地运动、18世纪中后期的工业革命以及20世纪80年代开始的我国改革开放时期对大部分人的职业都是颠覆性的。

你如何能知道20年之后什么职业火热，什么职业会消失？职业的消失会让你血本无归。

大多数人依赖过去经验，不断地与政策和经济周期对抗。比如，隔壁老李家的孩子投注海归，出国留学成为金融硕士后回来居然失业了。火热的金融业也开始引入了人工智能，甚至很多银行柜台都使用自动柜员机。那些高大上的机构给的offer起薪比隔壁的码农还低，裁员裁得稀里哗啦。

工业革命之前是传统的农耕时代，那时的教育是私塾模式的第一代教育。现代教育（第二代教育）的起源是工业革命之后的东普鲁士，教育的目的是为国家和社会工厂的大机器工业服务的，当时的口号是做一个螺丝钉。第二代教育培养的是按照国家、社会需求分工的人。

现在的问题在于大家都不知道20年之后哪些行业还幸存。但是这20年间的教育模式是不会变的。所以这场赌注的风险可想而知，现在投注应对20年之后的世界，对绝大多数家长而言，大概率是将血本无归。

于是不少人开始想要在轮盘上投注新出现的一些领域。这些领域包括初中，甚至小学就把孩子送出国学习。而送出国更是奇葩，由于资金有限，他们选择的国家已经从过去的欧美转为新加坡、泰国、马来西亚，下一步估计要转到缅甸了。

毫不夸张地说，这些新出现的投注领域，大概率事件同样是血本无归。

在这种情况下想，于是大家由增加赌注成功的概率就变成了全面撒网。不仅中国如此，全世界孩子的教育在新科技带来的革命面前都是如此。

实际的研究也验证了这一点。德国经济研究院院长表示，今天的德国，社会出身对个人收入的影响比其他任何国家都大。

南都周刊做了一个统计，国内教育从幼儿园到大学毕业大概是134万元家庭开支，出国需要262万元。

所以，越有钱越敢于下注，越敢于下更多的注。他们虽然能比小散户赌赢的概率略高一些，但是这些精英阶层家庭的家长，同样遇到了一个无法解决的棘手问题。这个问题就是，孩子们从小到大受教育的总时间是有限的。在受教育总时间不变的情况下，如何提高单位时间内孩子受教育的最大价值回报，又变成了一个新的难点。于是在这种情况下，一些贫困家庭就通过增加孩子受教育的时间，来弥补金钱上的不足。当然增加孩子受教育时间是以牺牲孩子的身体健康为代价的。

但是，富裕家庭并不太担心这一点，因为他们心里面打着一个小算盘。这个小算盘就是，我的孩子虽然无法和人工智能比拼，但是在20年之后的社会上，只要我的孩子能比普通家庭的孩子认知层次高一些就足以维持目前的社会等级，大体上也应该可以做到衣食无忧吧。

这个小算盘到底能不能实现？小明同样有疑问。因为谁都无法估计人工智能的发展速度及其对人类带来影响的颠覆性程度。

中产和富裕阶层还有一个能让他们略微宽心的筹码，那就是他们目前手上已经储存的各种房产。所以，房产也变成了一个轮盘赌上的与教育相关的投注窗口。

他们的想法是，只要房产不会变成负资产，它至少在20年后还能抵点作用。

不过在小明看来，如果真是要现在投注20年之后，大概有一些东西是不太会变的，比如，孩子的身心健康，孩子的认知模式，孩子的性格完善度，孩子是否对学习持续保持兴趣？孩子是否具有终身学习的能力和意志？

互联网信息革命会持续很多年，想要靠一次大学、几张文凭就混一辈子，已经绝无可能。终身持续学习是下一代人的宿命。千万不要太早地把你孩子对学习的天性给磨灭了，那样他连翻盘的机会都没了。

你眼中的教育是什么？

教育在全世界都是一个产业。中国的儿童教育产业估值有上千亿人民币，而且更令人咋舌的是它不仅是一个巨额产业，更是一个假货横行、骗子扎堆、愚昧盛行的假冒伪劣知识重灾区。

很多家长听一次讲座，就换一种教养方式，但总是无法找到养育孩子的要领。要想真正打开儿童教育的大门，有两大前提不可忽视：

第一要弄懂儿童教育的目标是什么？

第二要弄懂心理学为何物？

毫不夸张地说，无论是市场上所谓的儿童教育机构，还是儿童的父母，对这两个问题都存在很多误区。

儿童教育的目标是什么？

如果你去问那些自封的儿童教育专家，他们会和你说一大堆冠冕堂皇的话。比如促进儿童身心健康快乐成长，比如让孩子成才为社会做出有益贡献，比如让孩子开发智商发展潜能成就自己的一生……

如果你去问儿童的父母，他们会回答教育就是要让孩子好好学习听家长的话，听老师的话，教育要让孩子走正道，不要走上了邪路；教育要让自己的孩子在未来的社会有竞争力……

如果把上面这些答案冠冕堂皇的外衣去掉。你就会发现：儿童教育专家们关心的是如何把自己手上的知识成功地贩卖给家长和孩子。家长们关心的是如何让孩子按照自己的想法长大。

无论是教育专家还是孩子的父母，都是从自己的角度出发，都没有想过：孩子到底需要什么？

换句话说，你们问过孩子没有，他们想要什么？

从儿童教育专家到父母，从学校到社会，大到国家小到所有上面自封的儿童教育者，你们都急着把自己的东西装进小孩的大脑里。

你们把孩子当作了一张白纸，都忙着在这张白纸上写上自己的语言。当你们大功告成的时候，当孩子大脑里填满你们的思想和所谓的知识的时候，所有最初的正确却成了最大的谬误。所有最初的良好愿望和爱的语言，却成了最令人厌恶的东西。

儿童最需要的是什么？可能他们会回答："你们不要像苍蝇一样每天围着我转，我想清静一会。"

父母可能会频繁地观察到一个现象：越来越多的青少年，无论是在家还是出门，总是会戴着耳机，或者戴上帽子（很多人都穿着连帽衣），他们从肢体语言上传递出的信息就是：我很烦，离我远一点，不要再和我说话了。

虽然孩子成长过程中需要的有很多——父母的关心，父母的陪伴，老师的教育。但是他们要的不是过度的关心，以至于关心变成了操纵；他们要的不是过度的陪伴，以至于陪伴变成了干涉。

他们的大脑里面有十万个为什么。当他们提问题时，你们在身边吗？那个时候你也许正在忙于工作，忙于手机。你简单粗暴地塞给了他一个答案。当他们需要有人陪他们玩时，你把他们送到了各种大大小小的培训班，或者给他们一个手机，或者让他们去看电视。当他们想要认知世界时，你们和老师们硬塞给他他不要的知识。

终于有一天，孩子不愿再听你们的话了；终于有一天，孩子不愿意再学习了；终于有一天，孩子看透了你们玩的把戏，原来你们所做的一切只为了两个字——服从。

心理学为何物？

心理学是所有学科中最难的。因为其他的学科都会直接地告诉你1+1等于2，2加2等于4。换句话说，其他所有学科都有定理，但心理学里没有。在心理学里，1+1有时候等于2，有时候等于3，有时候等于4，有时候等于0，甚至还有时候会等于−1。这就是心理学。

心理学里没有定理，任何一个听起来正确的心理学理论，都有它的错误性。原因在于人性的复杂，人类大脑的复杂使得我们无法用任何一个定理说透人性。人性本恶也对，人性本善也对。

儿童教育的本质是扎根于心理学。要想学懂心理学，必须理解一点——每一种心理学理论都有它的边界和适用性。边界内是正确的，超出边界就立即转化为谬误。

现在绝大多数学心理学的人和搞教育的人，总会犯一个学心理学的大忌。那就是学了一个理论，就把这个理论奉为真理，试图用一个理论去解决孩子的所有问题。

孩子再小也是人，孩子再小也有其复杂的人性。更不用说教育的目标是培养一个具有社会适应性的孩子。而社会对人的成熟的要求更是多维度的。社会生活中的成功者，往往知道什么时候需要守规矩，什么时候又不能守规矩，什么时候需要破坏规矩，什么时候又需要走灰色路线。从这一点足见社会的复杂性，也足见孩子培育的复杂性。

孩子既是社会人又是自然人，又恰好处于从自然人走向社会人的过渡期。现在的父母和一些儿童教育专家，常常拿着20世纪的心理学流派理论，用于培养现在的孩子，没有考虑过在这个时代是否具有适用性，也不去了解某个理论完整的框架体系，只是选取某个理论的某个点拿来用。

心理学最大的特点就是——任何理论单独看都是对的，用到现实中却可能只有一种情况下是对的，那就是在符合这个理论具备的条件时。

什么是正确的儿童教育?

正确的儿童教育到底该是怎么样的呢?

现在儿童教育的最大错误就是让孩子生活在了父母、社会、学校、老师和各类辅导班的成年人的社会中，用成年人与孩子的关系替代了孩子与自然、孩子与动物、孩子与孩子的关系。

这一代的孩子大多数是独生子女，孩子的上一辈或者上上一辈基本上会有好几个兄弟姐妹。父母没有时间管教他们，他们大部分的时间都是与其他同龄的孩子生活在一起，会有更多的时间与其他孩子互动，在互动中学会了一切。

孩子和孩子在一起时可以打架，可以吵架。有人成为了孩子王，学会了领导力；有人被带领，学会了团队合作。孩子和孩子在一起有过家家，有模拟未来的婚姻生活，有社会生活的一切。

当孩子和孩子在一起时，一切都是自然发生的。大人过多干涉了孩子的自然成长，才是现在父母教育、学校教育和儿童教育最大的弊病。

无论孩子有什么坏毛病、坏习惯或者各类成长发育中的问题，他们都可以通过与其他孩子互动学到一切。

因此，正确的儿童教育，是不剥夺他们自然接触外界，自然成长的环境与机会。

目录

Content

第三章　儿童认知发展的阶段性特点

第四章　抓住关键期，拓展婴儿知觉与语言的发展

第五章　顺应规律，促进儿童的社会性发展

第八章　常见的孩子教育问题汇编

第九章　案例汇编

第一章

突破传统儿童教育模式的窠臼

第一节　儿童心理教育的现状分析

一、儿童心理教育现状

一直以来，心理咨询实践中有两类来访者最多，一类跟儿童有关，另一类是婚恋的。这两个市场最大。其中，儿童心理教育市场是重中之重。曾经有人估算过，每年全国的儿童教育市场大概要有2000亿以上的产值。这一点，从层出不穷、各种各样的儿童教育培训班就可以看出，有些人甚至通过给儿童办培训班变成了上市公司的老板。

对于大多数心理学爱好者而言，从事与儿童心理有关的教育也是快速成功的一条捷径。目前，大多数培训老师都在赚心理咨询师的钱，而心理咨询师们学完之后却无法通过做心理咨询来赚取自己的生活费，因此，从事儿童教育可能会是他们选择的一条成功捷径。

儿童教育的另外一个支柱是大多数心理学习者自己也有孩子，他们在教育孩子的过程中，也遇到了各种各样的问题。有些是老问题，有些是这个时代面临的新问题，而有的时候是中西方教育冲突中呈现的各种问题，再加上各种各样关于儿童教育的思想理念培训层出不穷，甚至有的互相矛盾，更使得大多数家长完全没有了方向。

二、传统儿童心理学的缺陷

现在大多数关于儿童心理学的知识都来源于精神分析的研究。精神分析从弗洛伊德开始，经历了研究母婴关系的客体关系流派，又经历了研究孩子早期自卑、自恋发展的自体心理学，然后又发展到拉康，研究人一生的欲望、孩子在成长过程中的镜像自我以及孩子是否被妈妈的欲望或者爸爸的欲望所吞噬，或者说所俘获。这些知识构成了很多人了解儿童心理学的基本理论，但是需要注意的是，这些基本理论本身是有重大缺陷的。

（一）研究方法存在缺陷

精神分析的研究采用的是个案观察法，通过观察到一部分成年人现在的一些神经症来推测儿童，或者观察到某一部分儿童的一些问题推测所有的儿童。从研究理论的角度上讲，这是有先天不足的。仅仅将3个关系、儿童的一些观察材料作为研究儿童的基础理论，这些儿童能代表所有儿童吗？另外，我们为什么要去相信一个瘾君子（弗洛伊德有吸毒的习惯）的理论？

心理学要想建立在一个靠谱的研究上，学术研究必须得站住脚，而不应该仅仅是一个观察，应该要有更多的试验室学习和研究的科学规则，这样研究出来的理论才能向更多大众推测。

（二）研究的逻辑对应关系存在问题

很多人在研究儿童时经常犯一些逻辑对应关系方面的错误。例如，有个人小时候偶然吸了毒，长大以后他成了一个高管，那么我们是不是可以推测出要想成为一个高管小时候就得吸毒呢？类似这样的错误在很多精神分析研究里是常见的，通过一个结果推测原因时，常常这个原因并不足以去支撑这个结果。

一个人成为了成功人士，他小时候发生过无数件事情，哪件事情才是支撑他成为一个成功人士的关键要素呢？是因为他小时候爬树爬得多，我们就可以得出一个小时候爬树爬得多的人，长大之后会成为成功人士的结论吗？或是小时候整天和同学打架，我们就可以得出一个小时候成天和同学打架的人长大之后会成为一个高管的结论吗？换个理论说，一个人小时候学习很用功，长大之后成为高管，那么是不是所有学习用功的人长大之后都会成为高管呢？

如果父母双方都是老师，对孩子的学习培养非常好，结果这个孩子最后成为了一个一流大学的研究生博士，那么是不是就可以推论出所有的父母双方都是老师的子女会更成功呢？

再来一个相反的结论。父母两人都是老师，孩子长大之后上了一流大学，但是这个孩子得了精神分裂症，是不是可以推出这个结论：双方父母是老师的家庭教育，由于父母对孩子要求非常严厉，总是抓自己孩子的学习，最终这个孩子在精神上被扼杀了，所以这个孩子得了精神分裂症，能得出这样的结论吗？这显然很可笑。

前段时间在微信朋友圈流传过一篇文章。文章说父母是体制内的，体制内的父母造成了孩子被专制，于是最终这个孩子的精神被扼杀，然后这个孩子出国留学时得了精神分裂症。

这个例子中的原因和结果对应关系，在心理试验室和严谨的心理学科学研究里都是谬论，但是现在这些谬论却传播得非常广，原因就是大众并不能看出这里面有什么问题。

第二节　临床心理咨询靠谱的几大流派

目前在学术界被认可的几大流派，都是全世界临床心理学普遍认可的，是经历过很多实际案例的考验的，证明有效才会延续到今天的。所以，学习心理学，就要重点学习心理学界认可的这几大流派：认知、行为、存在人本（完形、人本、后现代等这些小流派合到一起组成一个流派），还有精神分析，这几大流派都被认为是有效的。

而在我们国内最流行的培训，往往都不是这四大流派的，很多流行的课程乱七八糟，和四大流派没关系。这就说明，目前我们中国市场上的这些心理学培训，绝大多数都不是靠谱的，我们将学习的这些不太靠谱的心理学方法，运用于中国老百姓的心理学的实践，来提高他们的幸福感，指导他们的家庭、孩子各方面的问题，到底是帮助了别人还是害了别人呢？所以，这些问题真的是值得很多学心理学的人去深思的，不要跟着流行的风潮走，什么流行就推崇什么，最后竹篮打水一场空。

“猴子掰苞米”这个小时候就学过的故事对心理学的学习隐喻是什么呢？就是踏踏实实地学习基础的心理学学科。如果缺乏这些基础学科的学习，无疑如海市蜃楼，学习多年都无法学到真实本领。要学习靠谱的学院派心理学书籍，这些书是心理学界共同认可的有价值的、有效的学术和实操的成果。只有学好这些理论基础，才能更好地指导我们的心理学实践。

第三节　何谓第三代儿童教育

互联网时代正在改变着人们的思维模型，尤其是孩子，传统儿童心理教育对这方面的研究几乎未涉及，所以在最后一部分将结合互联网时代特点，展开这部分相关内容的论述，讨论中国儿童的第三代教育模式问题。

所谓第三代儿童教育是相对第一代教育和当下全世界普遍采取的第二代教育模式而言的。第一代教育在我国主要是私塾教育。是开设于家庭、宗族或乡村的民间幼儿教育，师傅带徒弟的学习方式。而现在的第二代教育体系是由东普鲁士发展出的，这种教育的最大特点是，儿童如同上班一样上学，学校教育的目的是满足于国家管理的目标和工业化社会分工的需要，统一以灌输教育为主要方式，缺乏个性化的设置。后来这种教育方式延伸到全世界，成为今天全世界所有国家主要采用的儿童教育方式。

而本书所述第三代儿童教育有望成为未来的教育方向，是在现行教育呈现的弊端、互联网时代特点的背景下提出的一种新的教育理念和教育方式，既有大众教育的优点，又重在针对个体化的设置，既有当下的现实意义，又展望互联网时代未来的社会的需求，并且将社会与家庭教育融合，使儿童教育达到最优化。由于教育的概念太宽泛，内涵丰富，所以本书主要对与儿童心理教育有关的内容进行阐述。关于第三代儿童教育，我们在本书中强调的有三点：

第一，提供有关第三代儿童心理教育的理论与设计思想，以及儿童认知模式培育的关键核心。

第二，立足于心理科学对儿童心理发育的各个阶段的研究成果，建立一个全景式的儿童心理发育的图谱，根据儿童不同年龄阶段心理发育的特征，针对性地给儿童提供健康的心理发育环境。

第三，针对当前第二代儿童教育中的各位家长面对的各种儿童教育中的现实问题，以第三代儿童心理教育的理念，提供理论与实践结合的心理学解决方法和途径。

心理学的学习一直都很难，原因在于看懂了一本书中所有的文字，但并不知道该如何操作。心理学里的理论、理念如何转化为具体的实际操作方法少之又少。

在本书中，我们会对表面的心理学知识进行深度挖掘，解释知识背后的背景和原理，方便大家去应用。

现在很多父母，都被各种教育的谣言迷惑了，朋友圈、微博、各种各样的网络平台对儿童心理的一些研究，大部分是一些所谓的专家断章取义、心灵鸡汤式的，甚至是盲目地对孩子教育提出的一些浅显的方法。这些方法对孩子来讲弊大于利，因为这些所谓的专家对于知识的掌握并不全面。

我们将通过一些案例、一些试验研究让大家明白，这些试验研究在具体运用中和你有什么关系。

在这里由衷地向你说一句：恭喜你，你已经向儿童心理学世界迈出了第一步。

第二章

第三代儿童教育及其实践篇

在前面分析了中国儿童心理教育现状、传统儿童心理学的缺陷以及第三代儿童心理教育的理念。本章内容是在前文有关儿童心理学的理论基础上，结合当下教育体系之现状、呈现的问题，思考互联网革命的背景下展开的对中国儿童教育前瞻性的论述和实际操作模式的中国第三代儿童教育构想。

第一节　关于第三代儿童教育理念的思考

现在全世界在教育方面面临的问题是共同的，只是程度不同而已，但是在质上是类似的。

这些问题其实都是第二代儿童教育所产生的问题。

现在整个人类文明世界采用的教育方式均源自工业革命时期东普鲁士发明的课堂式教育模式。这种教育模式最大的特点就是以老师灌输教育为主，学校课程的设置按照社会需求和国家要求。学校培养孩子的目标是为了满足社会工业革命时期分工的需要和国家管理的需要。

很多人都在吐槽中国的教育，其实这些教育中的深层次问题是第二代教育体制本身所产生的。

西方不少国家针对第二代教育所产生的问题进行了一些改良。比如说增加讨论和实践，增加课外时间。但这些改良仍无法从根本上解决教育中出现的问题。

到了互联网时代，人类所发明的第二代教育面对的问题就更多更广了。

最主要的就是我们培养的孩子和未来20年之后互联网时代所需要的人才之间产生了巨大的变化。在人工智能将取代大多数传统社会分工的职业之后，人类还能够胜任的工作类型到底有哪些？教育该如何应对这种变化？

全世界的教育在当前互联网革命的形势下都是茫然的，不仅是中国，目前来看，任何一个国家都没有好的应对策略。

在这种背景下，家长们普遍产生了焦虑。他们八仙过海，各显神通，或者听从这种教育理念，或者听从那一种教育理念，而孩子就变成了时代转型期的实验品。

在北上广深超一线城市，某些家长间甚至流传着“乱世教育”与“精英教育”两种教育方向的争论。

在小明看来，无论是让孩子学国学还是让孩子从胎教期间就接受全盘西化教育，都不能解决互联网革命对当下教育所产生的颠覆性冲突。

因为人类过去教育的目的是知识在大脑中的累积，而互联网时代这种知识的累积作用将变得越来越弱化。

小明把未来时代的知识分为两种：可直接从互联网获取到的知识与不可直接从互联网获取到的知识。而未来的教育比拼的是那些不可从互联网直接获取到的知识。知识本身将不再以大众为导向，而要转变成一个认知的载体，教育的目的将不得不通过知识的传播过程来提高孩子们的大脑认知能力。

因此无论是国学，还是西方精英教育，知识都将只是一个教育的工具和载体，而不是教育本身的目的。

最重要的问题是老师是否有能力利用这些知识的载体来提高孩子大脑的认知能力？

在传统的第二代教育模式中，目前我们可以改良的思路主要如下：

教育不应该再是以老师为主的灌输式教育，一定要记住字面含义和实际含义之间会产生信息损耗；字面含义和孩子理解的含义之间会产生信息的损耗；一个人理解和多个人理解又会有信息损耗的差异；听课理解和讨论理解之间也会有信息损耗的差异；讨论学习和实践之间又会产生信息损耗的差异。这么多差异叠加到一起，孩子们学到了十分之几？

而这一点其实在心理咨询师的培训过程中表现得也非常明显。为什么中国100多万通过国家认证考试的心理咨询师，实际从业者却只有一万左右呢。为什么在这一万左右的实际从业者中具有真正解决问题能力的又少之又少呢？原因就是心理学知识在传播过程中产生了大量的信息损耗。一本心理学的教材基本都只是理念。如何将这些术语概念和心理学的原理运用于具体的生活实践中？由于心理学教育中理论知识和实践知识是被割裂的，很少有老师能够全面地掌握心理学理论与实践。于是各种心理教育、科普与培训往往成了瞎子摸象。大多数老师都不能够掌握心理学知识的全貌。

第二节　12岁儿童心理素质的调研

2018年我们参与了央视儿童频道的一档节目，并以这档节目为契机，对全国一些具有典型性的城市儿童进行了实证调研。我们以中国文化背景下对孩子教育的需求为出发点，设计了针对中国孩子的儿童心理教育调研。

根据儿童成长发育的特点，我们选择了处于儿童心理重要转折时期的12岁儿童作为调研对象，设计出较为科学的教育方法，以便社会利用孩子培养的关键时期，重新塑造孩子性格中的不足。

我们通过各种筛选法判断出，哪些孩子具备较强的能力，哪些孩子不具备，然后按照调研中发现的问题来重新训练孩子。这样将更有针对性，孩子学的东西也将更适合中国文化。

在观察孩子时，我们结合当下时代背景和未来预期两种评估标准，全面考查孩子能力。

1. 以当下时代背景为评估标准的儿童能力调研

（1）主动性

在当下时代，主动性是这个时代的机会和评估标准，所以我们会评估孩子的主动性。比如说，主动与人接触、交流的能力。

（2）独立思考能力

我们专门设计了孩子权威感方面的题目，现在孩子们独立思考的能力比过去的人强很多，70/80后的人对权威感还是很服从的，而现在这一代孩子对权威感没有太强烈的意识。在测试中如果我们故意说出一个错误，孩子们就会说，你们专家不能骗人，而上一代人估计很难会这样说话。

（3）沟通能力

沟通能力共分三层：被动回答问题是初级层次的沟通能力；如果不仅仅回答问题本身，还能回应并告诉对方更多东西，说明具有第二层次的沟通能力；第三个沟通层次的能力是主动向测试人员询问疑惑。

你孩子的沟通能力属于哪一层呢？越接近第三个层次，代表孩子的社交能力越强。

70/80后的人一般都是等着别人问问题，很少有主动作为一个学习者去问老师问题的，但对现在的孩子，就要考查他们的主动沟通能力到底有多强。

有一次，我给一个孩子面试。我问他："平时吃什么东西？怕不怕自己吃胖？"这孩子反过来对我说："老师，你的饮食管理不错。"我回应说："小明老师平时吃东西不能吃太多，免得发胖。"这个孩子就鼓着掌说："哇，你好棒哦，鼓励一下你！"本来我是作为一个老师去鼓励他的，他却反过来鼓励一下我。这说明，在他的心理世界里，他并不觉得我和他在地位上有什么差异性。这样的人毕业后参加公司面试时，公司会觉得这人主动性很强，他肯定能在公司里做很多别人做不了的事情。这是容易被筛选上来的孩子。

2. 以未来预期为评估标准的儿童能力调研

（1）第一时间的主动性和具有展示自己的自恋性

有些孩子很奇怪，班主任说他很优秀，同学也说他很优秀，但是在我们给他面试时，第一个问题他沉默，第二个问题他等待别人回答，到第三个问题时他才准备展现他自己。

现在这个时代，要求的是第一时间的主动性和具有展示自己的自恋性。在这个时代，如果你还要谦虚三次才站出来，时代可能不给你机会了。这和过去时代标准不一样了，很多孩子本来也很优秀，但他们的优秀只展示在熟人面前。

就此，我们就可以有针对性地训练孩子，能不能在需要的时候第一时间主动展现自己。这种优秀才叫真正的优秀。如果等到跟别人混熟了才展现自己，这个时代没有人等你，很多机会就错失掉了。

（2）对成人世界的知觉

下面是一组和孩子的问答：

问："你父母在哪里上班呀？"答："父母在外地上班。"

问："你去没去过你父母打工的地方？"答："暑假时去过。"

问："你暑假去你父母打工的地方，你看到了什么？"

这些问题想训练什么呢？是想搞清楚一个孩子对成人的世界有没有足够的知觉。

有些孩子意识到了，会说父母打工的地方环境不好，父母每天下班时间很晚，经常熬夜加班，生活条件比较艰苦。但也有些孩子说没看到什么。这两种孩子，前一种是有知觉的，后一种是没有知觉的。

孩子应该了解大人世界的知觉，了解父母生活的情况，这样对孩子的成长是有利的。我们发现，中国的孩子需要增加这一部分的训练。

大家可以问问自己的孩子，他了解你的工作吗？他知道你工作的辛苦程度吗？这是中国教育里又一个可以弥补的问题。像这样大量、真实地记录当代孩子的问题，才有可能创造出适合孩子的好的教育方法。

（3）对孩子的财商调研

中国父母对孩子财商的要求和西方也不一样，因为文化不一样。西方的财商培育，更多的是让孩子拥有对钱变现的能力，从小会教孩子很多，诸如如何投资、理财、炒股票等等。而中国对孩子的财商教育是对钱的态度，首先培养的是对钱的价值观和欲望，要让孩子意识到钱是用来满足某种需求的一个工具，钱不是生活的目标。这是中国孩子需要的一种教育，一种符合中国孩子特点的教育。

我们设计中国孩子的财商培育，首先是训练孩子如何做选择。

孩子要买东西可以，但是如何选择适合他的东西和对他有价值的东西才是关键，而不是买或不让买的问题。现在一般家庭都不像上一代人那样穷困，都会给孩子一定的零花钱，孩子能不能把这些零花钱变成有价值的东西，能不能够把钱花得恰到好处、满足自己某一个有价值的需要，才是如何花钱该教的理念。

第三节　第三代儿童教育项目设计思路

第三代儿童教育与传统教育在场景应用上有本质的不同，第二代儿童教育的场景主要是教室，第三代儿童教育的场景是各种与问题导向相关的具体实践场景，街道、商城、田野、工厂、电影院、医院等等，甚至包括大型主题公园。

教育的形式不再是以老师的单向信息灌输为主，而是以主题式的问题解决为方向，教师并没有最终问题的答案，答案是开放式的，也是动态的，一个主题甚至可以延续在孩子不同年龄的教育之中。就如同我们给央视儿童频道设计的节目一样，整个节目的过程就是一次儿童心理教育的过程。

第三代儿童教育的载体不拘泥于中国传统文化或是西方经典学科。我们的设计在于未来时代，知识本身不是教育孩子的目的，这点与第二代儿童教育以知识传授为目的完全不同，在我们看来，凡是可以在互联网上直接搜索到的知识都不是教育的终点。我们把互联网时代的知识分为两种，第一种是可以直接获取到的知识，第二种是不可直接获取到的知识，第二种才是我们第三代儿童教育重视的内容。但我们同时并不把任何知识作为学习的目标，我们把第三代儿童教育的目标定位于，借助任何一种既有的知识载体，不论它是《周易》还是围棋，还是语言逻辑学，都可以以这些知识作为载体来提升孩子的认知，培育孩子终生学习的能力，所以第三代教育最核心之处在于给孩子们赋能。

一、设计思路

第三代儿童教育项目体系采用互联网对孩子大脑的影响原则进行设计，具体包括游戏化设计、场景化设计、游戏场景的实景再现等。

（一）游戏化设计

游戏化思维：游戏化思维也是一种闯关的思维，用一句话来概括就是升级、打怪、换地图和装备。

随着时代的发展，为了跟上孩子发展的步伐，各种教育项目都需要采用游戏化思维来设计。下面通过几个设计方案向大家具体说明。

1.《小厨童》节目：

2018年底，我们又参与了少儿频道《小厨童》节目的策划，把儿童的饮食节目拍成儿童喜欢看的游戏版本的厨艺节目，具体利用了游戏化思维里面的积分和装备。

设计节目时，我们把一个厨师的工具，比如勺子、菜刀、帽子、衣服等，设计为节目游戏的装备，每个装备都是孩子在节目进行过程中的一个奖品；小孩在学厨艺的过程中，每学会一种美食就给他一个积分，积分到一定程度就给他换一个装备。这就是借助了游戏化思维。

2.大学游戏化课堂

现在世界上有的大学的教育模式已改成游戏化课堂。整个课程就是一个网络游戏，每个人在里面都有角色、任务。每完成一个任务后升一个级别。最后毕业时，看学生的等级到了哪里。这种游戏化课程用的就是积分、领任务模式，每个人领的任务都不一样。使用这种模式教学后，大学生喜欢学习了。

3.心理咨询的游戏化设计

我们在给孩子做心理咨询时，也要考虑用游戏化思维去设计，而不应是传统的心理咨询模式。对于下一代人，如果再使用传统的心理咨询方法，他们将不再感兴趣。

我们可以把心理咨询改成游戏。每个人都有一个生命值、饥饿值、道具和技能，孩子来到后，先算一下他的各种值——生命值、饥饿值、情感值等等是多少。这时，孩子会马上对心理咨询感兴趣了。为了提高他们的参与度，我们还可以利用虚拟币，例如，不迟到就能获得多少虚拟币等。这就是对现代心理咨询的游戏化改造。

（二）场景化设计

1.场景化。

我们把儿童喜欢玩的游戏，或者儿童喜欢看的某个电影、动漫场景化，虚拟成二次元。通过二次元再给孩子奖励，让孩子在打怪、升级的过程中学到东西。

场景化大概有几种方式，例如我们国家所做的特色小镇就是场景化设计，有主题，有某个文化。假如这个地方是古代的一个文化典故，就可以打造这种文化，把文化现实场景化。

2.仿古、文化落地。例如把《白鹿原》的地方场景落地。

《白鹿原》电影落地、主题式的、仿古的落地，都是现在的风格。后期风格还会变化，例如仿古建筑+魔幻风格。现代小孩喜欢的就是仿古+魔幻，模仿古代的某个元素，加上虚幻风格的魔幻。例如将《西游记》里的洞窟，或者《哈利·波特》里的某个场景，加入古代的一个背景，用两者相结合的风格去调剂场馆。

二、开发模型

我们的开发模型和传统的开发模型区别非常大，具体开发方法如下：

首先，开发儿童绘本。设计12个小朋友的二次元形象。每个小孩子都有性格的优势和缺陷，再用绘本的方式把故事创造出来。其次，开发影视、游戏和周边产品。再次，训练孩子在游戏过程中性格的特质，在网上会有他的积分等级。

我们和现代的儿童教育市场区别就在这里。现在儿童教育市场都是照搬西方的儿童教育理念，我们是用中国国情的东西，用前期的调查数据来开发儿童教育市场。

现在的儿童教育培训以考试为目标。我们是以学习、儿童性格、心智为渠道，并不完全针对考试，但是也和考试有关。现在清华大学、北京大学自主招生，仅心理环节就至少是三个小时。三个小时里，一群考生讨论问题，旁边的心理老师或专家进行观察，看孩子在讨论过程中性格的表现。现在自主招生已经开始用这个方法来挑选孩子了。美国八十个一流大学，在自主招生里提出了八项重要素质。他们用这八项重要素质来挑选孩子。我们设计的12项参考了美国八十个一流大学自主招生时的要求，参考了清华、北大的要求，所以，我们这套设计既训练素质，也能帮助孩子以后上大学，也不是完全不应试的。

关于我们参与央视儿童频道在节目中对12岁孩子心理教育的详细设计内容，我们随后会与节目制作方共同将内容整理成书出版。

第四节　培养儿童的战略预测能力

有人专门研究过富人和穷人的思维，差异在哪儿呢？穷人特别着迷于解决眼前的问题，每天在哪里吃饭？可以挣多少钱？他花大量的时间解决眼前让他焦虑的各种各样的烦恼。可是他忽略了下一步，忽略了明天，忽略了下个月，忽略了明年，忽略了未来，所以他不可能为未来的变化做出任何准备。如果你做的每件事都没有为未来做准备，那你的生活永远是随波逐流，这样的生活又怎么会提高你的阶层呢？这是不可能的。

人和人之间的差距往往就在于对事物的预测能力以及能不能提前看两步。我们为什么从小就要培养孩子下棋呢？下棋的意义和价值就是提升一个人判断预测的能力。后两步棋子怎么走，如何采取应对措施呢？时间久了就会训练出对预测能力的思维。这种思维就是深度思考的结果。

我记得曾经遇到过一个学员，她和她的男朋友在结婚前下棋，下棋时她就发现她男友从来只考虑眼前的这一步，不考虑后面的那一步。她说："你咋不会下棋呢？"她男朋友觉得下棋不就是这样吗？你走这一步我就走那一步，他没有想过下棋培养的实际是你的预测计划能力。这种缺乏计划、预测能力的人未来的人生规划是容易有问题的。

大多数学心理学的人也有这种特点，他们总在学眼前正在流行的东西，从来不会去思考现在学的东西对未来三五年的价值是什么。所以他们的所学很难跟上时代步伐，就只能一直走在求学之路上了。

我们观察一个人是不是具有深度思维能力和对未来的把控，就是看这个人在思考眼前还是在思考下一步，还是正在思考下两步，有没有战略预测能力。

马云十多年前在做淘宝的时候不就是有战略预测能力吗？我们一直在讲儿

童心理学，就是想告诉大家，培养儿童就是要培养儿童的战略预测能力。不要只想着眼前的，要想着下一步的，再下一步的是什么。

我遇到一个家长带着小孩做心理咨询，那个小孩沉迷网络：喜欢玩网络游戏，喜欢刷抖音，以至于影响正常的学习生活了。我跟那个小孩聊天时，就问他：

“咱们这样想一想，现在把你喜欢的东西全部都变成你父母喜欢的东西。他们喜欢玩这些东西，喜欢玩网络游戏，喜欢用手机上网聊天，喜欢刷抖音。现在你是他们的孩子，你看到你的父母在玩，你会想到什么呢？”

这孩子一下就明白了，他说：“我就开始担心了。”

“担心什么？”

“担心没人管我了。”

我说：“不仅是现在没人管你，今天没人给你做饭，明天，三年呢，五年呢？我估计你们家的房贷都没人还了，你可能接下来要考虑你住在哪儿的问题了。这就是你父母现在担心的。”

我们训练孩子培养预测能力需要讲方法，才能起到预期的效果。

如果一个孩子具备了预测能力并执行规划，将无惧时代的发展。

第五节　多维度提升孩子认知模式

20世纪70年代，美国卫生局的局长派了一个顾问小组，专门去调查电视对儿童的影响到底有多大。他选了三个领域的科学家：第一个是科学界，第二个是媒体界，第三个是普通大众。招募科学家的时候，他要求有三类不同知识背景的心理学、社会学有关的科学家共同参与。那么我们根据他招的这三种人就可以看出，要想研究出一个心理现象至少要听三个不同维度的意见，这三种维度的意见对我们是很有启发的。

大家可以看到，人的任何一种行为至少要从三个维度考虑才可以做出定论。这三个维度是什么呢？第一是社会学，第二是精神病学，第三是心理学。这就说明一个人的行为既受社会影响，又受精神病学影响，即先天基因遗传、大脑器官生理的影响，还受心理学的影响。

现在很多人学心理学，既不考虑社会维度，也不考虑精神病学维度，只考虑心理学里面的某一个流派。比如说精神分析，只是考虑精神分析里面的某一个流派。把一个人的观点，作为影响人类心理现象的全部理论，而且信奉不已，这就是偏差，这就是心理学里面最常见的错误。

心理学最常见错误就是只用一个维度去解释全人类的现象。精神分析分了很多流派，科胡特是一个流派内部的一个分支，有人把对科胡特一个理论的引用泛化到了全中国人，然后说全中国人都是巨婴。很明显说这话的人既没有考虑过精神病学维度，也没有考虑过社会学维度，当然更没有考虑过心理学维度里面的其他流派。所以这种拿出一个流派、一个理论放之四海而皆准的心理学都是假冒伪劣的心理学，是极其不可取的。

美国政府对三个维度的选择对我们是非常有启发意义的。市场上有很多儿童心理学方面的研究，今天这个培训班对你说儿童要这样教，明天那个培训班对你说儿童要那样教，然后每个原理都头头是道。很多人上了一个培训班就认为，儿童教育就是这样的。其实远没有那么简单，任何一个原理，任何一个心理学现象都得考虑多维度——每个维度都会对这个人产生影响，然后再去区分这些维度是怎样共同作用在一个人身上的，这才叫科学的心理学。

当无数的家长奔波于各种育儿知识中的时候，其实反而遗忘了一个自己教育子女最重要的先天优势，这个优势存在于每一个家庭中，只不过很多人都忽略和遗忘了。

小明在这里从心理学的角度给大家讲讲，什么叫作家族传承的基因。基因分两种，第一种是生理上的基因遗传，第二种是家族文化中的基因遗传。为什么祖上有人当官，这个孩子就更容易在官场上成功？为什么家族中有做生意的传统，这个孩子就更容易在商场上成功？除去人脉的支持，还有一个非常重要的性格因素。中国古代讲有舍必有得，如果你家族的政治资源丰富，那么在官场上，你就不会计较小的得失，你会更敢于进行权力的交换。因为你有，你就会在权力上显得很大方，舍得赋权，而这恰好又是官场上最需要的一种政治智慧。如果你家族的生意市场资源丰富，换句话说，你有足够的资本，你同样不会计较小的金钱的得失，你也同样会更敢于进行资本的互换，会更懂得如何用钱去收买人心，利用你所需要的资源，这样你就更容易在商场上成功。同理，普通人，他们最丰富的资源是什么？农民，农民工，建筑工人，可能他们最丰富的资源就是力气和时间，所以他们并不会太计较去给别人出力，他们在出力气方面也是比较大方的。律师和心理医生是最不愿意随便给人时间的，你想和他多说一句话，他都要跟你算钱。假设你想要和农民伯伯聊聊天，他们倒是很愿意和你说话。

同样是有舍有得的道理，你舍得让你最多的资源为人所用，就会换回来你所不具备的资源。

那么大家现在好好想想，很多父母花费时间、金钱、精力来教育子女，其中有一项是我们每个家族都具备的资源，那就是家族文化中的精髓，这么重要的资源千万不要忘了传承给自己的孩子。你们家族文化传承的基因是什么？你们家族文化中最能舍得的资源是什么？你们家族最核心的经验原型是什么？

打比方说，你的家族是书香门第，不缺知识的传承，你最舍得的就是输出自己的知识给别人，所以你最大方的地方也就是你不吝惜自己的知识，那么你最容易成功的捷径也就是用知识去交换资源。

大家再延伸思考一下，我们为什么会失败？人最容易失败的地方就是你不具备家族文化传承基因和经验原型的地方。比如说你的家族的经验原型本来对金钱很吝啬，你不舍得拿钱去交换资源。你在商场上与人打交道太吝啬，你与客户打交道斤斤计较，你对待员工太苛刻，你在商场上就很难成功。我们最容易失败的地方是哪里？就是你的经验原型所不能触及的地方。

那我们老百姓嘴里经常说的命苦又是什么意思呢？命苦就是你本来具有某一种家族传承的文化基因和经验原型，这是你最丰富的先天资源，你本该拿你最丰富的资源与人交换，但你在本该大方的地方，却很小气，不舍得，那么你就会命苦。因为你不舍得拿自己丰富的资源去交换你没有的资源。你的生命中就不会有贵人扶持。当然我们不排除有极个别能力超凡的人，他们是可以挣脱家族文化传承的基因的，可以跨越家族的传承，进入其他的领域获得成功。

在对每一个孩子进行培养的过程中，我们都应该有意地传授给孩子自己祖辈的经历、故事、以及每一代所传承的文化精髓，这个过程在临床心理学里叫作每一个孩子都应该与祖先相遇。当孩子认同自己祖辈传承的经验，这个孩子才算是有了根。国外的小学生入学时，经常会有一个课堂练习，叫作画出自己的家族树，这一点和中国古代的传承内核是一致的。

大家如果有机会去腾冲，就会看到很多家族都有祠堂，保存得非常完好。而腾冲人才辈出，这不能不说与孩子对家族文化的认同和文化的传承有一定的关系。能够在孩子人格发育的关键时期，让孩子获得祖先的经验原型，孩子就更容易获得自信。

第三章

儿童认知发展的阶段性特点

儿童教育的依据最靠谱的是心理学有关儿童的一些有价值的研究。本部分内容参考了《改变儿童心理学的20项研究》中的世界级理论成果。这些研究是人类心理学中与儿童有关的，对我们进行儿童心理学培训，开拓儿童教育市场，或对自己的孩子进行有效的教育引导，都是非常有价值的。

第一节　儿童智力是如何形成、发展和进化的?

一、创造逆境，塑造高智商

皮亚杰在儿童心理学研究方面坚持进化论思想，非常关心儿童的智力是怎么发展的。他认为，人的智力是在和环境进行互动过程中的独一无二的个人经历所形成的。有不少心理学研究都支持这个观点

大家都知道犹太人很聪明，但是犹太人的聪明到底是先天的，还是环境造就的呢？环境造就肯定是其中一个因素。犹太人在历史上经历了很多次迫害，这些迫害对他们刻苦努力学习、自我保护、喜欢积蓄、追求知识等性格都产生了积极的影响，这就是与环境互动的结果。

换句话也可以说，与环境的互动逼着犹太人变聪明了。比如犹太人曾经在历史上被禁止从事直接的买卖行为，于是他们被迫退到后台开始从事金融行业。大家所熟知的小说《威尼斯商人》描述的就是一个放高利贷的犹太人在被禁止直接从事商业贸易的背景下，而被迫成为了从事后台金融的老板。我们都知道搞金融的人都是非常聪明的。

我经常听说湖北人是九头鸟，意思是他们非常聪明。一些湖北的心理圈朋友告诉我说这有环境的原因。特别是黄冈、《三国演义》里的荆州、天门等等这些地方的人据说非常聪明，其中一个因素就是地理环境，这里从古至今都是兵家必争之地。如果一个地方经常打仗，人们总是流离失所，想要生存下来的人就得提起十二分的警惕心，必然就会变得非常聪明。这就是环境对人性格的塑造和影响。

人要适应环境，有时候还必须要创造有价值的环境。我们给孩子创造的如温室般的环境未必是可行的，温室般的环境给孩子带来的往往是无能。孩子需

要一定程度上的受挫环境，需要环境对他的智力产生一定程度的刺激，需要他利用自己的智力去思考、去解决环境给他提出的问题，而正是这一切促进了孩子智力的发展。

在我小时候的年代，父母不太关注我们的学习。孩子们经常在野地里到处玩耍，研究如何在老百姓的鱼塘里抓鱼，研究上树抓鸟，研究怎么利用手上的工具制作一个玩具……类似这样的经历，其实都是促进智力发展的环境。

二、探索世界，开发与生俱来的学习力

对于儿童智力的获得，皮亚杰延续了一个古老的说法："个体发育重演着种系发育。"这句话的原初含义是指作为一个物种，是从单细胞到多细胞，到软体动物、脊椎动物，再到哺乳动物一点点地发展起来的。所以他说一个个体的发育其实是把整个种系的发育演了一遍。

初中时我们的生物老师就这样讲过：一个胎儿在母亲体内的过程，有些阶段像鱼儿一样，有些阶段似乎还有尾巴，然后一步步进化成人。

所有的动物都有情绪中枢，也就是嗅脑部分，情绪中枢发展到人类就更加发达了，成为可以控制人类情绪、情感功能的边缘系统。

有些分类法认为，人和动物的区别就在于动物是情绪，人类是情感。这种分类对不对，也未可知。

人类情绪、情感的发育是个延续的过程。动物大脑用五官感知觉。比如，狗通过嗅觉大脑里马上就产生很多和嗅觉有关的神经网络，它会通过自己闻到的各种气味产生情绪反应。若狗闻到了狗熊的气味，它的大脑情绪部分马上就会产生焦虑、恐惧、紧张，这就是狗大脑里的情绪部分在工作。狗的大脑多数部分都叫作嗅脑，是和嗅觉有关的情绪大脑。人类的大脑除了情绪部分以外，嗅觉细胞是退化的，其他很多的感知觉细胞相比动物而言都有所退化。人类大脑的边缘系统与动物比起来有一部分退化，有一部分也许升级成了情感。

人的大脑还有一部分和爬行动物类似，控制人的意识化行为，比如大脑里的杏仁核就是控制警觉系统的。这些是原始动物具有的。

人类也是这样，先长动物大脑的部分，再长人类大脑的部分。

由动物大脑到人类大脑，最后发展到人类大脑的外壳，也叫皮层。围绕着大脑的皮层产生的网状神经系统，叫作皮层结构。皮层和额叶中枢构成了人类智慧最重要的理性中枢。有些动物也有薄薄的皮层，比如高级灵长类动物，甚至老鼠也有一些薄薄的高级动物所有的大脑皮层。胎儿在妈妈子宫里慢慢发育时也会经历这一过程。

胎儿的大脑发育有一些关键时期需要适度刺激，以促进他神经网络的发展；出生后在新生儿期大脑也要经历一个有适度刺激的关键期，比如丰富的感知觉刺激、神经刺激、皮肤接触刺激都会促进孩子大脑皮层、感知觉系统的进一步发展。这就是胎教、早教最基本的理论依据。

很多人学习心理学总是学不懂，原因在于大脑获取的是碎片的知识。就像盲人摸象，前几年摸的是大腿，后几年摸到了尾巴、耳朵、鼻子、躯干，只有把心理学所有部分全摸完了，才能看到心理学的全貌。当你大脑里所有的心理学碎片知识全部串联在一起的时候，才能产生对心理学的领悟，相当于碎片知识联网了。

成年人学习陌生的学科是这样，儿童学习也是这个过程。儿童小时候什么都想尝试。所以儿童刚出生之后拼命地想用嘴、手、眼睛去探索这世界的一切，想了解所有的东西。在这个过程中，他们由点到线再到面，最后形成对某一事物的感知觉。例如：孩子出生后慢慢会爬了，就会对周遭一些事物感兴趣，去触碰；能走路了，会对水等物体感兴趣等等。

如果对水感兴趣，他会花很多时间去研究是怎么回事，会用手去触碰，用嘴去尝，用鼻子去闻，每天不停地做这一件事情。在反复做同一件事情的过程当中，他要确定与水有关的所有事情，都体验完整了之后，他明白了水是何物。

这就是从碎片，慢慢到对一个概念完整领悟的过程。

三、玩耍、体验式学习，完成儿童智力进化过程

世界上每一件事情，儿童只要有机会接触到都会尝试了解它的全貌，这也是儿童大脑自行的神经网络发育过程，对概念领悟全局的过程，但是，什么样的尝试、体验、学习才最有利于孩子大脑神经网络的发展，也最有利于他对某一个概念的获得呢？这是幼儿园、中小学生家长们最关心的问题。

目前有关儿童教育的观点：

第一，传统教育，特别是第一代的私塾式教育和第二代的课堂教育。

儿童大脑神经网络的发展需要适度的刺激，需要对一个概念进行全局的了解，孩子需要掌握、体验、尝试所有与这个概念有关的知识。而第二代教育的学习方法是让孩子坐在教室内，就某一个知识对其进行符号化的灌输（非体验式的灌输），学习种白菜，不去地里看一下白菜是怎么生长的，不去自己体验种一棵白菜，而是进行符号式的学习。这种学习，使得孩子最终对某一个概念、对知识的理解并不全面。

例如有关大象的学习，你只懂得了理论上大象的图片，不会知道大象的立体是什么样子。只有站在大象面前你才会发现大象身体上会有什么样的味道以及其他特征。关于大象全局的认知、理解，仅靠理论学习是不能获得的，正如很多人到处参加心理学理论学习，而缺少对心理学的体验、操作一样，难以知道心理学的全部运用过程。

这就是第二代传统教育的缺陷，课堂式、书本式学习的过程，并不是获得知识全貌的最好方法。人类第二代教育基本上都是这样完成的。

第二，另外一种关于儿童教育的观点是玩耍式学习。

孩子在玩耍过程中可以获得两个好处，一是可以丰富大脑的神经网络，二是在心情愉悦的同时体验到爬树、翻墙的实践。在学校的院子里翻来覆去地折腾，自己动手做东西，观察各种各样的植物，采野果、捉虾摸鱼、烧烤等等，整个过程既用玩的方式丰富了大脑的神经网络，又尝试用体验的方式对某一个概念有更丰富的了解。这就是玩耍式、体验式的学习方法。

玩耍容易解决，寒暑假时把孩子放到山里，让他跟山里的小朋友玩两个月，平时也给他一些野地玩耍、接触大自然的机会，就可以帮助他完成大脑神经网络的发展。

举个例子：传统学校教育，即第二代儿童教育的学校老师教学生勾股定理，学生会学到符号式的勾股定理；体验式学习是带孩子到野外，到自然界去实践勾股定理，孩子就得到了勾股定理更丰富的、多层面的、体验式的信息。这些信息就像一个小孩子从小玩水一样，通过各种领域理解水。孩子学习书本上的知识时有了实际体验的过程，相当于王明阳说的“知行合一”。有了这个过程，孩子对所学的知识既不会厌烦，也会掌握得更全面，始终不会失去学习的兴趣和乐趣。

曾经有位家长对我说：孩子到了初中死活不愿上学了，每次送到学校门口，孩子都不想进去，问我怎么办。

出现这个情况是因为孩子在接受灌输式的第二代教育（东普鲁士式）之后，对某一个符号式知识的学习过度了。我们从小到大背的很多符号、概念现在都记不住了，这些知识概念的获得是符号式的过度强化，却没有体验式的、完整的对概念的学习过程。这就是学习同样一个知识有些人总是学不会的原因。

同样，学习心理学也是这个道理。参加了各种各样的培训，老师在课堂上讲的心理学只是一个概念、理论，没有具体的和概念相关的更多细节以及具体的操作流程，没有对知识的讲解过程，就很难真正学会这些知识。

更重要的是这种符号式学习完全磨灭了孩子天性里对自然和学习的本能探索兴趣。

学习心理学就是这个过程，首先要学到一部分符号知识，其次得有一个好老师，能够对符号知识进行更多的信息讲解，再者得有人带你去实践，在生活中实践心理学。这三个方面合在一起，才能真正学懂心理学。

我在上大学、读研究生时，就是先学习心理学理论，然后马上将理论进行实践。老师带着我们去做项目，做课题，把学到的心理学知识在各个领域实践。

有一年台海危机，老师带我们到福建沿海一线去对备战的官兵进行心理测量、沟通、访谈，观察了解他们的应激反应。这种学习模式让我们把一个理论的大象变成了一个真正的实体大象，这就是体验式知识获得的过程。

皮亚杰说个体获得知识就像种群，是从单细胞开始最后形成高级智慧生物的过程，人类获得的知识也是从简到繁、到全的过程，但是，传统的书本课堂教育是不能完成这个任务的。

小明发现，现在最流行的育儿方式叫作手机育儿。今天小明去一家小面馆吃饭，老板的孩子六岁左右，父母在忙着招待客人，没有人陪他玩儿，于是他就哭闹了起来，这时候他爸爸走过来，随手把手机递给了他。这个六岁的孩子熟练地操作着手机，很快就不再哭闹了。手机育儿成本可能是各种育儿方式里面最低的了。富人家的孩子被安排了各种各样的课——钢琴、游泳、跳舞、网球、课外辅导等等，还经常去看话剧、参观美术馆，课外活动丰富多彩。而有一些家庭，由于各种主客观条件的限制，不得不用一部手机填满孩子精神世界的一切空白。有的时候小明严重怀疑富不过三代这句话不过是给某些人的麻醉剂而已。从心理学角度讲，孩子的成长首先是从模仿大人开始的。当父母手机不离手，频繁用手机玩游戏时，孩子同样会被手机所吸引。孩子进入社会，最重要的就是社会化和社会适应性。孩子进入社会，是通过与父母的沟通和交流，逐渐学会适应社会的各种技能的。当孩子沉迷于手机或者父母没有时间与孩子进行更多的交流，就会使孩子把投向社会的兴趣转向网络，从而影响他们在真实世界与人的沟通经验和适应能力。当他们进入学校生活时，就无法适应与同学和老师的交流，容易逐渐被学校和社会边缘化。小明在这里强烈地建议各位家长，每当孩子从学校回到家里时，父母一定要放下手机，与孩子多说说话。不要等到他们在社会适应方面出了问题再去焦虑和着急。在孩子成长的早期，如果不培养孩子对真实社会和真实世界的兴趣，之后的培养成本会更高，代价会更大。

狗到了野外会不会变成狼?

小明上初中的时候，附近的农民抓了一只狼，然后出售配种机会，80块钱可以交配一次。于是有一个邻居带了一只狼狗与其交配。生下来的第一代纯种狼狗送给了小明一只。那只狼狗陪伴了小明初中三年最美好的时光。它最大的特点就是聪明，明显比普通狗要聪明多了。小明现在还记得当时看到农民抓的那只狼，已经被交配得瘦骨嶙峋了。

从基因上看，狗是多种不同种类的狼混合的驯化产物，而且1万年以来狗已经进化出了可以消化淀粉的能力，所以狗能够吃人类的剩饭。但是临近人类居住区的狼，也慢慢地进化出了这种能力。不过在野外，狼要比狗的咬合力更强。普通的家狗是打不过狼的。而且狼和狗没有生殖隔离，说明在基因上差异不大。所以狗到了野外也会渐渐地恢复一定的野外生存能力。2006年山西就发生了两只狼狗将一名九岁的少年撕咬吞食的案例。历史上澳大利亚野狗就是人类带去后的野化产物。不过要说人类驯化的动物能保留着野外生存能力最强的大概就是猪。把猪放到野外，猪可以在几代之后就退化成为野猪，即使是一只家猪在进入野外之后，几个月内也会慢慢地生长出獠牙。

现在回到正题。究竟什么是最好的教育孩子的方法呢？其实是一个道理。在互联网时代，陪孩子最重要的就是要给孩子创造一个学校生活与户外生活，网络虚拟游戏与户外、野外游戏平衡的成长环境。人的智慧和性格必须要在一定的户外、野外活动中得到塑造。

要让自己的孩子始终保留着对自然界的探索兴趣，保留孩子一定程度的野性，不要把孩子完全养成必须依赖手机生活的生物。

四、皮亚杰的主要思想

（一）个体发展预测总群未来的发展

儿童个体发展和总群发展的另一半有点玄幻的感觉，个体发展能够预测总群未来的发展。

有些科学家研究认为未来的孩子们会和以前的孩子不一样，提出了以下四个说法：

第一，他们认为未来的孩子可能会发展出特异功能。这些孩子的个体会变得越来越有超能力。

第二，他们根据现在孩子的个体变得越来越聪明，推测出人类总群的整个智商都在快速进化。

第三，人类会长得越来越漂亮。人类这个时代的孩子普遍都长得越来越漂亮，这是总群优先选择的结果。也就是说，长得漂亮的孩子在社会生活中是优先被选择的。人类在基因和自我调整上有一种神秘的生物机制在做保障。因此，由个体的孩子预测到整个人类都将会长得越来越漂亮。

第四，未来的人看起来男的将更加女性化，女的将更加男性化。目前，从个体上看好像有这种趋势，所以，有人预测人类未来的性别会显得中性化。

我们观察一下其他科学家的研究方法，他们都沿用了皮亚杰的那句话：个体反映总群。这是皮亚杰关于儿童发展的第一点。

（二）微调图式，获取新知

皮亚杰思想的第二点叫作图式。皮亚杰认为，图式是最先在人的心里、身体各个方面所具备的、本能性的反应。它是一种先天性的、本能的、固定的、有组织的行为模式。

例如，孩子刚出生就知道吮吸奶嘴，就知道用手去抓握某种东西，听到某种声音就会产生一个条件反射等等，这些都是最初的图式。

图式不仅有先天的本能，后天人们还会对图式进行微调。当孩子发现自己本能的一些图式不能适应现在的环境时，就会以同化和顺应的方式对一些原初的、本能的图式进行微调。

一个孩子在不断地微调自己的图式，更新自己的图式，发展自己的图式的过程中，学习就产生了。

这点带来一个启发，孩子接受外界的刺激和自己原有图式之间应该有着非常恰当的比例。恰当的刺激使孩子不断同化、顺应，微调自己的图式，同时还不至于和自己原有的图式完全不同，让自己无法适应。这样，孩子就可以一点点去同化、顺应发展。

一个孩子在还没有上幼儿园之前就已经熟悉了和妈妈发展他们之间的关系模型，产生了一种处理人际关系的图式。当他进入幼儿园后就得去微调这种关系图式，因为幼儿园的老师和他的妈妈不一样。但是有些地方似乎也一样，也管他吃喝，有时候还管午睡。有一样的，也有不一样的，逐渐地、一点一点地拓展了他对于人际关系的图式。从幼儿园到小学人际关系的图式就不断发展起来了。

这告诉我们，一个人和他周围环境之间的关系是逐渐调整、适度受挫，不断产生新反应、新学习、新图式的过程。如果一个孩子突然面临和他过去生活完全不一样的环境是无法适应的，会产生应激性的、甚至防御性的反应。如果一个孩子持续受到一成不变的刺激，没有任何让他适度受挫、适度成长、适度微调的条件和机会，就不能获得新的知识，就会在原地踏步。

（三）关于皮亚杰儿童心理学理论的探讨

第一，皮亚杰是进化论取向的生物学家，他用生物取向来研究儿童的心理发展。

第二，所有的生物体都必须为了生存而去适应环境。

第三，为了生存而适应环境也是物种的适应。也就是说，整个人类在适应环境，每个个体也在适应着个体独特的生存环境，这两个是同时产生的。

第四，智力的载体就是我们的生物机体，因此智力是生物的过程。

关于这一点，现在科学家有些研究，例如人类的意识是怎么产生的？首先是无数个神经细胞积累到一定程度产生联网效应之后，就不再是一个个细胞的智力，而是产生了人类的智慧、一个人的意识以及产生了关于“我是谁”这样更加高级的概念。

第五，智力本身也是可以适应的。智力的适应我们可以在儿童的发展中观察到。

第六，儿童智力的适应与人类整个总系的智力适应是一致的。

为方便大家对皮亚杰关于儿童心理学思想的理解，获得更多、更丰富的信息，下面我们对这些理论知识进行拓展和深度的解释。

理论联系实践可以帮助大家建立概念，父母作为儿童的启蒙老师，要注意帮助儿童去拓展和延伸符号知识，帮助儿童建立概念。

第一，父母的图式调整策略

前面我们说到儿童智力的发展需要适度的环境刺激，环境和儿童之间应该是逐渐变化的过程，儿童的智力图式才会不断地产生、发展和微调。这就意味着不论是母亲还是父亲，在和孩子发展关系的过程中也需要做一个渐进的调整。

如果母亲或者父亲对待孩子的态度从来没有变化和发展，孩子就不能去发展他与父母关系的图式，就不可能去微调、去发展自己与原生家庭（孩子与母亲和父亲的关系）之间的各种情感，也不能借助与父母关系的不断进化而最终产生对社会更多人际关系的处理经验以及拓展他的人际情商图式。

例如，当一个孩子刚出生时，会觉得他和母亲是一体化的。这时的母亲和孩子的感受也是完全在一起的。母亲深度移情了孩子的感受，会察觉到孩子是饿了还是痒痒，是焦虑、烦恼，还是不安。她会及时安抚孩子。这个时候，母亲和孩子的感知觉是一体的、完全链接的，精神上是一致的。

孩子对于处理关系的图式可以微调，母亲可以适度地改变与婴儿的关系。孩子大一点的时候，母亲就会离得稍微远一点儿，孩子就会尝试着去探索世界。于是，孩子和母亲关系的图式就开始变化了。再长大一点，比如三岁的时候，母亲就可以把孩子更多地让给父亲，让父亲更多地参与孩子的智力成长，参与孩子知识的获得。这时，由于孩子与母亲的关系改变了，孩子就会微调母子关系。当然这个关系的改变是渐进实施的。

孩子与母亲关系的图式开始进化，接着去处理与父亲的关系。父亲对孩子的关系也是逐渐改变的，从三岁到五岁，逐渐协助自己的孩子拓展到去尝试与幼儿园的老师处理关系模式。

接下来，父亲和母亲对待孩子的态度，对待孩子处理人际关系的模型，包括“爱”“给予”等各方面都开始逐渐微调，最终孩子与父母之间由非常紧密的完全依赖的关系慢慢变成精神上的依赖，再慢慢变成偶尔的依赖，变成依恋的关系，变成亲情，变成偶尔的依恋，再慢慢变成更多的独立，最终变成成人与成人之间的关系。这个过程就需要父母不断地微调与孩子的关系，孩子也就在这种微调关系中逐渐成长。

如果一个孩子到了二十岁，母亲还在问孩子“你今天该穿什么衣服”，或者指挥孩子该穿哪件衣服，这就意味着关系没有调整，仍然用幼儿园和小学阶段与孩子的关系模式去发展目前和孩子的关系。母亲没有调整与孩子的关系，孩子对于与母亲关系的图式就不能得到微调，不能得到继续的进化。孩子就不能获得更多的有效的处理社会关系的经验。这种情况对孩子的成长是不利的。

父亲也同样需要逐渐微调，从严加管教孩子到逐步让孩子树立自己的道德超我去评判社会发展中的事情。

第二，父母图式未调整的应对策略

在目前孩子成长的现实生活中，出现了千奇百怪的问题。有时父母不太改变，他们甚至不愿意去改变，一直延用从小和孩子建立起的关系图式、关系模型，孩子无法通过父母的改变去进化自己的图式，这时该怎么办呢?

这个时候就需要孩子十八岁成年之后，有勇气自己去减少依赖。他要有勇气疏远与父母的关系，逐渐去调整自己的图式，最终把与父母的关系从依赖变成依恋，变成精神上的相守，变成自己更多的独立。

当父母不能渐进地调整亲子关系模型时，作为一个已满十八岁的成年人，就需要自己承担这一切。我们看到网上有个“父母皆祸害”的豆瓣小组，宣扬都是父母害了他们。从亲子关系角度而言，如果父母不微调，十八岁以后孩子就应该承担起与父母之间微调的责任，这时就不能怪罪父母没有微调了。成年人有责任、有能力承担自己人生成长和进化的职责，不能把父母不能调整关系的责任归咎于父母，责怪自己的父母，甚至说父母是祸害。

一个成年人还在怪自己的父母是祸害，只能说明自己仍然充满着对父母的依赖，自己仍然试图依赖父母调整关系来进化自己。这本身就是成年人使用了孩子的依赖图式。

从某种意义上讲，从来就不存在一个成年人的父母对成年孩子的操纵和控制，因为所有成年人之间的操纵和控制背后隐藏的真相就是依赖。由于依赖产生了自己能力的不足，由于自己的能力不足，而不愿意承担自己成长的责任，由此愿意让对方对自己进行操纵和控制。

第二节 游戏与模仿——拓展思维的利器

一、未来将是游戏化的思维模式

现在很多人都喜欢玩电子游戏，针对儿童的教育也有很多改成了游戏化的设计。游戏化设计将会成为未来生活、职业、教育的主要模式。由于电子游戏对这一代年轻人大脑神经网络的改造，他们已产生了升级、打怪、换地图、领任务、获得即时奖励等游戏化的思维模式。

为什么游戏对儿童，甚至成年人会有那么大的吸引力呢?

皮亚杰认为，游戏完全等同于童话。通过游戏，儿童可以使整个世界依从于他们对现实的理解，换句话说，他们通过游戏在模仿整个世界，他们通过操纵游戏，似乎正在操纵世界。

这就不难理解有些成年人为什么会沉迷于电子游戏化的世界了，由于他们在现实生活中受挫，不能对现实生活产生掌控感，于是转向电子游戏的世界来获得一种掌控感。从某种意义上讲，有些儿童沉迷于游戏也是由于这个原因。他们通过操纵他们想象中的一个世界，来避免对现实世界的一种焦虑。

二、学习“孟母三迁”，择优模仿对象

儿童心理学家们曾谈到一个关于模仿的案例。一天下午，一个1岁4个月的女孩见到一个1岁6个月大的男孩在一个游戏围栏里试图把围栏推回去，同时尖叫、跺着脚闹脾气。小女孩从来没有看到过这个场景，她一动不动，非常愕然、吃惊。第二天，这个小女孩开始模仿小男孩的动作，像小男孩一样尖叫、跺着脚闹脾气，而这一切仅间隔了十二个小时。

皮亚杰把这个现象叫作延迟的模仿。

由此，我们可以得到一个经常视而不见的启发：孩子擅长模仿，特别是模

仿他所看到的一切。

说到这点，大家会觉得稀松平常。生活中父母吵架时不会注意到孩子在模仿。父母没有意识到他们在做某件事时的思维、行为正在被孩子模仿。我曾经做过一些案例，案主喝完酒后和他父亲，或母亲的酒后习惯是一样的。

有时，我们想要改变一个孩子，通常想到的方法是孩子接受爸爸、妈妈的教育，或者在学校接受老师的教育。但还有一个非常重要的环节，孩子会向同龄人发生模仿行为，特别是当孩子到了三岁进入幼儿园后，孩子向同龄人模仿非常快。

过去很多心理学人士都单方面地强调了原生家庭对孩子的影响，其实，孩子在三岁进入社会化后会更多地向同伴、老师以及他们观察到的重要他人模仿。

有一项针对孩子吸烟的研究发现，孩子吸烟不是因为父母，往往是因为所接触的同龄玩伴里有会吸烟的。孩子模仿的行为有些来自父母，但更多的是向同龄人模仿，同龄人对孩子的影响是非常大的。

这就不难理解为什么孟母会三迁了。同样，当你想改变你孩子时，不要只想着从父母和老师的身上入手，更主要的是考虑帮助孩子寻找一个能够很好地弥补他行为习惯、性格中的一些缺点的玩伴。他们的性格可以互相模仿、弥补，两个孩子都能得到促进和成长。比如利用周末的时间，给你的孩子寻找一个最佳的玩伴。孩子能在别人身上学到很多东西，而且这种模仿行为会持续于孩子整个青春期的成长过程。

初中时我曾在一个同学家住过一段时间。那个同学和我是两个完全不同性格的人。他做事很刻板，也很严谨，恪守时间规则，走路也很快，有很强的时间性和纪律性。而我总是习惯玩耍着去学校，或者玩耍着回家。但是我住在他们家的那段时间里，从他那里建立了很多的模仿行为，到现在还影响着我的行为习惯。

第三节　社会环境对人的影响与异化

一、“人的异化”说启示，关注社会身份对人格的再造

在我看来，把马克思主义用于实践，不仅仅是一种社会革命，同时他的诸多学说完全可以看作就是心理学的一部分。

马克思提出了关于人的异化问题，意思是一个自然人被工业化改造成了一种有计划性生活的动物。我们每天做的每件事情都是有计划的，例如早上几点吃饭，几点起工作，中午几点吃饭等等，所有的行为都是围绕社会功能有计划地进行的。

但是，人自然的身体规律并不是按照我们这种计划行事的，所以工业化社会把人改造成的这种计划性和人本身的自然属性之间的矛盾冲突特别多，每一种矛盾冲突都会带来巨大的问题。

前段时间，我被央视财经频道邀请参加讨论职场女性子宫肌瘤的节目，他们想让我从男性角度谈一谈现在人的婚恋观。

子宫肌瘤和婚恋观有什么关系呢？作为一个自然人，正常情况下会在多少岁生小孩，会生多少个小孩，有自然人的正常规律。工业化社会把人都打造成了工业化所需要的时间表，例如，博士毕业后可能到28或30岁了，这时已经错过了本该生育的最佳年龄。女性子宫一旦错过了生育年龄，或者生育子女数量不够，患子宫肌瘤的概率就非常高。但如果按照自然人的规律正常结婚、生小孩，概率就非常低。因为女性的子宫肌瘤和女性的雌性激素分泌有关系，如果怀孕，就会产生孕激素。孕激素是对抗雌性激素的，所以得子宫肌瘤概率低。

工业化社会改造了我们整个婚恋生育的模型，也把我们其他很多生理部分都改造了，所以马克思提出人被异化。

马克思认为资本主义把人改造成了一种商品属性，特别是女性先天就被赋予了很多与性有关的典型的作为资本主义一种商品出现的属性，而且男人女人都被异化成了一种商品，用来交换剩余价值。

“人的异化”说是社会心理学的领域，属于心理学范畴。精神分析认为一个孩子出生之后进幼儿园之前就要训练大小便，一岁就要训练出固定的大小便时间，三岁大小便时间就比较成熟了，这实际上就是对人生理属性的改造，仍然属于社会对人异化的范畴，因为我们按照社会对人的需要改造了人的自然属性。

马克思特别反对资本主义社会把人改造成一种商品而丧失了人很多其他的自然属性。为了对抗资本主义对人性的扭曲，他提出要给每个人一个公平的社会身份的社会革命。

对任何一个社会人，即便是小商小贩、环卫工等等最普通的劳动者，都应该有一个共同的社会身份，而且社会身份之间没有歧视。当时我们国家提出的工、农、兵、商、学就是这个意思，给每个人一个社会身份。

后来，在拉康的精神分析里也认为一个人如果有了社会身份，就能稳定住他的人格，甚至能治愈他的精神疾病。拉康流派和马克思主义也有很多相交之处，马克思主义哲学对人性、对人的性格在社会形成过程中都有一种正向的弥补作用。

二、维果斯基心理学理论

（一）维果斯基的教育学说对我国的影响

我们国家心理学受到影响的第一个来源就是我国古代的先贤、精英们，比如诸葛亮、曹操、鬼谷子等，这些古人，他们都有一套看人的方法，他们对人性都进行过各种各样的研究，都是操控人性的高手。古代的道家也有很多对人性的研究，甚至还衍生出一些算命术等，这些研究都和心理学有关，都是传统意义上的心理学。

第二个来源就是在民国时期引进的西方的弗洛伊德的精神分析学说。

第三个来源是解放之后我们国家引进的、苏联的整套教育体系，其中也包括苏联的心理学体系。中国第一代培养的学院派心理学家们学的心理学大多来自苏联的心理学体系。

维果斯基是苏联心理学家，他的“最近发展区”学说对我国教育影响重大。

目前大家都在吐槽中国教育，但却不知道中国教育的问题在哪里。我国教育引进维果斯基的学说是有利有弊的。利在于维果斯基的整套学说可以帮助儿童更好地促进智商的提升，更好地适应社会的规范，它是一种选拔精英，同时也是培养精英的方式；弊端在于我们国家人口基数大，当时大学没有条件招收那么多的学生，招生比例低，造成升学非常困难等问题。

例如，在我们那个年代高考招生比例只有20%多，最早的时候只有7%，升学非常困难，很多人就吐槽考试不容易。学生们必须要牺牲课外活动，要参加更多的补习班来应付考试和升学的压力。整套教育体系就是这样的，大家吐槽的就是这一部分。

维果斯基学说和我国教育制度结合之后，由于我国人口基数大，在当时的教育体系、教育基础设施不完善的情况下，所产生的弊端就被放大了。现在，当时的弊端被放大之后延续到今天，孩子们仍然不可避免地感到升学压力很大，家长们仍然在惯性下让孩子参加更多的课外辅导班、更少的课外活动。很多时候素质教育不能落到实地，这是家长们的行为、思维上的对教育的习惯性反应。

目前，我国高考升学率已经达到了80%以上，也就是说绝大多数人都可以上大学，只是大学好坏有区别而已。美国也是如此，美国普通人可能上社区大学，一些优秀学生上更好的大学。但是我们长期以来所形成的惯性，再加上如今是知识变化剧烈的互联网时代，人们产生了很多时代变革的焦虑。这些焦虑进一步投射给了教育，所以教育很多时候更像是替罪羊。

大多数研究儿童心理学的方法是把人带到试验室进行研究，但维果斯基和他们不一样。他认为在试验室里研究的心理学，并不是真正靠谱的，因为一旦把人从社会生活中剥离出来带到试验室进行研究，就已经不客观了。维果斯基反对把任何人带进试验室来研究。

（二）利用言语和工具，提升儿童高级的心智过程

维果斯基认为，儿童心智发展有两个因素很重要，一个是言语，一个是使用工具（指儿童试验各种各样的玩具）。儿童在同时做这两件事情的时候，心智会进入一个高级的心理过程。因为儿童为了解决这些问题，例如解决他在玩耍、游戏过程中的一些问题，他就要尝试一方面使用工具，一方面通过语言进行沟通，在沟通的过程中，他的心智会得到快速成长。所以说，人类的语言沟通能力实际上也是一个智慧的叠加过程。

有的时候，你经常和一些能力、智商，或者说社会经验、见识比你更高深的人在一起，坐一坐、聊聊天、听他说话，互相就能得到启发。事实上，我们通过语言的沟通，也在获取着对方的知识、对方的智慧、对方的经验，这也是我们个人能力提高的一个非常重要的途径。

现在，很多人只重视自己参加培训、自己去死读书，甚至只重视自己去实践，其实这都是不够的。我们大家平时听了这么多的微课，如果有一个经常和一些同行互相讨论、分享、交换自己思想智慧的过程，那么你的学习能力将会提高得非常快，这也是大学学习的一种方法。

在读研究生的时候，我们几个师兄师弟每天都要去讨论所学的东西，每天都要去实践学到的东西，我们互相给对方做催眠，互相去讨论我们的沙盘，讨论我们看过的书，每天都有一个学习分享会，在这样的过程中，我们就提高得非常快，只靠老师去教，是不够的。

（三）在社会中磨炼、升级性格，释怀原生家庭的“错”

从心理学视角看，马克思主义注重社会对人心理的影响，这和传统精神分析所重视的原生家庭对人的影响一起构成了心理学两个不同的领域，它们都是心理学的版图。把这两个版图拼凑完整，才能看到心理学的全貌。

社会心理学告诉我们社会对人的改造是非常强大的，马克思主义也一直在强调社会对人的改造。

我们国家在解放之后，改造了很多人。例如，解放前的很多妓女，被改造成了工厂的女工，她们当中很多人后来都成了劳模，这就是一种社会改造的过程。给予她们社会身份，减少自己的无价值感和自卑感。

我们曾研究过军人的职业性格，军人在军队中会被塑造出一种职业性格，这些职业性格会对每个军人在一日言行中有具体的行为规范和要求标准，这是使每个军人都能达到最基本的人际交往沟通能力以及完成任务的基本要求。职业性格提供了他们与人交往的基本规则、基本路径和基本方法，他们在军队的职业环境中，会表现得非常优秀。但有些人离开军队职业环境回到原来的生活后，一些心理上的问题又会慢慢地呈现出来。

社会对人心理的影响过程不亚于原生家庭对人的心理影响，甚至在某些层面上对一些成年人而言影响会更大一些。关于人的性格，要注意他的情境人格、情境效应。人在不同的情境下展现出来的性格是不一样的，不能认为人的性格就是死板一块。甚至一个有人格障碍问题的人，他在职业环境中也会表现出情景性，会在不同的时候展现出不同的性格特点，这就叫作人的性格情境效应。

有很多人将他现在的性格归罪于他的原生家庭，认为原生家庭塑造了他现在的性格，造成了他现在一系列的失败。我们曾在很多案例中发现，有些人的原生家庭环境非常不好，但如果这个人当前在社会生活中是成功的，那么当他回顾自己小时候经历的这些磨难时，就会认为那段经历锻炼了他、磨炼了他。这正如一个人在社会生活中，在升级、打怪、换地图的过程中不断地塑造、磨炼自己的性格，如果再成功升级了，他会把过去的问题，甚至过去的创伤，都看作是一种有效的挫折训练、磨炼过程。但如果他当前生活是失败的，他往往就会把这一切归罪于原生家庭。

因为原生家庭现在已经成了国内的一个热点词，不管是什么行业的人都会说两句原生家庭，把这个词当作一个时髦的词在与人沟通中频繁使用，那么到底心理学里的原生家庭到底是怎么一回事呢？

原生家庭到底是个什么鬼？

原生家庭到底对人的影响有多大？如何才能让孩子健康快乐地成长？

首先，在学院派心理学里面并不用原生家庭这样的说法。

其次，学院派心理学的提法是早年教养环境。

再次，对于全世界的专业的心理学人士而言，从来都不会认为原生家庭决定人的一生。

最好的方法就是，你自己亲自做一个实验。

第一步，你去找一个算命的，只要他随便学过一些中国古代的八字论命的书籍，比如《滴天髓》《三命通会》《穷通宝鉴》。你会惊奇地发现他能够把你的性格说个八九不离十。

问题在于算命的怎么会知道你从小生长的原生家庭环境呢？在算命的逻辑里面，影响人最重要的因素是你出生时候的太阳运行的时间。于是你会想自己要是当年提前算好时间剖腹产就好了。

第二步，你在网上找一些心理网红发的自媒体文字。什么家庭会伤人、中国人都是巨婴等等，你对照着自我一检查发现自己的性格和命运就是父母造成的。然后从那天起，你加入了豆瓣小组，父母皆祸害。你按照心理网红说的方法开始一步步指导自己的人生。学着要活出自我，学着要释放攻击性。于是你的人生终于被你改造成了标准的原生家庭决定论。

第三步，去网上查一查心理学专业的期刊和发表的论文。你需要查询的关键词为同卵双胞胎后天养育环境，情感遗传，结果你又发现一个人对自己人生的满意程度主要来自于遗传，即使双胞胎中一个人后天成为了大学校长，另外一个只是水电工人。但是他们对人生的满意度是相同的。于是你开始责怪，你爸不应该找你妈或者你妈不应该找你爸。

第四步，你再去找一个靠谱的心理咨询师，进行一个系统的心理咨询，对自己人生的成长经历做一次梳理。这一次你更加惊异地发现，原来你小的时候是被保姆带大的，被爷爷带大的，被奶奶带大的，总之和你父母在一起的时间没有和他们多。于是，你开始责怪，你爸你妈小时候没有请一个好的保姆。

在梳理人生的过程中，你又继续惊讶地发现，三岁在幼儿园里面，你被选中参加电视节目《中国好宝宝》。结果在电视直播的时候，跳舞的时候动作太大，你的裤子一不小心掉了，大家都在笑你。从此之后，你变得不爱上台不爱当众讲话，甚至有一些社交恐惧。你发现自己终于找到原因了，原来是那天上电视时穿的裤子不适合你。

接下来你又继续惊讶地发现，七岁上小学的时候。同桌的异性同学比你长得结实发育更早，他总是欺负你，你也不敢声张。也不敢告诉老师和家里人。结果小学结束之后，你变得性格怯懦。于是你得出结论，小学阶段分座位的时候运气不好，影响了你的一生。

接下来你又继续惊讶地发现，上初中的时候你被安排在了教室后排的座位。和一些不太学习的孩子整天在后面做恶作剧。你跟着他们学会了抽烟早恋打架，于是你终于知道自己为什么到现在烟瘾这么大，下班后喜欢约几个狐朋狗友吃烤串儿喝啤酒，结果这影响了你现在的婚姻生活。原来都是那个时候培养出来的。

接下来更令你惊奇的是，你发现，你的孩子怎么各方面都不像你们双方。你开始怀疑是不是医院抱错了，你还去查过基因，担心不是自己的孩子。

然后你又去对照小时候换过的八个保姆的性格，看看是不是和你的孩子一样。费了好大的周折，把你在网上看的各种育儿心理文章都对照了一遍，可还是没找到原因在哪。

这一次小明来告诉你，其实是因为你的小孩太早地接触手机。他的早期教育更多地受到手机的影响。他通过虚拟交往认识了很多这一辈子都没机会见面的网友，他们一起帮助你培育塑造了你的孩子。

上面的每一件事儿都足可以对你的人生造成影响，那哪个才是决定你一生的力量呢?

正统的学院派心理学认为，影响人的因素是早年养育环境。

大家记住，早年养育环境并不等于原生家庭。这是网络上很多没学懂心理学的心理咨询师常犯的错误。

早年养育环境包括一个孩子成长过程中所接触到的一切要素。这些要素，每一个都足以塑造人的一生。谁起的作用更大，主要看孩子更多的时间被哪个因素所占据。

最后小明想提醒大家一点，在互联网时代，互联网已经变成影响孩子最重要的早年养育环境了。

人一生都在持续变化着。把自己的今天归罪于小时候的父母。其实是那些贩卖心灵鸡汤的网红所想达到的目的。他们的这个原生家庭赚钱产业流程如下：

制造原生家庭危害论——父母皆祸害——中国人皆巨婴——活出自我——得到贩卖的心灵课程——2019年制造新的焦虑——熬制新的鸡汤——得到贩卖的新的心灵成长课……

这些年心理学的确是深入人心，各种心理学名词已经被大众所知悉。但是最先进行心理科普的人，却往往不是专业的心理学人士，特别是在互联网时代，拥有话语权和传播权的往往是心理网红。在传播心理学的过程中，一些概念被错误地解释和传递给了大众，于是又引起更多的对心理学的误解和心理焦虑。

绝大多数的公众都认为对孩子的一生起决定作用的是原生家庭，并且把这个认为是心理学界的真理和共识，其实并不是如此。

首先从精神病学的诊断角度来说，未满18岁的人是不可以定义为人格障碍的。原因非常简单，因为全世界的精神病学和心理学界都认为18岁之前的人格是不稳定的，是比较容易改变和调整的。小时候就被判定人格是否处于病态并不是医学界和心理学界的共识。

其次，在临床心理学中，我们强调早年环境对人一生的影响有很大的作用。即便如此，这个作用也不是百分之百和决定性的。

这就是为什么说一个犯罪心理学教授的学科经验并不完全适合大多数正常人的心理发展，原因就在于此。不过，在目前我们的互联网上，犯罪心理学教授成为育儿网红的确是很奇葩的一个现象，把预防犯罪的经验用来指导你的育儿，唉，只能说明大众的盲从有多么可怕。

第三，变态人格的确受到早年影响很大。而多数心理健康的正常人，在其一生中，性格是持续在发生变化的。有最新的心理学者研究发现，正常成年人的价值观、思想观念等等，每隔十年都会产生巨大的变化。这就是为什么十年前你跪着求别人嫁给你，十年之后你却如同躲瘟疫般非要和她分开。其实十年已足够让一个人变得不再是之前的那个他。很多人只不过感觉不到这个变化。但是你回头看看十年前的闺密，铁哥们，还有几个人在和你继续保持亲密的关系呢?

第四，这一点误会更大。很多人把早年养育环境误认为就等于原生家庭。那么在心理学里面，早年养育环境到底都包括哪些内容呢？包括你几岁入托幼儿园受到何种影响，小学和谁成为好朋友，小学班主任老师的性别、性格，学校生活过得如何，有没有遇到过重大事件被欺辱等等诸多学校生活的因素，很多兴趣研究都指出，孩子在七岁之后受到同伴对自己的影响更大，某些方面甚至超过原生家庭，比如你的孩子是否会早恋，你的孩子是否会吸烟，更多地取决于与他玩耍的同伴。还有家庭中的其他成员，比如爷爷奶奶，事实上，对目前中国人的养育习惯而言，爷爷奶奶比父母对孩子早期的性格影响更大。说句稍微绝对点的话，对于很多家庭而言，保姆都比父母对孩子的性格影响大。

而现在心理学更多的研究发现，影响一个孩子的因素，还包括许多偶发性的因素。这些偶发的因素，有的是好事，有的是坏事，心理学把它们叫作命运中的机缘。而且这些偶发性的事件往往并不发生在家庭生活中。

比如，很可能你某天上街买个东西被人勒索、欺辱、殴打，对你自信的打击，甚至超过原生家庭对你的自尊和自信影响的程度。

为什么会这样呢？这和人的心理形成有关，往往每天都会发生的事，并不足以引起人们更深的印象。而那些往往不经常发生的、突发性的事件，却会在我们的人生记忆中烙下更深的印痕。

原生家庭宿命论，已经成为中国当前心理咨询界最大的毒瘤，也是无数心理咨询师，无法真正领悟心理咨询的最大障碍，更是那些擅长传媒的心理网红手中捉拿粉丝的钢叉。那么一个靠谱的心理咨询，到底该怎么做呢？面对那些小时候有创伤的来访者，面对那些认为父母造成了自己今生失败的来访者，没入门的心理咨询师通常都会让来访者揭开原生家庭的伤疤，试图去医治一个20年前的伤口。其实这条路是走不通的，原因很简单，重复地将来访者的注意力反复灌注到原生家庭的创伤上，只会让来访者注意力变狭窄，无法关注到构成人格的其他因素。

反复地诉说自己的创伤，并不会治愈创伤。每天关注心理网红们的原生家庭论的各种创伤文字也并不会根治你的疾病。

小明给大家打一个比方，我们每个人的人格也就是大众口中所说的性格，就像是一个房子，房子底下有地基，支撑这个房子的有几个大的柱子。

一般而言，五岁之前的柱子，主要是自己与父母互动过程中所形成的。这根柱子可以命名为原生家庭柱。进入幼儿园和学校之后，我们的原生家庭对人格的影响就立即开始快速下降。而社会关系，学校生活，同学玩伴，学校老师等等这些因素就变成了我们的第二个柱子。七岁之后，第二个柱子对我们的影响就变成了更主要的因素。18岁进入大学或者进入职场之后，贯穿于自己整个生命中的职业生涯发展，是我们的第三个柱子。这个柱子主要就是我们的职业生涯成就。我们的第四个柱子是持续时间较长的婚姻生活。如果你有一段长达十年或20年以上的婚姻。夫妻双方的关系已经足够去影响你的人格了。当然其中有好也有坏。有些早年在原生家庭受过严重创伤的人，反而在家庭生活中获得了疗愈，这是常见的现实例子。我们的第五个柱子是延续你整个人生的一个爱好兴趣。有的人前面四根柱子都被虫蛀了，摇摇晃晃无法支撑他的人格房子。但如果他这一辈子有一个始终能让他全身心专注、能让他从中获得解脱的兴趣爱好，相伴他终身，那么这个人的一生也不会出大问题。

当然最完美的人生就是五根柱子都很给力。但其实任何一根柱子都可以支撑起我们的人格房子。所以当来访者在原生家庭有重大创伤的时候，我们就会放弃之前的地基，重新建立新的地基，用其他的好的柱子作为支撑其人格的主要因素，用这个柱子的视角来重新生成人生的意义。

反复纠结于原生家庭的错，反复把自己的全部注意力都放在原生家庭上，其实对人格的健康完善并无益处。综上所述，心理咨询的智慧其实很像是我们中国传统文化中老祖宗的那套智慧。一命二运三风水，四积功德五读书，六名七相八敬神，九交贵人十养生。人生就像是登山，原生家庭那条路不通我们就换条路，同样可以达到人生的巅峰。非要固守在原生家庭这条路上重复创伤，其实是心理学里面所讲的西西弗斯效应。

那么原生家庭的功能到底有哪些呢?

认同父母，是孩子本质行为的一部分，我们必须要认同父母。

换句话说，从出生到青春期前，花费的时间都是在认同父母，可能花十几年的时间学习父母、认同父母、模仿父母的一切。只有当模仿父母完成了，进入到青春期、青年期、成年期，你才会慢慢地去发展自己的独立人格。

然后才慢慢地去采用一种策略，哪些东西是父母给我的，哪些是模仿父母的，积极的、有价值的、对自己成长有帮助的要留下，哪些是父母身上对当代生活是不适应的，要去伪求存，保留那些有合理性、有价值的部分，去掉那些不适应现代社会生活的东西。这就是一个孩子正常生活、健康成长的正确的知识。

所以，原生家庭的功能，就是让你去模仿父母、认同父母。

到了成年之后，就不要再提原生家庭了。成年之后，我们有父母的影子是非常正常的，有了父母的影子就需要你重新认识你和父母之间哪些东西可以去发展、继承、改变，人就是这样成长的。

为什么我们在小时候必须要受到父母的影响，为什么受到父母的影响是我们成长过程中不可缺少的重要阶段？因为没有这个阶段，我们就不可能有后面的独立人格。而且，不管我们强调多么强大的独立人格，都应该必然会保存一部分父母对我们的影响、我们对父母的认同，以及我们要保存的基本的社会存在的基石，这是不大能丢掉的。

试想一下，假如你从一出生就和父母对着干，就追求你的独立人格，那你就完蛋了。每一代人和上一代都是继承和发展的关系，并不是完全抛弃父母对你的影响。父母对你的影响中一定有一部分是社会适应性需要的。所以，不要把一切罪过都归给原生家庭，也不要认为原生家庭给你的东西都是错的，这才是认识心理学、认识原生家庭的最基本的观点。

对于那些怪罪原生家庭害了自己的人而言。这辈子过得不好有三点原因，第一他不能选择出生的国家，第二他不能选择自己的父母，第三他现在失败的一切原因都是小时候父母造成的。

很多心理网红，对于心理学不论是精神分析，还是学院派心理学，都学了个一知半解，与其说他是学心理学的，倒不是说他是传媒营销高手。

心理学是多因多果关系，是多范式学科，任何放大其中一个因素的都是假冒伪劣心理学。

精神分析各个流派对于人格的决定性因素，内部也充满着冲突和矛盾。拉康认为出生决定终生。客体关系认为六个月决定终生。弗洛伊德认为三岁决定终生。弗洛伊德还认为性是最重要的影响因素。而客体关系认为关系是最重要的决定因素。

但事实上，人们每过十年就会发生重大的价值观、人生观的改变。总的来说人的一生变化很大。那些成年之后仍然被早年原生家庭完全影响的人，是心理咨询的主要对象。

二战之后，FBI专门研究过连环杀手等变态杀人犯，发现他们的确受到原生家庭的巨大影响。但是在心理学里面用果来推因，并不代表着因必然会导致果，因为后续的研究又发现很多生活幸福的人。很多社会生活的成功人士，早年同样有很多原生家庭的创伤，为什么他们却没有发育成为变态杀人狂呢？

所以永远记住心理学是多范式学科，不要随意放大任何一个因素。人的一生是多种因素塑造的。

有个心理网红说他听到太多人说，这辈子他们都没有从父母那儿获得一个夸奖。抱有上面偏激观点的人，大脑里面产生了一个对应的思考，叫作“别人家的父母”。

有些人谈到别人家的父母就像谈到别人家的孩子一样，别人的都是好的，自己的都是差的。这个逻辑又会泛化发展成外国的父母都是好的，中国的父母都是差的。

关于这一点，小明有一个疑问：如果中国几千年的文化教育全都有病，如果中国几千年的家庭教育、原生家庭全部有病，那么按照这个推理，中国上下五千年层出不穷的人才，培育出的那么多的精英，难道都是寄养在外国家庭长大的？在中国心理学界，最要警惕的就是那些心理网红极端化的言论，极端化的思维，让你的认知和思维变得狭窄，他们的目的就是要把大众引向偏执。因为越偏执的人，越看不到事情的全部。他们如盲人摸象一般抓住了一条尾巴就认为是大象。当你的认知和思维，你的注意力都变得异常狭窄的时候，当你有意识地忽略全景、放大局部的时候，你就会成为这些心理网红的忠实奴仆。

而他们所宣扬的人格自由，放飞自我，心灵成长等等这些给你画的大饼，却在你的生命里永远都不可能实现了。而你的思维恰恰被这些网红词汇套上了思维的枷锁。

同理，如果要训练孩子的安全意识，就应该让他在一个安全的框架下去接触不安全的东西，这样才能训练出安全感。

一个人的性格不是每天都在有阳光雨露的温室里训练出来的，而是需要有刚好和他的基本素质匹配的有效的挫折，也就是说他的潜能、他个人的心理素质和他得到的挫折达到一个恰好的比例时，他的成长才是最有效的。

那些在成年之后还在怪罪原生家庭所带来的祸害的人，从本质上讲，他们没有完全在社会生活中获得成功，没有在社会生活中完全发挥他们的潜能，或者是他个人的心理素质和他们遭受的经历不匹配。换句话来说，他们的心理素质有些差了，而他们遭受的挫折有些大了，所以他们会埋怨这一切。

如果你现在发现你的孩子有自卑、不自信的表现，请立马自查，可以试试使用以下6招，让孩子走出自卑的怪圈，自信起来。

1.要恰当赞美孩子。

在赞美孩子的时候，我们要寻找孩子值得赞许的理由，通过生活中的小事，来表扬、鼓励孩子，让孩子在点滴中，慢慢增加自信，摆脱自卑。其实相对于对孩子的指责和批评，更容易培育出孩子自卑的是对孩子毫无缘由的谬赞。

2.以我之长，比人之短。

自卑的孩子最担心、最怕的就是父母拿自己和别人家的孩子比较，并且比较的结果是自己不如别人家的孩子。这样的比较会让孩子陷入“我不行，我很笨”的思维怪圈，不能自拔。父母要学会调整孩子用自己的短处比别人长处这样的错误认知，用相反的方法让孩子看到自己身上总有优点和长处。

3.充分尊重孩子的意见。

当孩子提出自己的意见和建议的时候，父母千万不要一味地否定和忽视，这样会让孩子得不到尊重，而觉得自己不受重视，变得自卑。

4.发现并充分发挥孩子的长处。

父母要善于去挖掘孩子的潜能，发现孩子的长处，并帮助孩子去充分地发挥他的长处，让孩子看到自己身上的闪光点。

5.引导孩子正视挫折。

当孩子遭遇挫折时，我们要鼓励孩子正视挫折，并和他一起分析原因，帮助孩子找到解决问题的方法。

6.抓住自恋形成的关键节点。

一岁开始是孩子自恋形成的关键时间节点。首先孩子需要父母和其他大人成为自己自恋的见证人。父母和其他大人在这个时候可以给孩子做一个自恋训练，叫作镜像自恋游戏。方法是孩子在音乐的伴奏下做各种丰富的动作，而家里的大人做孩子的镜像，模仿孩子的动作。学校里的老师也可以依照此法在学校里实践这个游戏，让每个孩子都有成为别人镜像的机会。

（四）培养儿童语言能力，促其心智成长

维果斯基认为，儿童要提高整个心智能力，语言能力很重要。

儿童使用工具独自玩耍，也许会失败，失败之后，他会寻求外界帮助，怎样寻求外界的帮助呢？他需要描述遇到的问题，在描述问题的过程中他就会产生知识，也会从别人那里获取知识。儿童和小伙伴交互的过程中增加了语言能力，和大人之间的交流也是非常重要的学习过程。

维果斯基实验室中做过一个实验，研究儿童通过符号来强化记忆。研究者和孩子们一起玩一款室内比较流行的游戏——我说你猜。方法是让队友说出一个词语，提示队友这个词语是什么样的一种东西，但是提示过程中不能说出这个词语本身。例如，猜的是“大门”，你要描述这个大门，但是不能说出“大门”这个词本身。通过这个实验，维果斯基发现成年人似乎表现得更好，原因是成年人知道如何使用不同的符号来表征另外一个不能说出来的词语，而儿童则相对较差一些。

三、家庭与社会相结合，解决教育的世界性难题

维果斯基发展了一个最了不起的学说——最近发展区，最近发展区的概念为维果斯基赢得了巨大的荣誉。

最近发展区讨论的是什么呢？举个例子来说：一个孩子如果目前仅是8岁的智商水平，我们可以设计在活动中让大人和孩子们就一些问题展开讨论，而这些问题的设置要比8岁孩子的智商更高一些，孩子就会在讨论的过程中增进自己解决问题的能力，这时孩子的智商就会提升到超越8岁的水平，这就叫作最近发展区。

维果斯基学说运用到教育中转变成考试中的问题，考试要求总是高于孩子

的水平，在教育过程中也是如此。这的确启发了一部分孩子并增进了他们的智力，但另外一部分孩子，他们可能属于智力发育较晚的孩子，因为人的大脑各个功能区域发育水平并不是均衡的，可能因为离最近发展区的距离太远，反而达不到提高自己智商的目的。如果那个时间段孩子无法达到教学所要达到的水平，那么这个孩子可能会变成差生。

维果斯基的学说在实践运用中有利也有弊，一个社会的教育很难变成完全个性化的教育，为每个孩子配备一个老师是不可能的，社会成本太高了。进入社会的教育方法一定是统一的，根据他们的年龄和智商的情况统一标准，然后进行教育。其中一定有些孩子学起来很轻松，有些学起来就困难，这种差异性是必然存在的。

维果斯基是反对将一个标准用于社会生活中每一个孩子的，每个孩子的最近发展区不一样，用标准化的教育自然使得一些孩子被淘汰，变成了差生。

这种社会教育过程中出现的问题是很难避免的，大家都在抱怨中国的标准化测试，甚至幼儿园都要考试，还有小学考试、中考、高考等。其实这是全世界所有的国家都会有的问题，也是世界教育共同面对的难题，而不止是我们国家要解决的问题，只不过程度不同。

关于标准化的测试，美国的学龄儿童更容易遭受标准化测试的烦恼。美国是一个多元文化、多元种族的国家，孩子们的差异非常大。有的孩子是移民过来的，各种各样的差异使得很多孩子在标准化测试中，出现和标准化要求相差特别大的情况。

美国为了让更多的孩子不至于被标准化测试所困扰，进入大学之前的所有标准化测试相对来说都比较简单。但是，这种简单虽然满足了大多数孩子基础标准分的要求，但智力超群的、精英的孩子是不能被满足的。所以美国的精英们对待自己的孩子也采用了补课的方式，也要通过参加各种各样的课外补课来满足对更高水平的需求。

所以，凡是在社会生活中进行标准化的学习和教育都会出现类似的问题，并不仅仅是中国的问题。

美国为什么要搞标准化测试呢？美国从20世纪初布什当总统开始一直到奥巴马整个任期内都是这样做的。虽然这个政策从心理学和教育学角度考量社会学家也不支持，但是美国的两个政党都支持。美国的两个政党除了这件事情外，所有的事情都争论、吵架，唯独这件事情是统一的。原因是如果不用标准化测试，纳税人就不知道自己交了这么多税金，孩子到底有没有得到标准化的教育，而通过对孩子们进行定期的标准化测试，纳税者们能够确认自己的孩子接受了该有的教育。

维果斯基的学说运用在个性化教育里是没有问题的。维果斯基说，每个孩子都有一个自己的潜在发展水平，孩子们一起玩耍的过程也是互相促进的过程。

小时候，我在大院里玩耍，有些孩子的年龄比我大，我自然就会被他们所启发，得到一个增加自己智商的机会。在一个大院里，不同年龄的孩子是互相学习、互相促进的，对每个人都是非常有帮助的。大的孩子可能训练了领导力，小的孩子发展了自己潜在的能力。这就是最近发展区。

在学校的学习过程中也一样，无论孩子是在学校里学习，还是在生活中跟更多的孩子一起，都是有价值的互相促进。

维果斯基学说关注的不是一个孩子当下的水平，而通过考试只能观察出他当下的水平，他关注的是一个孩子的发展潜能有多大，要施加一种什么样的教育。

2005年，美国心理学界包括教育学界，想调整教育方法，不再以老师为中心，而是以学生为中心。他们认为，以学生为中心，可以搞清楚每个孩子的发展区域，弄清他们的潜能到底在哪里，老师才会因材施教。以教师为中心的方法是老师向孩子们传授知识，学生复制老师说过的每一句话；以学生为中心的教育方法是学生和老师之间、学生和学生之间互相合作、独立地探索知识。

这种趋势在小学、初中、高中都做了调整，但是2010年各个州又开始回头了。政府表示我们要重视学生的成绩，并且制定了这样一项法律，要让老师的执照和他的学生在标准化测试中的表现相挂钩，美国现在也是这样做的，老师的奖金取决于学生成绩的好坏，大家是不是突然发现这不只是中国的问题，而是全世界的问题，是教育中本身存在的问题。

如何解决标准化教育与个性化教育之间的问题呢？我认为，这部分职责应该变成家长的职责，家长不能把所有的过错都推给学校，家长要注意发现自己孩子的潜能，发现自己孩子的最近发展区，并对孩子因材施教。

社会是标准化的教育，所以不能苛责学校教育，当你完全苛责学校不能教育好孩子的时候，你也放弃了对自己孩子的教育责任，最终受损失的也一定是你自己。

所以，家长们一定要多学习，不能把教育都甩给学校。家长在和孩子一起学习的过程中，才会知道孩子的潜能、孩子的最近发展区，才能在跟孩子互相交流的过程中提高孩子的潜能。这才是个性化教育和学校标准化教育互相结合的最好的方式。

我们中国古人的智慧非常深刻，对我们今天仍有很多启发。老话讲，一命二运三风水，四改名字五读书。是什么意思呢？先天占第一位。先天不行，就得靠后天弥补。

给大家讲一个故事，说它是故事，其实它也不是故事，它来源于最近的一项心理科学研究。

大家都知道在美国多数黑人聚集在贫民区。所以黑人想要改变命运就得抵御贫民区吸毒、贩毒、暴力等各种诱惑。的确有一些聪明爱学习、学习好的黑人，通过层层选拔机制，最终走入美国社会的中层甚至高层。如果你认为我给你做的是一碗教育鸡汤，你就错了。这只是这个故事的一半，接下来的情节会让你大跌眼镜。

一对精英黑人夫妇，他们通过自身的努力，从贫民区住到了美国的富人区。他们的生活非常幸福。丈夫和妻子都进入了美国的精英社会，每天上班傍晚回家。他们用自己的积蓄购买了富人区的一栋住宅。当然少不了接下来，就开始每天夜里积极的造人计划。

他们的第一个儿子出生了。他们精心培育。从幼儿园到小学直到初中送他去一所精英学校。但是自从进入精英学校之后，他们就频繁地收到学校校长请他们去谈话的通知。他们的孩子总是无法跟上学校的学习。这对黑人精英父母感到很困惑，于是他们给孩子报了补习班。在额外的时间里面，给孩子更多的教育，想让孩子赶上精英学校的要求。可是孩子的学习成绩仍然无法像他们当年那么优秀。于是这对黑人精英父母寻求教育心理专家的帮助，想搞清楚为什么。

上面的故事告一段落之后，心理学家们对这类事件进行了研究。但是研究的结果迟迟不能公布。原因是心理学学术界忌讳这一类的研究成果。大家应该都知道，全世界的智商排名大概为犹太人第一，东亚中国韩国日本等国家第二，白人第三，黑人第四。当然，不同的智商研究结果略有不同。

那么看到这里大家会以为自己已经知道答案了。但是大家没有觉得很奇怪吗？那为什么这对黑人父母却能够进入精英阶层呢？

于是故事又一次反转，原因如下：

生理和心理学研究发现，如果父母双方的智商高于自己所在种群的平均智商，那么他们的子代却有回归平均智商的趋势。

原来答案在这里，他们的孩子不能像他们一样有更优异的学习成绩，不是因为他不努力，也不是因为他上的学校不好，而是因为他的智商不如上一代。

看到这里，大家可能又以为自己知道这个故事的全部了。难道智商就决定一切吗？读书就决定一切吗？未必。

不少家长都非常担心自己的孩子输在起跑线上。所以不少人呼吁作为一个文明人类种群，为了整个物种共同发展，教育就应该免费，知识本应共享。

因为认知差异成为阶级差异的前提，高知阶层碾轧底层是常态。

接下来小明终于可以讲到最核心的地方了，那就是大家要牢牢记住，智商并不完全等于智慧，教育并不完全等于知识，知识也并不完全等于上学。

首先我们要明白，人的大脑每个区域分别负责不同的功能，所以曾有学者把人的大脑智商分为8种甚至10种不同的维度，有的负责运动、有的负责艺术、有的负责计算、有的负责语言、有的负责逻辑、有的负责人际关系等等。智商是多元的，学校读书和考试只是智商测验中的一部分。还有就是不同的孩子在不同的年龄阶段，他们大脑不同区域的发育速度并不一样，有的孩子这个区域发育快，有的孩子另外的区域发育快，所以教育的确是弥补后天的方法。但是家长们必须要搞清楚，你需要给孩子的是什么教育。具体来说有以下几种可能：

第一种，如果你的孩子大脑发育快的区域，恰好是与高考测试的需要一致。那么你现阶段最该做的事情，应该是培育好孩子的性格，让他拥有一个更好的性格来应付大学毕业之后的社会。

第二种，如果你的孩子大脑发育快的区域，恰好是与高考测试的需要不一致。那么你有两个选择，第一个选择是让你的孩子较晚一些上学，多进行户外活动，给他足够的刺激和时间去发育大脑。第二个选择是及时发现孩子的特长，并且给予重点的培养。选择的补习班也不应该是以考试为主的补习班，而应该是特长补习班。提前找到适合孩子的发展方向，会让孩子一生走捷径。

第三种，不管孩子的智商水平如何。其实社会都提供了多种成功的路径。原因是不论是什么时代，学校学习的知识和社会所需要的知识，中间都有巨大的知识鸿沟。特别是互联网时代之后，现在学校教育的知识，与未来互联网发展需要的知识之间更是存在巨大的鸿沟。所以，培育出在任何时代都需要的社会化关键技能，总能让你的孩子在未来的职业与生活中获得一定的优势。

哪些技能属于社会化关键技能呢？ 1.人际情商。包括个体交际情商和互联网群体情商。2.语言技能。能说会道的文字与语言表达技能，也就是高明的语言情商。3.自学能力。由于知识的更替太快，未来没有人能依赖大学的知识过好这一生，所以持续终生的自学能力，才是最关键的能力。

好，关键点来了，人类的智商虽然有差异，但是如果不是去从事科学研究之类的职业。每个人的智商基本水平都是完全可以应付社会需要的。而且智商中有一部分是随着社会学习和经验的积累终生发展的。所以除了个别科学研究领域，对于大多数人而言，我们和别人真正比拼竞争的东西其实是你的大脑知识体系是否按照社会要求的标准在建构。除了成为科学家以外，多数按照社会标准建立起知识体系的孩子，或许在整个成年之前的上学过程中都处于落后状态。但他们长大后是完全可以碾轧靠高考教育标准建立起知识体系的孩子的。

特别是按照未来互联网社会需要的知识体系培育出的孩子，同样是可以轻松碾轧按照当前高考教育体系培育出的孩子的。看到最后大家就会明白，人和人之间既不公平又有公平的可能，如果先天不足后天同样可以有反超的机会。

四、父母与社会环境对孩子成长孰重孰轻?

西方国家的心理学研究大多是倾向于个案研究，研究更多的是个体心理学。

个体心理学研究的特点是特别重视一个孩子成长过程中父母对他的影响。近几年心理学及其培训界最流行的一些学说以及“原生家庭”说都是在讲孩子与他父亲、母亲的关系，甚至有些心理学知名人士提出了“一切皆关系”的言论。

社会主义国家由于它社会形态的要求，需要从全社会的角度来考虑集体、群体。它的研究方向考虑更多的是从社会学、社会心理学、社会心理学中群体的心理去研究，得出的结论和研究方向与资本主义国家有很大区别。

欧美的心理学研究重点在于个体、个案，包括孩子与父母的关系对孩子的影响，而社会主义国家的心理学家们研究社会中群体、集体、社会组织对个人心理的影响。例如同样是一个孩子的成长，社会心理学会重视同龄人、玩伴对孩子的影响，而现在国内目前流行的育儿学更多引用精神分析的研究，过度强调孩子和父母的关系，而忽略了孩子成长过程中的其他更多影响因素。

社会主义国家的心理学研究更多侧重于集体对社会组织、对人心理的影响。这些研究方向、成果包括如何利用社会组织来影响群体里的孩子，和西方的个体心理学相互补充，是非常有益的。

在一个孩子成长的过程中，孩子人格的成长是多维度塑造的，不是一个单纯的孩子和父母之间的关系模式就构成了孩子的全部人格。孩子在成长的过程中，会涉及与父亲、母亲互动构成的孩子的人格，同时也包含与自己玩伴的互动关系。再长大一点，当孩子进入社会之后受到的影响范围也逐渐扩大，包括社会身份也会对一个人的人格产生重大影响，而社会身份对人的人格影响，恰好是拉康精神分析和马克思主义理论互相结合之后得到的成果。而互联网时代，孩子受到群体思维的影响就更大了。

我们国家解放之后对很多群体进行了改造。例如过去旧社会一些被压迫的妓女，她们被改造的过程中使用的方法就是赋予她们社会身份。她们被安排在工厂工作，获得了一个平等的社会身份，还会得到“劳模”等社会荣誉。这些社会身份对改造她们的人格都是非常有帮助的。

拉康的精神分析也特别强调这一点，社会身份对于一个人精神疾患的治疗会有很大的作用。

综上所述，我们可以看到，心理学的研究基本上是两个大的领域，一个是个体领域，一个是集体领域。

维果斯基研究孩子小时候学习的特点，他的研究方向就是一个人在集体环境中受到的影响。给孩子制定一个统一的学习目标，用最近发展区发现孩子们的潜能，有针对性地进行教育。从社会层面上，用社会组织来完成对孩子们群体的重大影响。

维果斯基对儿童心理学影响的重要性在于，他这种研究方法向全世界介绍了除了欧美心理学的研究方法以外，还有带有社会主义倾向的另外一个途径。

孩子的成长既在他父母营造的环境下，也在社会的环境下。这两个影响都很巨大，我们不能偏向于其中任何一种。

目前一些心理学爱好者，包括心理学工作者，过于片面地强调了孩子在父母环境下受到的影响，完全忽视了整个社会环境，包括社会身份以及孩子在同龄人中受到的重大影响。这就造成很多人在使用心理学时，包括在做心理咨询个案时，或是对待自己孩子的时候，思想非常偏颇，片面地强调父母的作用，而不考虑社会、社会组织对孩子的作用，不考虑孩子和其他玩伴之间的互动对孩子人格产生的长期影响。

网上有的专家说：一个孩子6岁之前如果没有学会规则感，后面就建立不起来了。事实上并不是这样的，很多军警的训练，也就是人在成年之后进入的军事化训练，这种训练在社会心理学里叫作再社会化的过程，它同样可以树立规则意识。这种规则意识的建立，不是靠一个人和父母的关系，靠的是一个人和群体、社会的关系。在群体压力、从众心理作用下，在集体环境、集体荣誉、社会身份的共同作用下，人们的人格同样会发生改变。

很多和维果斯基持相同观点的人也认为，如果不考虑社会环境的影响，单独研究孩子和父母的关系是很愚蠢的。交互作用的环境对孩子会产生不同层次的影响。儿童不仅受到是否有大量玩具玩儿的影响，也会受到在一个什么样的社会环境下成长的影响。

当前社会上很多心理学培训基本上都不讲关于同伴、集体、环境、社会，包括社会身份对人格的塑造，这种心理学就缺少了一半。如果拿一个偏颇的心理学理论从事心理学的应用，去做心理咨询个案，错误可想而知。

当前大众对心理学的理解也受到这些偏颇心理学的影响，他们也开始频繁地使用一些术语，例如原生家庭、父亲和母亲的关系、一切都是关系，这些都是错误的、偏颇的观点。大众在心理学科普上，如果一开始就接受了不良的、偏颇的、错误的心理学知识理论的灌输，只会让他们的言行、思维更偏激，只会使他们对待自己的父母，对待自己孩子的行为更加偏激。这也就是为什类似“巨婴论”的观点，诸如父母皆祸害等一些与此有关的观点，对社会大众的影响都非常负面的原因。

一个人的人格不仅仅受到父母的影响，还受到更大范围的其他社会因素对孩子人格的影响，我们不能用偏颇的心理学理论，去做带有偏见的心理咨询，那样会误导更多的人。

第四节　对“客体恒存性”的质疑

皮亚杰认为孩子在九个月时就可以知道一个东西是不会随便丢失的。

相关游戏实验：在婴儿很小的时候，在他眼前展示一个球，然后又把球藏到背后，婴儿就会朝背后看，看球到哪儿去了。

这就是“客体恒存性”理论，意思是婴儿认为一个东西不会突然消失，它一定是藏到什么地方去了。皮亚杰认为婴儿九个月就明白这个道理了。

“大卫与格利亚”的研究则与皮亚杰持相反观点。这个研究源于一个神话典故：一个非常年轻、乳臭未干的牧羊男孩叫大卫，他有一个信念是他可以击垮结实、强势、傲慢的巨人——格利亚。

当时皮亚杰的研究在整个心理学领域是巨人般的存在，而这项研究就是来挑战巨人皮亚杰的。针对皮亚杰的实验，这项研究改进了方法，通过第一个实验他发现婴儿并不是九个月时才知道客体恒存性的，而是早在四个半月就可以理解客体恒存性了，也就是说物体即使被遮挡它也是存在的。

后来通过一系列的研究，他发现和皮亚杰最开始认为的婴儿在九个月大时能够理解客体恒存性的概念不一样，认为最早的婴儿在三个半月时似乎就能理解客体恒存性了。

随着这项研究的进行，更重要的观念出现了。皮亚杰认为孩子是在慢慢的学习过程中逐渐建立起各种各样概念的，而“大卫与格利亚”的研究则认为婴儿获得客体恒存性有可能是与生俱来的，这种观点叫作先天论。也就是说，婴儿获得客体恒存性的概念并不像皮亚杰认为的那样是从经验中慢慢习得的，而是一开始就有的。

还有一个儿童心理学家的研究表明，当四个月以下的婴儿发现有一个物体出现在面前时会张开手臂，这时物体有可能被他自己的手臂遮住，当他的手臂活动时物体又出现了，所以婴儿其实很早就获得关于物体被遮住、但是它仍然存在的经验。关于这一点也许是先天存在的，也许是更早的时候通过一些非常早期的经验就获得了关于客体恒存性的真相和事实。

渺小的牧羊人大卫最终打败了巨人格利亚，格利亚的军队夹着尾巴逃跑了，而大卫最终成为了国王。同样，虽然这些研究反驳了皮亚杰学说里很小的一部分，但却惹了一个大祸，捅了马蜂窝，使得很多信奉皮亚杰理论的群体开始对他进行批判，这些批判主要针对的就是他所提出的“儿童获得的概念也许是先天获得的”。

为什么我们说大卫与格利亚的研究非常重要呢?.因为，按这个研究思路，接下来我们会自然而然地产生疑问：我们大脑里面获得的东西有多少是天生的呢？我们到底是后天学会了很多东西，还是先天就已经有了很多东西？这会涉及一个更重大的问题：先天的还是后天经验？如果先天或者后天经验这件事我们不能搞清楚，那么我们很多研究也许都是错的。

例如，个体心理学认为孩子的性格是父母培养出来的，那么孩子的性格成长是先天的，还是跟父母互动过程中形成的呢？有一些研究通过观察刚出生的婴儿发现，有些婴儿出生之后就是回避型的，躲大人；而有些婴儿出生之后就很喜欢和陌生人在一起；还有一些婴儿出生之后就不安分，很焦虑，一直在哭泣；还有的婴儿出生之后就像猪一样呼呼大睡，并不担心周围的世界……

孩子长大之后的性格到底是跟父母互动过程中形成的，还是先天的呢？这些问题越推理越大，越推理越麻烦，越推理越会动摇很多心理学的相关研究，这个小实验推动了一个大问题。

就像关于语言学的研究一样，现在学术界一直都在争论语言的获得到底是先天大脑就有这套装置，还是后天可以被训练出来的，目前学术界倾向认为语言至少有一部分是先天装置的，不是后天你想教就能教会的。如果没有先天的装置，后天怎么教都教不会。

如果先天的问题持续存在，那么我们研究儿童心理学就要继续把这个时间往前推，由产后推到产前。

现在新精神分析的有些流派里就在研究围产期孩子受到的影响，妈妈还在怀孕的阶段,孩子是不是就已经受到了很多来源于母亲、甚至其他外界环境的影响?

虽然目前这项研究学术界还在进行中，但这件事给了我们一个启发：这项研究在开展的时候，研究者本人刚刚研究生毕业四年，既不是副教授也不是什么知名人物，却敢于去研究巨人皮亚杰的一个全世界都知道的重大研究成果，并且这项研究的确最终推动并改变了儿童心理学其他方面的研究。从这个角度而言，学习科学始终是应该质疑权威的过程。

我们现在很多人在学心理学的时候拿权威作为自己的真理，特别喜欢用国外的某个大师的理论来代表整个世界的真理。用这种方法学心理学是不可能学懂的，原因非常简单，因为心理学所有的研究成果加在一起都还处于萌芽阶段、初级阶段，人的心理现象实在太复杂了。

我们在看到一些理论时要通过自己的实践、自己的观察，再用和个案互动过程中所产生的临床实践经验去不断地修正学到的理论。如果把理论照搬到实践的对象身上，要求他按照你的理论来行事，那就本末倒置了。很多人做心理咨询个案就是这样，拿着一个理论先入为主地去做个案，非要让个案符合他的理论。我曾经在一篇文章上看到，一个人学了巨婴论后做心理咨询时对来访者说：你这个是属于巨婴第几期。用这种观点去做心理咨询，所有的人都会被他做成巨婴，因为他是先入为主的，没有任何客观性，是理论的巨人，这种心理学不如不学，学了更有害。

那么，心理学到底有多少科学性？如果把心理学划成了社会学，那就不是严密的科学了。既然不是严密的科学，似乎谁都可以在里面乱说，什么玄学、迷信都可以充斥到里面，都可以自称为心理学。

目前这种现象在我们心理学培训中比比皆是，我国的心理学研究也有这样的分歧。有些专家说心理学不是严密的科学，心理学要靠思辨。似乎谁能说得过别人，谁的理论就正确。谁的理论粉丝多，似乎谁就掌握了真理。但是，我认为心理学仍然是科学，仍然要用科学的方法来对待心理学。不能因为心理学很难研究，就认为心理学可以随便胡来，随便一个人自己乱搞一些不靠谱的研究方法，就给中国人贴上巨婴的标签，那就很可怕了。

第五节　婴儿先天会行走？开发婴儿更多潜能

曾有心理学家试图把心理学作为自然科学来进行研究，他们的研究是革命性的，或者说他们在研究心理学和严密自然科学之间的差距。用严密的方法来研究人的一项心理，这对心理学的科学化是非常有好处的。

他们让婴儿在跑步机上做了一个踩踏动作，由此来作为一项研究。养过孩子的人都清楚，婴儿真正能够行走的时间大约是在十二个月大的时候。婴儿很早就能踏步，但要想真正行走却要等到一岁，因为他们需要获得一些技能，要有力量。如果他的小腿、大腿没有力量，就支撑不了他的体重；他还要有灵活性，要保持平衡，两条腿要支撑身体。就像我们第一次学骑自行车一样，两个轮子在地上也要保持平衡，会骑自行车是因为保持了平衡，婴儿同样也要慢慢学会保持平衡。

这项研究看起来似乎是在研究婴儿是如何行走的，但实际上，它的研究方向是大脑发展是如何帮助婴儿学会行走的。

他们首先把一个七个月大的婴儿放在跑步机上，让跑步机慢慢地动。结果发现跑步机可以诱发婴儿产生一个踏步行为，似乎婴儿在还没学会走路的时候，只要地在动他就能走。有了这个跑步机的支撑,七个月大的婴儿并不会像大家想象的那样被跑步机传送向后移动，而是会交替地向后移动双腿，就像在行走一样。

这是条件反射吗？而且，他们发现如果跑步机的速度增加，婴儿踏步的频率也跟着增加；如果跑步机不动了，婴儿也就不踏步了。因此，这项研究就提出一种可能性：也许婴儿具有一种隐藏的能力。这种隐藏的能力相当复杂，静止情况下不拿出来，一旦给了它相应条件马上就出现。同时还引发了一系列问题：这种隐藏的能力是什么时候出现的？是稳定存在的吗？每个婴儿是否都一样呢？

实验开始了。当然，在做这项实验的时候，孩子很可能还站不稳，需要一个助理把孩子的身体稍微帮扶一下，看孩子是否做出踏步行为。这项研究发现，有的婴儿甚至在一个月大的时候就已经开始做踏步行为了，有的婴儿做的是单脚踏步，有的婴儿做的是平行踏步，还有的婴儿做的是交替式踏步。他们发现，孩子似乎有一种顺序，从单脚踏步到平行踏步，再到交替式踏步，然后，又回到单脚踏步，再回到平行踏步，再进行交替式踏步。他们在整个实验中，似乎在循环这个过程。

随着跑步机速度的增加和婴儿年龄的增加，婴儿会更多地使用交替式的踏步。婴儿是不是天生就具有一种跑步技能？这种跑步技能似乎和动物的跑步技能不一样。有些动物跑步的时候是跳，如兔子；马似乎有跳也有交替式的跑步，后面两只脚是跳，前面两只脚还有一点交替式的感觉。不同动物跑步的姿势不一样，而人类婴儿这几种跑步技能好像都具有。

再进一步的研究发现，我们的两只脚交替会有一个步律：一只脚往前走的时候另一只脚刚好往后走，前后脚有非常协调一致的速度，这种协调能力是越来越倾向于精确的，就像黄金比例分隔一样，越来越娴熟。

但是，接下来的研究又让人目瞪口呆。如果我们不让小孩长大，但不断地调整跑步机的速度，婴儿前后脚的速度也会越来越倾向于完美。也就是说，只调整跑步机的速度，婴儿两只脚的交替也会慢慢像成人一样。大家回忆一下，马是怎么跑的？马从一开始慢慢地行走，到小步地奔跑，最后四个蹄子在飞奔。其实它使用了不同的步伐，改变步伐时似乎有不同的运动系统。

由婴儿行走研究带来的思考：

一个月大的婴儿能够在跑步机上做出踏步行为，这就给了我们一个证据，说明人类的基本技能是由多种因素决定的，而且决定这种基本技能的过程是不一样的，比如跑步机，当速度加快，你可能会采用另外一种系统。这就带来了前期我们同样争论过的问题：这些都是基因造成的吗？这是天然存在于人类大脑中的吗？

当然，这些问题至今仍然没有一个非常肯定的结论。相关的讨论就又开始展开了，例如，如果人类移民到火星上，环境变了，人类婴儿走路的姿态是否也会跟着改变？同样，这也会延伸出一些新的对人生的启发，例如，我们每个人是不是应该更早地走出我们的舒适圈？然后不断地积累自己新的生活经验？而这些新的条件、新的环境会让我们的潜能更多地发展等等。

第四章

抓住关键期，
拓展婴儿知觉与语言的发展

第一节　人类深度知觉从何而来?

一、动物都具备先天深度知觉

关于视觉悬崖（也叫视崖训练），是指在孩子爬向一个“悬崖”的过程中，观察他会产生什么现象的一个实验。如同大家曾在网上看到的那个视频，一个孩子趴在玻璃的桥梁上，下面看起来似乎是一个悬崖，他的妈妈在另一头，孩子要爬过玻璃的桥梁。在这个实验中他们发现：在妈妈的鼓励下，孩子会爬过桥梁，如果没有妈妈的鼓励，孩子就不敢爬过去。

这项实验是针对儿童深度知觉的研究，研究的目的是看人类对于悬崖潜在危险的感知，确定这种深度知觉是先天遗传、与生俱来的，还是后天环境造就的。

在这项实验中，研究者对小猫、小羊等各类动物的幼崽和人类的婴儿都做过研究。在研究中发现，老鼠的表现和其他动物不太一样。其他动物例如鸡、山羊、猫，都依赖于视觉信号，在视觉上觉得这是一个悬崖，就会小心，不想过去；但老鼠依赖的不仅仅是视觉，还有触觉。老鼠的胡须如果能碰到玻璃时，就知道可以过去，不管玻璃底下是不是悬崖，它都不怕。为了证明这一点，他们还把刚出生的老鼠放在一个纯黑暗的、一点光都没有的环境下，让老鼠从来都没有视觉的经验，然后再拿这个环境下的老鼠来做深度知觉实验。结果发现它们即使看不到，也会依赖于触觉。根据这个实验可以得出：深度知觉和后天经验是没有关系的。

在给刚刚出生的小鸡做实验时，小鸡也是一样具有深度知觉。而猫的幼崽似乎和老鼠不太一样，老鼠依赖触觉，敢在上面走，但猫的幼崽不行，它们也依靠视觉。

二、在婴儿遇险时，母亲该如何做？

在给婴儿做实验时，研究者发现：在有母亲的环境下，当母亲呼唤的时候，许多婴儿就会朝母亲那边爬过去了，因为他们可能信任母亲；还有一些婴儿看到母亲在那边时就开始哭了，他们知道这个悬崖不能过去，但他们又没办法爬到母亲那边去，所以他们就哭了。从这个实验中发现，婴儿在刚开始学会爬的时候，就已经有深度知觉了。

这项实验继续进行，他们开始了更深化的实验。例如：当母亲在另外一侧的时候，当母亲的表情是害怕时，所有的婴儿都不会去尝试滑过、爬过悬崖；当母亲露出的是笑脸时，18个婴儿中有14个都尝试爬过去；当母亲露出生气的表情时，18个婴儿中只有2个会爬到悬崖那边去；当母亲的表情是悲伤时，18个婴儿中有6个会愿意爬过去。

通过对这些表情进一步研究发现，只有当母亲露出恐惧的表情时，婴儿才能识别出这个表情对他意味着什么，而对其他的表情反应似乎都不强烈。

后来，又进一步深化研究：如果把悬崖去掉，母亲仍然露出害怕的表情，婴儿会怎么做呢？研究发现：如果没有悬崖，婴儿根本就不在乎母亲的表情是否恐惧，他们会直接爬向他们想要玩儿的玩具。也就是说：如果没有危险，任何人的面部表情对他们来说都不起作用，他们仍然会根据自己的感知来判断事物。

那么，这样得出的结论就很直接了：婴儿在面临不确定的危险时，会参照母亲的表情判断；当他确定情境时，就不再参照母亲的表情了。

第二节　婴儿看到什么才更利于生存?

心理学的发展往往和流派有莫大的关系，一个时期会有一个流行的流派。例如，在弗洛伊德流行的时期，包括研究儿童的很多实验，都是基于弗洛伊德的研究或和弗洛伊德相关的研究而开展的。行为主义的研究开展于20世纪50年代晚期到60年代，是当时美国最流行的一个流派，它是在反对弗洛伊德式精神分析的基础上建立起来的，并且在当时占据着主导的地位。

关于儿童形状知觉的研究，则是当时反对行为主义的、与行为主义做斗争的人开展的。他们研究儿童的知觉发展和儿童是怎么样形成的形状知觉，并获得了瞩目的成就。

他们首先对小鸡做实验，发现小鸡在啄食的时候，对三维的东西似乎比对二维的东西更有兴趣。这代表着它们对形状的知觉有偏好。然后他们又开始对黑猩猩进行研究，结果发现黑猩猩的幼崽也一样，对某些事物的形状似乎更喜欢。

接下来，他们对人类的婴儿进行了研究。他们首先发现，婴儿对特定类型的图片出现了偏好。例如，婴儿对棋盘图案表现出了强烈的偏好，似乎婴儿天生就喜欢看棋盘。

为什么婴儿在大脑里会提前对一种类似棋盘的图案有偏好呢?接下来，他们又发现婴儿喜欢看条纹的图案；在大约两个月的时候，婴儿喜欢看有靶心的图案，似乎天生就喜欢射击、打靶，也许这是人类在进化历史中所形成的一些信息。

通过对小鸡的研究，可以看得出：小鸡在出生的时候就已经知道什么东西能吃，什么东西不能吃了，似乎食物的形状知觉很早就建立起来了。人类的婴儿和其他动物的幼崽一样，在出生时为应对这个世界，大脑里先天就有了一些装置，帮助他们去适应生存。

那么，对人类而言，婴儿看到什么东西，才更有利于他们生存呢？

进一步的实验研究发现，人类婴儿在看到类似人类面孔的形状时用的时间会更长。这说明面孔这样的社会性刺激对婴儿而言是非常重要的。也就是说，婴儿在出生时就在大脑的生物特征上具备了要去搜寻人类面孔的先天设定，因为这能帮助他们生存。

这些研究颠覆了行为主义的理论，因为流行的行为主义认为一切都是后天刺激训练出来的，而不是先天的。其实，精神分析也一样，他们也认为一切都是早年的，过多地关注了原生家庭对人的影响，而忽视了先天的因素，忽视了后天行为训练的因素。

进一步研究还发现，婴儿更喜欢看全新的图片。意思是说，看新图片比看旧的图片更有兴趣，这也叫作新异偏好。喜欢看新图片的孩子，他的智商水平可能会更高。相反，如果一个婴儿在小时候没有表现出对新图案有更多的兴趣，他的智力发育迟缓的风险就会比其他的婴儿高一些。

随着这项研究的深入，我们对人类大脑先天的装置越来越感兴趣，婴儿大脑先天的装置到底有多少东西？除了形状的先天知觉以外，还有其他的吗？例如更抽象的概念，性别、种族、时间、空间……这些婴儿大脑都有先天的装置吗？这些令人惊叹的大脑先天的装置，到底和我们人类后来进入到社会有什么样的关系，这是非常令人着迷的科学问题。不仅仅是科学家们想搞清楚，每一个抚养孩子的父母也想搞清楚，到底孩子的大脑里面有些什么东西，这将有助于他们去更好地培养孩子，如果后天的培养和先天的天分相结合，那么教育就会更加成功。

第三节　刺激儿童大脑神经，开发先天宝藏

一、抓住关键期，留住脑细胞中的天赋

家长在抚养孩子时会有很多困惑、烦恼，甚至是愤怒，我们看到孩子的很多外在行为时都会想，这家伙是怎么思考的？为什么突然发怒了？为什么一会儿高兴、一会儿哭、一会儿叫、一会儿又生气了呢？生气时还会摔东西，他的脾气怎么这么恶劣呢？是像爸爸，还是像他妈妈呢？有的孩子充满了攻击性，有时拳打脚踢、大喊大叫，甚至攻击家长；有的孩子没有攻击性，太怯懦了，胆小得像个小猫。

这一切都是家长们担心、烦恼、困惑的问题，心理学家们也一直在研究，儿童的这些行为、情绪是如何通过大脑的神经回路来实现的。

心理学是如何研究大脑的呢？首先是观察。例如通过核磁共振可以观察一个人在睡觉时大脑哪块是活跃的，哪块是休息的；阅读时哪块活跃；说话时哪块活跃？……但是，仅仅观察大脑我们也不能证明什么，例如一个人看数学题时大脑某一块点亮了，这块就是存储数学的地方吗？这样说也太简单了。也许正因为这个人看数学题有压力，所以大脑这部分点亮了，有可能跟压力有关。

因为人类的大脑特别复杂，难以研究，再加上很多的道德、伦理和法律问题，科学家也不能随意切除大脑的某一部分来观察切除后的人类反应，人类也无法做这样的实验。所以，为了研究人类大脑，心理学家们转而研究动物的大脑。

通过研究幼猫发现，动物一边行走，一边在观察周围的环境。它们的步伐也会不同，有时会犹豫，有时它们会奇怪地上下摆动它们的头部。后来，他们试图把幼猫的一只眼睛蒙住，保留另外一只眼睛。结果发现，只有一只眼睛的时候，幼猫的行为会有些奇怪，它们比较笨拙，容易跌落，容易碰到一些障碍

物，它们似乎感觉不到深度的知觉。如果把小猫的眼罩去掉，它们的行为会立即恢复正常，身体会变得非常灵活，可以躲避障碍物，可以跳跃。

这项研究表明动物两只眼睛的视觉共同产生了深度知觉。

这项研究最终会带来什么结果呢？由此，人们开始探索我们人类大脑神经的可塑性。

神经可塑性是儿童心理学研究的热门话题，因为心理学家一直都想搞清楚，人们在先天成分和在后天培养上到底各占多少比例，哪些东西是先天的，哪些东西是后天的。经过研究，他们发现人类大脑神经的确是有可塑性的。大脑的这些神经回路是可以经过后天训练塑造的，但是也有先天的成分。

大脑运作有用进废退的原则，很像是达尔文的进化原理。值得关注的是，一些细胞如果没有按照先天预期被后天所使用，这些细胞很可能会被其他系统像抓壮丁一样抓走，去服务于其他系统。这说明，后天训练对人大脑的可塑性也是非常重要的。

我们大脑的不同部分功能是互相配合的。例如，比较重要的视觉系统、听觉系统的皮层之间有着非常重要的互相之间的协作，只有通过共同协作才能帮助人们获得非常好的知觉能力。

在大脑使用习惯上，你的大脑哪些部分和另外一部分有非常好的协作呢？例如，你会不会在看到一篇文字的时候就联想到一些音乐呢？很多实验说明，经过后天长期的训练，我们大脑一些不相干的功能之间也会产生一些协作关系。

二、当婴幼儿的天赋“消失”，怎么办？

每个人都希望自己的子女比自己更成功。有些人认为运气很重要，于是他们给孩子起名字时可能还要找算命先生算一算；有些人认为风水很重要，孩子出生之后还要带着孩子上上祖坟，或者把家里的风水再调整调整，阴宅、阳宅都要考虑其中；有些父母认为孩子需要性格坚强，要进行意志力的磨炼；还有些父母认为孩子要有善良的品质，德才能配位。如果孩子一辈子是善良的，又会自我保护，他这一生惹的麻烦就会少一些，安全性就会高一些。还有很多父母倾向于要上更多的补习班，要学习更多的知识技能，要努力。

不管培养孩子时更倾向于哪一点，人们都是希望孩子比自己更聪明。

在孩子从小获得聪明才智的过程中，有些小时候的某种技能比成年后还要高。

例如，婴儿游泳的技能就令人惊异。把他们扔进游泳池，他们就可以保持直立，或者漂浮起来，但是，当长大之后却不会游泳了。

再例如，婴儿天生就有音乐的技能，他们在四岁之前就能够自己创作音乐，甚至在四岁之后的几年里也能够非常轻松地创作一首歌曲。但是，成年以后如果未专门学习过，还能轻松地创作歌曲吗？我们小时候的有些技能好像消失了。

还有一些能力，在我们小的时候明显超过成年之后，比如学习语言。小孩学语言是天生的，并不像成年人学习语言那么难。我们很多人上大学、读研究生时背英语单词很痛苦，学英语很难，需要花好几年的时间来学习英语。而小孩跟着父母很快就学会了，也不需要那么费劲地背单词。我们长大学习英语的时候，要学习英语里面的各种语法规则，而婴儿在学习这些时偶尔会出现错误，但他们很快就会掌握。

在语音技能方面，人类婴儿在年幼时的表现也超越长大之后的。有人发现，婴儿在六到八个月大的时候就能检测出语言中的语音。换句话说，这个时期的他们特别善于从语言中听出音调来，这就是为什么人类的婴儿天生就懂得音乐的原因。但是，婴儿到了十到十二个月时，这些能力却慢慢消失了。

六到八个月大的婴儿的这种早期能力，并没有随着长大而更强，有些似乎还永久性地消失了。这说明在婴儿成长的某些阶段，必须要牢牢地抓住某些能力，否则，很快就消失掉了。

婴儿在六至八个月时有很好的语音功能，正是我们培养他相关艺术天赋的重要时期，但是很多父母错过了。他们等到孩子六七岁时才让孩子学弹钢琴，试图把孩子培养成钢琴家，很可能这个时候已经错过了一些关键时期。另外，婴儿出生之后的言语知觉能力非常高，成年之后言语知觉能力却非常差，这就是为什么我们成年之后学英语学得那么累的原因了。

人类婴儿在六到八个月的时候有些能力消失之后怎么办呢？怎样才能减少这种情况呢？

后续研究发现婴儿的技能并不是真的完全消失了，而是他们的知觉经验重新组合到其他地方去了。这就提醒我们一定要抓住儿童成长的不同年龄阶段加以引导和训练，把他们的某种天赋或者先天具备的某种能力，通过知觉的经验组合到另外一些技能里。

举个例子讲，有一次，我和一个音乐制作人在他的音乐录音棚里听一段录好的音乐。我的耳朵很快就能听出这段音乐里有哪些乐器以及配器中那些微小的声音是否适合。当我指出这些地方时，他很惊奇地说："你的耳朵好好啊。"也就是说，我的耳朵辨析细微声音的变化的能力很强。这种能力非常适合从事与音乐有关的工作，比如说做编曲或后期制作。

我没有去发展这个能力，但这个能力在我的身上是具备的。很有可能就是在我成长过程中对语音、乐音特别敏感的时期，这种能力恰好得到了一种引导和训练，于是，被保存下来，合并到另外一些知觉经验中去了，并一直持续，遗留到了今天形成一种天赋。虽然这个天赋并没有用于音乐艺术职业，但也许有一天，这个天赋可以用于其他的职业中，并合并为另一种职业所需的知觉经验。这就是人类在学习中进化的一个过程。

三、八个月大婴儿的统计学从何而来？

通过对八个月大婴儿的实验研究发现，他们已经会用统计学的某些原理，比如说贝叶斯定理，而成人学习贝叶斯定理时却觉得挺难的，因为它属于统计学。除了计算概率，还有很多公式、图表，算是高等数学的一部分。但是，婴儿怎么这么早就会这些东西呢？这的确是非常吸引人的。

70年前我们在儿童心理学领域就提出了非常具有挑战性的问题：儿童是怎么学会说话的？然而经过了70年，在这个问题上花了很多时间和金钱，仍然没有人知道这个答案。不是因为心理学家不努力，而是因为儿童大脑的发育过程是非常复杂的，研究人的大脑比研究宇宙还要难上好多倍。

儿童首先要对语音流进行研究。语言描述的整体如同流动的水一样，从这里找到哪些词与哪一些在生活中看到的某一个具体的物体相匹配，有的物体还处于不断活动中。物体加上其不断活动再加事件便构成这个世界。儿童试图了解这个世界。

心理学家发现一个概念进入到儿童大脑里，儿童大脑里就要产生很多规则。

比如客体整体性的一个假设：我们看到一只兔子时描绘的是兔子的颜色，还是其动作、性别，或是兔子的名字？客体整体性假设指的是我们首先会想到整只兔子，而不是描述兔子的细节，这是儿童大脑里一项最基本的原则。

还有一个原则是相互排他性原则。意思是儿童要给一个物体贴上一个标签，不能贴两个相反的标签。不能说这只兔子既是黑的，又是白的，得是黑白相间的，是一个整体性的标签。

从这里面就会看到，儿童在学习语言的过程中，大脑要产生很多基本的原则、规则。而这些原则、规则就像我们成年之后学习英语语法一样非常多。这就如同我们学习了很多英语语法规则，却总说不好英语。英语语法也是非常难掌握的。

但是儿童是怎么学会这原则、规则的呢？又没有人教给他那么复杂的语法。儿童大脑里面产生的这一切都令我们非常好奇。

儿童大脑里形成一种语言、语法的规则，需要很多原则性的框架，这些原则性的框架也不知道是如何到了儿童的大脑里去的。大脑如何先天性地配备好这些基本原则呢？这些真的是先天具备的，还是后天经验呢？

心理学家通过研究得到了一些事实、真相。他们发现，首先，语言这种高度复杂的形式发展非常快，儿童却能够非常快地掌握这些复杂的语言规则；第二，儿童获得语言的能力和他们成长过程中所接触到的语言输入（母亲教的东西）是不匹配的。因为母亲教的语言实际上是松散的，没有那么完整、连贯，也没有那么多语法的教育，但儿童依然能够掌握。

这时候就出现了一个问题：儿童把这么多复杂的语法、字母放在一起再组合出单词、句子，把各种各样的字母按一定的需要排列组合，一定需要数学、统计学的知识，才能具备这样的能力。

儿童是如何先天获得这一切的呢？

四、实验的重大发现——婴儿有种子语言！

心理学家实验发现：八个月大的婴儿就有能力从两分钟的语言中提取出有序列的信息。这说明婴儿具有一种判断、统计能力，统计、探测装置似乎先天存在于儿童的大脑里。他们可以评估出一个单词、一个字母组合的概率。

语言学家乔姆斯基关于对语言学的研究也提出：所有的儿童或多或少天生都有一些通用语法，这种语法叫作种子语言。似乎儿童一出生就具有种子语言。婴儿在八个月之后，其种子语言快速和父母给他们输入的语言结合在一起，就学会语言了。

但是，这会引起更复杂的问题：如果儿童大脑里有这类种子语言，这意味着儿童似乎天生就拥有语法。儿童怎么会天生拥有语法呢？儿童怎么会天生具备语法能力呢？这种语法必须要在基因里进行编码，问题在于基因怎么编码出语法来呢？

如果人的基因编码里有语法，这又是怎么进化出来的呢？一般而言，人们与生俱来拥有语法，而且是在基因里编码，就如同一部科幻小说一样超自然。

我们的确发现了超自然。这一点又推翻了行为主义的观点，比如乔姆斯基猛烈地抨击了著名的斯金纳行为主义观点。

斯金纳在行为主义里有一个著名的研究——斯金纳的鸽子，也称“迷信的鸽子”。鸽子被喂过玉米之后，会在黑箱子里不停转圈，产生迷信一样的行为，像强迫症一样。斯金纳虽然对于鸽子的研究非常了不起，但他关于语言获得的研究却和乔姆斯基不一样，乔姆斯基抨击了他。

斯金纳认为语言获得是通过后天长时间强化、奖惩，才慢慢学会的，但乔姆斯基认为语言学习依赖于儿童具有的一种统计学的探测能力。

时至今日，很多研究一直在不停地进步，不停地推翻过去的研究，产生新的研究成果。

到目前为止，关于儿童如何学会说话这个问题，心理学仍然没有研究清楚。这也佐证了心理学是个非常难以学习的学科。

如果儿童的语言能力是进化来的，是编码到人类的基因里来的，那么，如果有人有了基因缺陷，他是不是就没法学会说话了呢？有些人学不会说话跟这有关系吗？比如自闭症儿童一直被认为是基因有缺陷，是否是在语言基因上有缺陷呢？是否真的存在语言基因呢？还有，人类是怎么让语言编码进入基因机制的呢？是不是人类在进化的某一个关键时期，反复地使用了其中一种语法，然后最终沉淀进入到基因里面去的呢？

当然，这一切都显得太超自然了，太不可思议了，真的像科幻小说。

曾经有一位著名的人文学家做了一个实验研究，他们把人类的大脑负责语言区域的细胞移植给老鼠。他们发现老鼠的大脑也有一些非常薄的皮层，接近于人类，但是，没有人类这么发达的顶叶、额叶、中枢。他们把负责语言区域的这些细胞移植过去之后发现，老鼠接受了人类负责大脑语言的细胞之后，一下变得似乎“能说话”了。它们发出了更复杂的“吱吱叽叽”的叫声，而且其他老鼠还听不懂。是不是它们也拥有了一种语言能力呢？不太清楚。

五、精神病人大脑的人际区域带来的启示

人类获得语言可能在生理上也有一定的基础。

关于生理基础对人的影响，有人发现有些精神病人不愿意与人交往，那么，到底是因为他们得了精神病不愿意与人交往，还是他们不与人交往而慢慢

发展成了精神病呢？因果关系没法确定。比如有一些精神病人大脑人际区域的那部分大脑组织是比较疏散的，说明他们处理人际关系的能力不强，语言的情商不高。

从最严重的精神病到人格障碍，再到神经症，人际关系是一个降序的过程。最严重的精神分裂症人际关系最差；人格障碍者人际关系也很差，处理不好人际关系，似乎没有处理人际关系那种复杂的高度的情商；神经症患者似乎会损伤他们的人际关系，但是没有那么严重；而正常人中有些人的人际情商非常高。

擅长处理人际关系，情商很高的人，他们大脑中负责人际关系的那块功能自然就会发达，这一切都和先天有关吗？

精神病人大脑里负责人际关系部分的功能组织疏散，神经联系网络比较少，是不是也是造成他们可能会更容易人际敏感，继而诱发精神病的原因呢？

科研人员一直在不断研究中，他们正在试图给我们指出一个方向。学习心理学就要了解人的身体、心理是怎么互相结合在一起的？人类大脑生理上的装置和后天获得的疾病、情绪、性格是怎么联系到一起的？语言和人类的大脑、先天的基因又是怎样连接到一起的？这些问题目前都没有唯一的答案。

第五章

顺应规律，促进儿童的社会性发展

第一节　媒体传播对儿童行为模式的影响

一、互联网时代儿童社会性发展的思考

儿童进入到社会之后会产生一些什么样的现象？儿童的社会性发展会带来什么呢？要了解这些情况，我们就有必要学习一下孩子在小时候如何模仿攻击性行为。

记得上大学的时候，有一个学习材料讲的就是儿童看电视学会了一些暴力行为。心理学家就此研究分析这种现象到底会带来什么，以及暴力行为是不是通过这种方式模仿而得到的。对习得性的研究，以前是行为主义研究的问题，后来在社会心理学里也研究这一部分。

现在更多的孩子会进入到游戏和互联网世界。互联网世界到底会给孩子带来什么？这方面的研究其实并不多。比如现在的小学生可能通过互联网去完成老师布置的作业，去组织、参加一些活动，这就使得孩子不可避免地去使用互联网。我曾看到一个小孩用手机去刷抖音，后来才发现，现在很多小孩都在玩抖音。

这些互联网上的社会性的行为，孩子们会从中得到什么呢？这方面的研究太少了。原因就是时代发展太快了。现在心理学的很多研究跟不上这个时代的变化。我们还在研究一个孩子如何受微信、QQ、微博影响的时候，短视频抖音已经在孩子们中流行了。你的研究报告还没开始把方向放到抖音上的时候，下一个平台可能又出来了，所以心理学研究、应用赶不上这个时代快速的变化和发展。这就使得我们需要从一些前人的研究里了解一些理论，并用这些理论来推测这些可能会给孩子带来什么。否则，如果要等正规的研究报告出来，你的小孩可能已经长得很大了，已经过了关键的培养时期了。

二、两岁孩子的拳击引发攻击性研究的新进展

很多心理学家一开始研究的对象都是自己身边的人，通过对身边人的研究，继而对心理学的某个领域的研究感兴趣，然后可能会发现某些非常重要的心理学现象。

著名的语言学家乔姆斯基曾经说过一句话，心理学的研究就是要研究身边的那些微小的、习以为常的、觉得理所当然的事情，这才是心理学研究最重要的领域。这些习以为常的、每天发生在我们身边的微小的事情，却极大地影响着我们的生活，影响着我们的心理，影响着我们的情感，影响着我们的大脑的很多决策。

心理学家是怎样对身边一个习以为常的事情逐渐感到好奇，去寻找、揭开其背后的真相，并且以此来展开一项真正的心理学实验研究的呢?

在美国某小镇，一位心理学家两岁的女儿在满屋乱跑，她会在这位心理学妈妈给女儿搭建的每个不同游戏区域里都停留一会儿，然后再去下一个区域。这位心理学家分析这个孩子可能是为了彰显自己的存在感。

这就是心理学家的思维模式，会不时地观察自己身边的人，并且不时地做出心理分析和可能的判断。

再比如，在美国的小镇人口很稀少，几乎没有什么娱乐项目，人们很无聊，于是他们无聊透顶的时候，甚至会开车跑到附近的飞机场坐着看人。因为人们需要和人扎堆在一起，看人已经成为自己缓解压力的一种方式了。

有的人常感到在人口聚集的大城市和闹市区生活压力很大，就去寻找人少的地方旅行。到人少的大自然里放声大吼两句减压。

但是人口少的地方人们却因为无聊而感到压力也很大，他们经常驱车去一些人多的地方。人就是这么一种复杂的动物，我们研究心理学就是要从身边微小的事情中产生研究的兴趣。

有位心理学家有一天晚上拿出了一个电子拳击游戏跟他两岁的女儿玩。两个人在游戏中虚拟地对抗，在他完全没有防备的时候，他的小女儿突然对着他

的左耳重重地给了一记右钩拳，只一下就把他打得很疼。

他觉得很有意思，好奇她从哪儿得到的这种攻击训练。“她怎么就知道要对着我打一拳呢？这种模仿是怎么得到的呢？”他的小女儿从来没有在电视上看过任何拳击比赛，也没有通过其他途径看到过这种拳击行为。只有一种可能，她是通过这次的电子游戏拳击手习得的。这是视频影响的威力。

这让他对身边熟悉的事情产生了好奇，这就是心理学家的特点。他开始思考，人类的攻击性只是源于基因或是从文化中习得的吗？这是两千年前就已经知道的答案，但是一定还有其他途径。

学者们用各种各样的科学方法去研究人类的攻击性，持续了半个世纪后终于有了新的进展。

关于人类的攻击性，精神分析认为是因为个体受挫之后产生一种压抑，需要释放出去；但人类学家对此有不同的观点，认为攻击性是人的本能，换句话说，人有没有受挫都会有攻击性；社会学家认为攻击性是模仿而来的；而行为主义认为攻击性是奖励的结果。

不同的理论视角对攻击性有不同的答案和解释。

谁是对的呢？

在心理学里一个真相的获得是综合各种因素的结果。

三、观看，孩子就可以神奇地学习并创造

在研究攻击性的起源问题上，最具有权威性的一个研究者是阿尔伯特·班杜拉。

在班杜拉的研究之前，全世界流行的是行为主义心理学，把行为主义当成了经典，一切都以行为主义马首是瞻。行为主义认为一切行为的塑造都是简单地通过条件反射训练、正负强化的结果。

那时，皮亚杰的理论还没有被大众完全接受。因为皮亚杰研究的是大脑里认知的过程，行为主义则否认思维与心理学的关系。

班杜拉这时对于攻击性模仿的研究使他获得了世界级的声望。因为他是一个社会行为主义者，却研究了儿童心理学领域，作为一个行为主义心理学家的身份得到了儿童心理学界的认同。

班杜拉表面上是一个行为主义者，但是他内心对于行为主义的原理并不认同。特别是他对行为主义认为的获得学习或者是获得某种技能的唯一方法就是奖励和惩罚。他认为这似乎太绝对了。

行为主义内部的学者们也会反思他们的研究是不是太绝对了。把某一个理论当作了所有理论的全部，这在心理学里是最常见的错误。

班杜拉认为仅仅通过条件反射训练，以奖励、惩罚来让孩子学会一种知识技能是不够的。孩子一定还有其他的途径来学习这些东西。

于是他研究后认为，人们在学习复杂行为时，模仿产生的效应比行为主义认为的条件反射还要重要。比如，学习者模仿一个老师的体操动作。

模仿对于学习效应的重要性还在于模仿的延迟效应。

假如被试儿童在一种情境下观察到攻击行为，在另一种情境中，虽然前一种情境中的那个攻击性榜样的人不存在了，但是他仍然会表现出攻击性，这就是攻击性延迟效应。

关于攻击性模仿行为，他们在第一次做实验时就发现，被试者如果没有看过任何攻击性的视频或者行为，和那些看过这样的视频和行为的人相比，后者更容易产生攻击性行为。观看过这些攻击性行为的孩子更容易拿着球棒四处溜达，走到哪里就想打到哪里，见到什么就喜欢敲敲打打。但是他们并不是对所有的东西都全盘地攻击。

在攻击性的比较上，男孩要比女孩更容易做出身体上的攻击行为。在言语层面上，男孩、女孩的表现是相等的；在攻击行为的模仿上，男孩更倾向于模仿男孩的行为，女孩却不会有意识地去模仿女孩的攻击行为。

接下来的研究又发现，如果被试孩子观察到的是非攻击性的行为，会明显地表现出更少的攻击性。这就说明孩子的确是在模仿一些东西。

在这些研究中还发现，人们并不会太多地被女性的一个攻击性行为所影响。换句话说，如果我们找一个女孩乱发脾气，乱扔东西，或者表现出很强的攻击性，无论是男孩还是女孩看完之后，他们都不太会受到这个女孩的攻击行为影响。

为什么男性的这种示范行为比女性更成功呢？从社会角色而言，也许是因为男性做一些攻击性行为更符合男性的性别角色，它是一个性别的问题。社会对男性的攻击性行为有一定的宽容度，而女性被认为本就不该有攻击性。所以，当女性表现出攻击性的时候，孩子们并不会模仿她。

班杜拉的研究结果是令人振奋的，具有革命性的意义。因为他发现了儿童可以通过模仿的手段学习新的行为，并且是在没有奖励的情况下的创造行为。

四、校霸欺凌事件缘何频频发生？

后续的研究也证明了电视的确会把暴力行为传递给观看的儿童。这就由此得出一个推论：电子游戏的暴力行为，孩子们在抖音短视频所学到的东西的确会对孩子产生一定的暗示影响。当然具体是如何暗示影响的，还会有性别的不同差异。社会角色不同，就会产生什么样的模仿行为。

还有就是，孩子从小看到的很多动漫、动画片，是不是也充斥着暴力行为、攻击行为呢？还有学校霸凌事件呢？

实际上，现在看起来，大家回忆一下，是很多的。

除了我们所说的这些攻击性行为，在互联网时代还有什么攻击性行为呢？那就是网络上所出现的恶意的语言、恶意的骚扰、恶意的键盘侠似的攻击。现在这种网络欺凌简直泛滥成灾了。还有网络上的各种谣言、报复性的语言也是泛滥成灾。而这些东西同样也会让更早接触网络的孩子受到影响。

很多新闻事件进一步证实了这种结果。有一些新闻，当事人通过看一些有暴力内容的录像带，比如类似在大学里面我们所知道的校园枪手展开袭击，孩子们看到他们的这些行为之后，是不是又会产生新的模仿行为，然后就有可能导致更多人的死亡？美国的校园枪击案真的是层出不穷，隔一段时间就会出现一起，甚至引发了社会大规模的枪击案。这些大规模的谋杀事件已经成为美国人日常生活的一部分，而且很多网络媒体不停地播放，现场直播。这种现场直播的方式也会不断地让更多的人学会这一点。学会之后，又会产生新的暗示和模仿。所以，班杜拉的关于社会学习这个原理，是非常重要的。

当时在富士康自杀事件里面，连续的报道自杀了13个人。这时候终于有人意识到不能再报道了，如果继续报道下去，还会有人不停地自杀。

所以关于社会学习会产生什么，这是非常引人着迷的事情。因为它对我们社会中的每一个人都具有巨大的影响，对我们在座的每一个人教育自己的孩子都有重大影响。所以，这个实验非常重要，我们要研究和学习的东西还有很多。

我们小时候都被老师打过，现在居然有学生打老师。事情发生在山西吕梁孝义一家教育培训机构英语课上。程先生的儿子今年15岁，刚上初三。程先生的儿子对着前面的女生说了一句“闭住你的肛门”，老师听到后，便进行制止，没想到小孩又重复了一遍，老师一时生气就对着小孩说了句“给我滚出去”。可小孩依然不听话，老师在拉小孩出去的过程中，双方发生了肢体冲突，小孩最后还拿椅子砸了老师…… 事后老师本来是想给程先生出五千元，再给孩子买点营养品，但对方却要五万元，这让涉事老师无法接受。其实这些年学生打老师的事件层出不穷，已经不是简单的孤例可以解释的了。云南鲁甸历史老师遭到四名学生的殴打，导致眼眶骨折；四川职业学校学生在办公室殴打老师；安徽亳州一中学课堂上，学生为拒交试卷，不仅出口成脏还拿板凳砸老师；广东东莞老师催交作业，惨遭四年级学生暴打……当一件事情一而再再而三地发生的时候，我们就不能无视它的存在了。有人说是因为老师先惩罚的学生，有错在先。老师到底能不能惩罚学生呢？美国21个州的法院认为“教师具有至高无上的家长地位”，可以对学生体罚，但是，体罚的理由必须是与教育有关的问题。韩国规定教师可以对违纪学生做出体罚，但它同时规定了实施体罚的详细程序。英国规定可以对学生体罚，但是使用的鞭子或皮带必须达到认可的标准，必须备有惩罚记录，年龄在8岁以下儿童禁止体罚，打手心时每双手不得超过3下，鞭打男生臀部不得超过6下等等。为什么大家对教育这么重视？因为教育关系到一个国家的根基。在教育领域发生的任何事情都不是小事。发生这些事情之后，大家一定很困惑，到底这个世界怎么了？孩子们怎么了？老师们怎么了？社会怎么了？

让小明给大家从心理学角度讲一讲。从社会心理学的角度讲，我们所处的这个时代正好是一个被解构的时代。权威，权力，经典，传统都处于被解构的过程中。解构本是事物发展向前的一种必然路径。但旧的体系被解构时，新的秩序却无法建立起来，这才是问题。这些年我们解构的东西还少吗？不信大家看：我们解构孝道却又建立不起家庭关系新的秩序；我们解构了传统的道德，却又建立不起新的社会道德秩序；我们解构单一的自上而下的话语权，但是又无法建立起自媒体传播的健康秩序；我们解构中华传统的各种节日中的必要仪式感，但是却站在西方传进来的节日仪式中感到无法适从。低年龄孩子现在几乎不太有兴趣去了解中华文明各种古代神话。高龄的孩子也不太有兴趣去阅读四大名著。我们丢掉继承的文化遗产，肤浅地模仿西方社会中的种种表象，但是又学不到西方自古以来的文化传承。教育就像是一棵大树。树叶有了病变，折射出的是树根部出现的变异。这就像一个人发烧流鼻涕，这些只是症状，症状的背后是身体机能的异常。从孩子打老师这件事，我们能看到的是我们的教育病了，它站在时代的转折点，何去何从摇摆不定，如果缺乏深度的对教育问题的思考，仅仅去改变一些表象，是不能根本解决问题的。

五、规范明星等公众人物的媒体行为

班杜拉在社会学习中强调，儿童会从他能看到的一个榜样身上学会一种暴力行为。这一点就给我们敲响了警钟，比如电视、网络媒体，还有现在最流行的各种各样的抖音视频，都会让观看的孩子模仿到很多东西。

模仿，是儿童学习、行为塑造的另外一种主要形式。于是有了一项规定，就是1995年美国科学会提议：家长们在儿童两岁之前避免看任何电视节目。当我们看到“两岁之前”会感到很奇怪，为什么是两岁之前呢？难道三岁以后就可以看了吗？其实三岁之后我认为也不要看，因为儿童都会模仿，所以定两岁也许只是一个折中的考虑。

但有些人有可能要反对了，包括许多媒体，他们更会强烈反对，因为这影响了他们做生意，影响了他们的财路。所以他们会说：“好，成千上万的青少年都在打电子游戏，还有很多人听一些像‘超级杀手’的歌，但他们也没有听完以后就去杀自己的学生啊！”有没有看到大学生们毕业之后都会感谢彼此不杀之恩的？有这样的情况吗？反正我知道马家爵事件之后，网上就有很多这方面的玩笑和段子，说大学毕业之前一定要感谢对方的不杀之恩，那么是不是继而就会产生夫妻离婚之前也要感谢对方不杀之恩。于是这就产生了心理学上的反思，那就是：真的会有这样的情况吗？

还有一种研究认为，这些暴力手段有可能引发他们的模仿行为，这些人自己本身是不是也有问题。也就是他们一开始就有问题，然后再加上模仿，更容易产生问题。是不是这样的呢？

很多心理学家认为，虽然大多数孩子看到了很多榜样行为，这些榜样行为也许都是暴力行为。他们看到之后，也许其中有一些小孩暴力程度强一些，一些小孩暴力程度弱一些，也可以说还没有表现出明显极端的暴力行为。由于没有表现出极端的暴力行为，所以社会媒体也不会关注到他们，但这并不意味着社会媒体所传播的这些暴力行为就不会对孩子有影响，只不过孩子们受到的影响程度还没有达到那种能被新闻媒体所注意到的程度而已。

从现在的社会问题分析，可以说媒体是一些问题的源头，那么，自然也是解决问题的重要途径。

媒体不能简单地从好坏这个角度来看，因为媒体的存在不是关键，它所传播的内容才是应该受到关注的。

世界上很多国家对于媒体都分了等级，比如说L级、13级，当然这些都属于暴力等级，青少年在多少岁以下是不允许去看的，这就是为了减少孩子们的模仿行为。

科学研究表明，媒体的积极信息会使得孩子们容易出现更好的亲社会行为。比如《巴尼》《芝麻街》《罗杰斯先生》等儿童电视栏目能够提升儿童在日常生活中的积极行为。儿童发展研究学会在2001年也专门有个报告披露，发现有一些孩子在看了积极的媒体节目之后，他们在学校成绩更好、更喜欢阅读，更愿意参与艺术课程，而且攻击的程度更低。

当然我们都知道很多商人都是唯利是图的，一切都是围绕着是否赚钱的动机来行事的。所以，如果能找到一条既能让他们挣钱，同时又能对孩子们产生积极影响的一个方法是皆大欢喜的事。

我们最近正在给央视的儿童电视栏目起草一篇关于中国儿童电视栏目伦理规范的协议。儿童的节目必须要有相关的伦理规范，要符合心理学的规范，否则这些节目对孩子造成的可能是危害，而不是积极的帮助。

前段时间我们参加央视的少儿节目《极速少年》的录制，走访了很多城市，给很多孩子做心理测试。结果发现，很多孩子都特别容易受到他们所崇拜的偶像、明星的影响，很多孩子去跟随他们，成为他们的粉丝。

媒体对这些偶像、明星是否也需要承担传播正面形象的义务呢？如果这些名人不承担正面形象义务，他们在媒体上乱说话，发表一些不良言论，或者出现违背社会公众利益、真理的行为，比如酗酒开车、婚外恋等错误的行为会不会对孩子产生误导呢？肯定会的。

一个明星一旦成为孩子们的崇拜对象，那么，我们就应该对明星有更多的社会要求，让他们承担更多的社会义务和责任，约束他们的不良行为。公众人物不能简单地把自己看作是一个自然人，一个普通的社会人，想说什么就说什么。不是那样的，只要成为了公众人物，就会影响很多人，所以，言行就要比普通人更加谨慎，就应该有社会制约和监督。

孩子们成为了谁的粉？这个粉适合吗？这个偶像适合做你孩子的模仿行为榜样吗？这是作为父母或者担负教育孩子责任的有关人士需要考虑的三个重要的问题。

关于儿童在社会中模仿他人的行为，班杜拉的研究实际上给了我们非常重要的提示，这一项研究成果已经进入到了政治、社会层面上，引起了社会广泛的关注和警惕。科学家和媒体行业之间也互相争论，他们会彼此监督，就避免了我们说单纯的、极端的科学家研究只关注实验室而不顾及社会现状，也有利于监督社会不良媒体对孩子的误导。所以他们互相争论是有价值的，最后一定会产生对儿童有益的结果。

有一次，徐峥和宁浩两家相聚，正玩得兴起时，宁浩的儿子突然抱着徐峥两岁的女儿亲了一口，徐峥一秒变脸，很严肃地对宁浩说：让你儿子离我女儿远点。

宁浩哭笑不得：才两岁能懂什么？

网上有一个亲子教育的自媒体评论道：任何的爱，都必须做到既尊重别人，也不伤到自己。这些做亲子教育自媒体的人不知道有没有过童年。

其实两岁左右的孩子，是荷尔蒙激素的高峰时期。他们不仅会有亲昵的举动，甚至也会有性游戏。当类似的事件发生时，家长切记不要用成人的眼光去对待这件事情，特别是赋予孩子成人的羞耻感。家长给予安全的引导即可。完全没有必要用成人的眼光把它们看成像成人一样的事件。

第二节　新生儿已具备模仿能力

一、新生儿也可以通过模仿进行学习

科学的价值有时候不在于你正在看到的这件事情，而在于由一项研究推动了多少研究，引发了多少思考，在引发的所有的思考里面有某一项东西可能正好具有现实的价值，这就是科学家的思维。

如果我们每一件事研究的都是正在发生的和正在让你焦虑的东西，那么用这种方法去推动科学研究就过于现实和实用了。往往这种实用主义的研究并不能够真正推动人类的进步，因为你只解决了现实的问题，而现实的问题背后可能还有更多你不知道的非现实的原因。

科学研究的并不是无聊的东西，而是研究我们习以为常的那些东西，如新生儿吐舌头的研究，看似无聊，但就是这项研究，却在全世界儿童心理学最具革命性的研究里排名第十二，并引发了后续的一千多项心理学研究。

可见，做一些基础性的工作有多么重要。曾经有人专门比较过，我们中国的哲学、数学、逻辑学和西方比起来，在历史上、发展思路上有些差异，甚至有不少差距。

有个研究认为，我们中国的整个科学发展过程中太重视实用主义了，我们的每项科学研究总想解决实际问题，而西方在发展这些东西的过程中，哲学、逻辑学、科学并没有功利到只想研究解决实际问题。他们经常是“这个东西不知道有啥用，但是研究它”，而就是这个不知道有啥用的东西，有一天突然就变成了推动整个科学技术进步的一项基础性研究。比如说数学里面有一项研究叫作数论，很多研究数学的数学家都不研究数论。

华罗庚是个数学家。在第二次世界大战的时候，有一天国民党军方的高层找到他说，现在日本每天都要轰炸我们，我们现在需要翻译密电码，但是我们翻译不出来，需要你快速给我们翻译出来。华罗庚拿到这个密电码之后熬了一夜，到第二天早上翻译出来了。后来他给他的学生讲这段故事的时候说：你们知道吗？很多人学数学都觉得数论没有用，总想学些能解决实际问题的数学，但正是这种没有用的数论帮我在二战的时候破译了日本的密电码。

所以学习一项科学，千万不要被这个时代煽风点火裹挟着去学习，否则最终只能像猴子掰玉米一样一无所获。我们一定要具备科学的精神和科学的态度，学好基础知识，这才是关键所在。

心理学里面科学和非科学的争论，是非常非常严谨的。在儿童心理学里面也有这样的现象。早期人们对于儿童心理学研究的内容有儿童吐舌头，有些儿童心理学学习者认为这不是科学，最起码不是正经的科学，甚至开始抵触这种不正经的科学。

新生儿吐舌头引发了很多的研究，这些研究都包含什么呢？

研究中说到了一个有价值的东西：“先天释放机制”。

什么叫“先天释放机制”？首先，它是行为学的理论，认为一个生物和它的环境之间，存在着紧密的联系。意思是当环境中有一种特定的刺激出现，这个生物体就会产生它身体或者大脑机制里预先已经设定好的固定的无意识的反应。再简单点说，每当生物体在环境中遇到恰当的刺激，它先天的那种相应机制就会得到释放，这就叫作先天释放机制。

比如在对刚刚出生12—17天的婴儿做的吐舌头实验中，当婴儿遇到吐舌头这个环境刺激时，他本能地也吐出舌头，使他观察到的另一个人吐舌头的表情得以模仿，可能的原因之一就是婴儿自身就有先天设定好的释放机制。

那么，如果新生儿天生就具备模仿能力，意味着一出生就开始“吸收”与社会性世界相关的信息和知识，我们能得到什么启发呢？这似乎与皮亚杰提出的婴儿到18—24个月才开始模仿不同，而且无须等到感知和运动系统完全成熟后才开始模仿学习，而是一出生就可以通过模仿进行学习了。

这项研究无疑是推动儿童社会性发展的革命性研究。

二、错过最佳训练时间，可能贻误一生

为什么到了十二岁培养小孩儿学习钢琴不会达到预期的目的呢？原因是他最佳的先天释放机制的时间点并不是十二岁，可能是刚出生一个月的时候，甚至是胎儿时期，也或者是二三岁、三四岁的时候，儿童这时正好处于音乐儿童状态。

所谓音乐儿童，就是儿童在这个年龄阶段，特别容易培养出音乐的天赋，只要在环境中给他适当的刺激，他大脑预设的那些与音乐有关的机制就会被打开，这些被打开的部分就有可能把你的孩子一步一步地发展成有天赋的音乐儿童了。

如同学习语言一样，一旦错过了关键训练时期，后面就难学了。小孩学习说话一般是半岁、八个月，一岁的孩子基本就会说话了。

自闭症儿童的父母发现孩子说话比别人说得晚，可能只是觉得自己的孩子晚了一点，但是孩子到一岁半了还不会说话，就会着急，会带小孩去做检查。儿童的很多问题不可能很快检查出来，到很多医院看了一圈也不知原因，到小孩两岁才模模糊糊得到一个结论：小孩子有可能是自闭症。再找训练中心又耽误半年，这个小孩进入正规训练的时间可能就是三岁之后了。很多自闭症儿童送到训练中心的时候基本上都是五六岁了，已经错过了语言习得的最佳年龄。因为人的身体的很多基因片段是在那个恰当的年龄才打开，过了这个年龄，基因片段就不再打开了，就永久性地闭合了。

人从出生开始到老年，身体里的基因片段是依照时间顺序依次打开的，有些是按照时间顺序，有些是按照环境条件刺激的顺序。按照时间顺序就是到了这个时间就给你打开了，如果到了这个时间没有得到相应的刺激就关上了，这个功能就没有，比如，在需要音乐刺激的时候而没有，你就没有音乐功能了，在需要语言训练的时候而没有，语言功能也会关闭。

人的一生发展往往就是这样的，很多种功能的消失就是基因打开的时间和你给它刺激的时间不相匹配。所以，有些小孩子错过了语言发展的最佳时期，就没有发展出很好的语言天赋。

小孩如果错过了他艺术大脑发展的最佳时期，就很难成为非常有天赋的艺术家，因为他错过了先天释放机制。

比如，小孩从出生一个月到四岁之前，需要大量的音乐刺激，我们却没有给他相关的音乐刺激，小孩子怎么能够去释放他先天的音乐机制呢？

得不到适当的刺激，就不容易成为天赋儿童。等到他到了十岁、十二岁的时候，看到其他小孩子在学习钢琴、画画等艺术，再把自己的小孩也放到辅导班学习这些内容，其效果已经大打折扣了。

当然，这个刺激，并不是想象的那么简单。

我学会做曲不是教的，是天生的。父母也没有送我去音乐辅导班。那时候父母也不管我们，我和小伙伴整天在外面一起疯玩，不是在野地里捉蚂蚱、捕老鼠，就是去小河摸鱼抓虾。到了能作曲的时候，突然间旋律就从大脑里出来了。后来进入大学，拿把吉他就开始随便作曲了。

儿童大概在四岁之前对音乐异常敏感，在这个阶段有个音乐儿童。四岁的小孩都会做曲。你也许会问："我的小孩四岁的时候怎么没有作曲呢？"那是因为他没有得到恰当的音乐刺激。这个刺激不是简单地听听神曲、广场舞等类似的音乐。音乐刺激讲究的是音乐类型的丰富性和根源性，必须要美的音乐，否则就不足以打开儿童对音乐所有的想象力。

我家里保存着不少从小上台表演的照片。早在幼儿园的时候我就登台演出了。可能在那个阶段，我恰当地受到了很多音乐刺激、语言刺激、表达和表演刺激，这些刺激的类型恰好打开了我音乐的开关，对我的语言和表演能力有着很大的影响。

那个时候广播里播放的是中国最优秀的民族音乐，每天都在播放红歌。那时听到的音乐很有美感，旋律也非常好。比如"毛主席的书我最爱读，千遍那个万遍哟下功夫，深刻的道理我细心领会，只觉得心里头热乎乎”。这些歌曲如果以其旋律性而言，完全可以媲美同一时期美国最好的乡村音乐，这就是根源性和民族性的音乐。

那个阶段还有很多非常好的戏曲形式。在我三四岁的时候，我记得我妈妈带我去看戏剧表演，那时刚好有一个戏剧团来单位演出，虽然看不懂它在演什么，但是，那个时候对我恰当的各种各样丰富的刺激，可能让我的先天释放机制打开了。

大脑的先天性神经接触到了足够的刺激，反射才能打开，然后相关的艺术区域才会发展。如果在那个时期刺激不恰当、音乐形式不丰富、没有音乐艺术美感等等都会影响到先天释放机制的打开。

在这个阶段，小孩能听些什么呢？小孩在自然长大的过程中，能够接触到广播、街上放的各种流行舞曲，包括幼儿园放的一些神曲，这些音乐进入孩子的世界都会或多或少地产生影响。小孩诞生在这个时代，如果不能给他提供足够好的、非常丰富的、能够释放他大脑反应的各种适度的音乐刺激、颜色刺激、艺术感刺激以及表演、语言表达的刺激，后天想要再培养他，带他去参加各种表达培训班、演艺培训班，不仅费用特别高，而且也浪费小孩的时间，很难达到预期的效果，因为已经错过最佳时期了。

对于十多岁的孩子，同样有他这个年纪需要打开的先天释放机制。最重要就是“神逻辑”！

十多岁的儿童需要在这个年龄段建构出非常严密的对世界的逻辑推理判断能力。这能力建立起来后，对他未来的后天语言、科研、职场工作、与人沟通、文字表达能力等各方面都很重要，为他以后的生活和工作打下了扎实的基础。

从心理学角度讲，动物只能通过行为表达欲望，而人可以用语言。人类文明的进化，让我们从更多依靠身体解决冲突转化为更多借助语言。对亲子教育而言，要特别重视孩子的语言情商训练。具体来说，小明手把手教你通过以下三点对你的孩子进行专项的语言逻辑训练：

第一，学会用一个词去命名身边观察到的一切。

第二，学会用一句话定义某个现象。

第三，学会用三句话说明白一件事。

每个年龄阶段都有必要的先天释放机制。这就是学习儿童心理学时，要建立起的基本理念和观念。

从一个婴儿吐舌头的动作引发的研究结果，竟是对已有权威理论框架的质疑，同时，也激发了一大批针对婴儿社会性发展的后续研究，唤醒了一个新的领域。

三、婴儿一出生就开始阅读社会化信息

学院派的很多儿童心理学研究是基于实验的，当然，实验也会有错误，也会不断地迭代更新，但是总的来说，还是沿着科学的轨迹向前走的。

还有一些不太严密的心理学，比如精神分析，研究儿童在早期的时候与他的重要他人之间发展出的各种依恋关系。这一部分是我们中国心理学界、社会上培训最多的课程。

这一类课程虽然讲得多，重复得多，但是，不代表就是对的。这些课程里有很多东西是错误的，像精神分析对儿童的很多研究，他们通过研究个体与重要他人发展出的人际关系模式，建立了一套类似主客体这样关系的理念：儿童和父母的关系会影响他们一生，以及早年决定未来等等很多这样的理论。

儿童心理学研究发现，婴儿不仅仅是和父母发生关系，婴儿很早就和更多的外界产生了联系。这些外界同样会对婴儿产生很多心理的影响，包括人格方面的影响。

有研究发现婴儿一个月大的时候，就已经开始产生社会性的模仿行为了。把一个婴儿送去医院进行检查，这时候婴儿就已经开始接触社会，开始接触和自己父母不相同的另外一个人，并且婴儿能够识别出这个人是不是父母，识别出来之后，他会有相应的不同的行为。

有研究发现，婴儿对父母的笑所动用的肌肉与他对外面一个普通人（比如对他身体进行检查的医生或者护士）露出微笑动用的面部肌肉数量是不一样的。这说明什么呢？婴儿正在哄外面的人开心。为什么要哄外面的人开心呢？因为哄外边的人开心可以让他得到更多的安全。所以，这是一种社会性的表达。

精神分析里面所研究的关于儿童出现假性自体的年龄比心理学研究认为的要更晚。但是，儿童心理学认为，如果婴儿对外边人做出社会性微笑（因为他对他的父母才是真实微笑），并把这看作是假性人格，那么意味着婴儿一岁的时候就要靠演技生存了。这个时候他演得如何就能够决定他能不能得到别人对他更多的照顾。在这个年龄阶段，婴儿已经开始接受初步的社会化了，已经开始产生一些假装的表现。这是不是和精神分析所说的假性自体有关系呢？还没有人进行过这方面的联系。不过，我们作为社会心理学的实践者，要注意到，他们之间是有联系的。换句话说，婴儿比我们想象的要更早进入社会。

有儿童心理学界的科学家研究结果揭示，婴儿甚至在他出生之后42分钟就会出现一些社会性模仿行为，而这种模仿行为并不仅仅指向他的父母，还可以指向任何他所接触到的人。

精神分析并没有更多研究过保姆对小孩的影响。一个小孩从小到大假若要经历五个或者八个保姆，这些保姆对小孩会产生什么影响呢？这些影响大家都看得到，但是精神分析缺少这一类的研究。

父母带给儿童的影响，绝对只是儿童人格成长的一小部分。儿童人格成长受到的影响有很多很多的元素与父母亲是无关的。所以，大家再不要轻易地把过错全部算到父母身上，认为现在生活的失败是小时候父母造成的，这是一种简单轻率的论断。

婴儿一出生就有一种先天的机制，就会凝视自己的社会性伙伴的眼睛，因为他会觉得那个人长得像他。为什么凝视眼睛呢？因为眼睛可以表露一个人的很多情感，比如他的恐惧、他的爱、他的温柔。婴儿从他的眼睛里解读这是危险，还是友好，很多复杂的信息婴儿一出生就开始阅读了。

婴儿为什么会产生这么复杂的社会性的模仿行为呢？因为通过模仿，他可以更早地建立起与他人之间的友谊。不仅是和父母，也包括他的玩伴。在原始人类时期，难道婴儿真的每天都被父母抱着吗？我看不一定。可能婴儿很小的时候就要和其他的孩子一起在地上乱爬，所以，他要通过大量的社会化的行为与其他婴儿发展联系。

婴儿在互动的过程中，学到了很多知识。这些知识来自身边的各种人。父母做得再好，陪伴小孩的时间实际上是有限的，因为工业时代，每个人都是被社会化的，会在很多碎片式的时间段应付各种各样的需要。

生完小孩几个月后，父母就必须要参加工作。白天上班，晚上回家。这都是社会对人时间上的自然分配。婴儿在其他没有父母的时间，同样要发展他自己。精神分析对于在这些时间内，婴儿如何发展他的性格、人格等的心理研究是不足的。比如，婴儿很早就进入幼儿园和其他同伴、不同的老师之间互动，这些人对他人格的影响却没有人研究。所以简单地把所有的问题都甩在父母身上是不科学的。

不仅仅是人类婴儿会模仿，所有灵长类的动物都会模仿。当然类似这样的模仿在其他的动物身上可能就不太多了。黑猩猩、大猩猩都是非常厉害的模仿者，会模仿人类的很多行为。恒河猴是著名的做实验的一个对象，人类通过研究恒河猴发现，原来人类婴儿喜欢毛茸茸的东西，对母亲的依赖胜过他对食品的需要。

1983年的追踪研究结果显示，婴儿刚出生42分钟就开始“吸收”大量的与社会性有关的信息和知识，这一点再次挑战皮亚杰学派的理论。因为皮亚杰学派认为，婴儿到了一岁半到两岁的时候才能够进行成熟的模仿，而实则是婴儿从刚出生就开始产生很多重要的模仿行为。

婴儿模仿能力的发现有助于解决社会中的儿童的实际问题，比如关于自闭症儿童的研究进一步发现：由于自闭症谱系障碍与模仿能力缺陷的关系，他们不能很好地去模仿其他儿童。当然在自闭症儿童里，也有一些自闭症儿童能够更好地去模仿他人。所以，模仿能力本身就决定了这个孩子先天发育是否正常，如果你的小孩特别擅长模仿别人，那么这是非常大的一个优势。

从小对儿童的模仿能力进行训练，这是一个非常重要的观念。首先可以进行模仿技巧的训练。比如他发出一种声音，你也发出一种声音。你先模仿他，让他注意到你在模仿他，然后再去诱发他产生模仿你的行为。这样孩子才会模仿你的语言、你的动作、你的表情、你的眼睛看人的动作、你的眼睛和眼睛的对视。而这些恰好是自闭症儿童所欠缺的。向自闭症儿童传授模仿技巧可以改造他们制造和使用符号的能力，而这可以帮助他们学习语言。

当然对于新生儿模仿能力的实验当时也存在过争论，说婴儿模仿大人吐舌头这个实验不严密。于是，这些心理学家又进行了进一步的研究。他们试过，婴儿看到成年人把嘴唇单独的一侧伸出来，似乎也会复制从一侧吐出舌头的动作。但是这个动作比较复杂，因为婴儿的神经控制能力还没有那么发达，会经常做得不对，会反复尝试，不断地提高他们模仿的准确性。

根据婴儿的模仿行为，人们还发现，有时候婴儿不仅是模仿，还会预想这个动作会带来什么。即使大人没有做到，他们也会继续做下去。有一个实验发现，婴儿观察一个成年人想把一个哑铃形状的东西扯断，但是没有扯断，失败了，而18个月大的婴儿会模仿他们的行为，会预想他们的行为会怎么样，会把玩具的哑铃扯断。这说明婴儿正在预判一个成年人的愿望和意图，正在试图破译其他人类伙伴的行为和想法。

上述这一切的研究都给我们一个提示：婴儿出生到这个世界上的时候，不是一张白纸，他们比我们想象的更加复杂，大脑里面已经预先装下了很多重要的机制等着外界进去给他们必要的刺激，无论是过度刺激还是刺激不足，都会给儿童未来的发展带来不利的影响。

第三节　影响儿童心理发展的生态系统

一、精确的预测和判断须把握细节

有这样一个研究，是关于“人类发展的实验生态学”，“政府、小学、杂货店影响的多层级”的实验。心理学这门科学，如果要想成为一门真科学，需要得到自然科学领域，比如说物理、化学这些学科的真正的认可。

做到这一点很难，而且它也是近期才被批准加入到自然科学俱乐部中的。原因就是心理学的很多研究表面上看都太模糊了，人类很难更客观地去研究自己，而且被错误地批评为在研究过程中产生了很多瞎编乱造的现象。

在心理学的研究中，老师恰当、正确、有效地在实操层面上对一个知识点进行延伸、拓展的讲解很重要。

事实上，心理学在实操层面上，在实际应用上，能不能做得好，才真正地反映出这个心理专家，或者心理学家，是不是具有真正的心理学水平。

同样一本书，有人看了，或者上大学时学过了，参加过心理咨询师培训了。但是，真的理解这些概念了吗？知道这些概念怎么使用吗？

心理学在预测单个个体行为的时候，的确经常表现出极其无力。比如心理学家经常被假设委员会传唤去预测一个已经定罪的纵火犯是不是会再次纵火，或者已定罪的一个性犯罪者是否以后还会猥亵更多的孩子。心理学家无法对这些罪犯做出诸如物理、数学那样科学的精确的预测，因此给人一个在科学上不够精确的强烈印象。所以，心理学长期以来被人诟病。

但是事实上，心理学与自然科学中诸如物理、化学、数学等学科具有同样的科学精确性。视角不同而已。

为什么物理学里，我们可以做到对一个物体的运动进行精确的预测和判断呢？原因在于我们对物体的细节研究非常精细，研究得越细我们越能够掌握物体运动的规律。

热力学的三大定理就是指蒸气在锅里产生很多变化，又引起了我们去研究宇宙是不是不断地在膨胀，研究熵、负熵等等一系列的问题。很多物理学教授都说，每次再看一遍又会发现自己其实还没有懂，因为它里面仍然藏着很多深奥的知识。

从这个角度来看，物理学之所以可以精确，是因为它对细节的把握。同样，心理学家如果真的要靠谱，就要有非常精确和细致的对人的心理现象的细节把握。对细节的把握程度决定了一个心理学家做出的行为预测和判断是否准确，对一个人心理行为的解释是否精确、科学，而不是随便在哪本书上看一个理论就能够懂得人的心理的。

二、影响儿童发展的四种生态系统

心理学界有个“人类发展的生态学理论”排在心理学最具革命性研究的第九位。这个理论鼓励心理学家在解释人类的发展时将尽量多的因素考虑在内，考虑的因素越多才越精确。

都有哪些因素会影响人的行为呢？有基因的影响，社会的影响，情绪的影响，文化因素的影响，还有大家知道的精神分析中诸如原生家庭理论的影响。

精神分析原生家庭的理论在这个影响人类发展的生态框架体系里占了几分之几呢？这就是为什么我们一直强烈地批判“巨婴论”的原因，因为它完全、彻头彻尾的就是一个错误，因为它根本就没有考虑心理学里面更多的因素，只考虑了一个流派的关于“人的自恋”的理论，用这个来给中国人做判断，连科学的边都没有沾。

我们研究一个人，要研究他的基因、社会、情绪、文化因素。因为这些因素都会对人产生影响。因为儿童的这些因子，比如，“情绪”的不稳定性，使得对他们做出精确的预测就很难。

儿童心理学家仍然力图使得每一项靠谱的心理学研究都进入到一个生态学的框架，所有的因素都会对人的心理产生影响，这构成了人的心理上的生态系统。

生态学实际上是生物学上的一个范畴，它研究的就是一个生物体怎么样和周围的环境发生关系，一个生物体怎么样利用周围的环境为自己服务，甚至包括一个生物体如何改变周围的环境。

同样，如果一个生物体脱离了它最基本的、原始的环境，那么它的行为也会发生异常。就如同我们把一群动物关在动物园里，其实这个时候你观察到的很多动物的表现，已经不是它在野生状态下的表现了，这就不是生态学的框架。

完整的生态学对人心理的影响分为四个层级，从影响最大到影响最小分别是微系统、中间系统、外系统、宏系统。这四个系统共同构成了研究儿童心理的生态框架。

要想研究一个人的心理现象，专家们给我们的建议是，我们应该对它的整个生态系统进行研究。

第一个生态系统是微系统。

什么叫微系统呢？就是个体，也就是我们研究儿童最重要的一些小环境和他之间的关系。小环境可以是他的原生家庭、学校、某一个去游玩的游乐场等。在这些小环境中儿童会接触到一些人，接触到一些事，在中国应该还包括保姆，儿童和她们之间所产生的一些互相的影响。

第二个叫中间系统。

中间系统包含儿童若干个小环境之间的彼此影响。比如你的小孩的原生家庭与他的一个同伴的原生家庭，每个原生家庭对小孩的教育或者对小孩的引导方式都不一样。若干个这样的微小的系统，在学校这个大环境中又会互相影响，就会形成共有的一些模式。这就像是，你某一天回到家发现小孩说了一个流行词，你觉得这个词很奇怪，你没有教过他，他是怎么学会的呢？原来是他们若干个微系统彼此之间又产生了影响。换句话说，即使你每天小心翼翼地教养你的孩子，你的孩子仍然会说脏话，因为你无法预料他的每一个小伙伴的父母是如何用语言沟通的。

我小的时候在一个大院生活，大院里有很多小朋友，小朋友在不同的学校上学，原生家庭也不一样，但是都共享了一个大院环境。我们在这个大院里整天一起玩。大院里这些小朋友玩的东西，玩游戏的方式，或者这段时间非常流行什么、说什么样的语言也是共享的，这就产生了一个中间系统。

第三个是外系统。

外系统和前面所说的微系统、中间系统就不一样了，因为在微系统和中间系统里面，儿童是直接的参与者，但是在外系统里面儿童并不是一个直接的参与者。儿童虽然不直接参与这些外在系统，但这些外在系统对儿童产生了直接的影响。比如说，政治影响、媒体影响、当地政府、商业、工业等。举例来说，你的父亲如果恰好是英国圈地运动时期的产业工人，他工作的环境是一个工厂，每天有大量巨大的的噪音，让他不堪其扰。他也许还会去看足球赛或演唱会。这些系统对于儿童来说是外系统，儿童虽然不直接参与，但这些外在系统肯定对儿童产生了一种间接的影响。外系统看起来还是离我们比较近，能够接触到的。

第四个叫宏系统。

宏系统就更大了，它的范围更宽广，有点不太好直接接触。宏系统就是整个社会的制度体系，比如文化制度体系、教育制度体系、法律教育制度体系、政治教育制度体系、经济制度体系等等。这些巨大的宏系统，对儿童产生的影响依然很大，就像“文革”时，上山下乡对那一代孩子的影响是远远大于父母和原生家庭的影响的。

大家想一想，是不是儿童会受到这四个系统的影响呢？这四个系统组合在一起就是儿童成长的生态系统。

1. 微系统中的各因子是交互作用的

在研究这些系统之间互相影响的时候，真正的儿童心理专家给我们提了些要求。从微系统角度来讲，我们研究原生家庭对儿童造成的影响，其实只是儿童心理学研究的一部分。

假如一个家庭生了二胎，家里有两个宝宝，房子也不够大，父母可能还要和二胎、一胎同睡在一张床上，至少可能会和一个小孩同睡在床上，夫妻之间不方便进行夫妻生活，继而影响了夫妻之间的感情，又影响到这个家庭的稳固程度。请问，这是不是儿童影响了家庭，继而又反作用于儿童的生长环境呢?

所以原生家庭只是影响儿童心理成长的一半原因，但很多人都把这一半当作了影响儿童成长的全部。其实不然，这是一个相互作用的过程，如果不注意相互作用，就根本不能理解一个家庭系统怎么产生了交互作用，以及怎么对儿童的心理成长产生了长期的影响。

对于微系统的研究，我们还要注意，儿童心理学家提示我们，有的时候一个妈妈好像对一个孩子过于严厉、管控，那么就误认为这个妈妈对孩子是长期的心理操纵，影响了孩子的心理发育，这个严厉的妈妈引起了孩子精神上、心理上的一些异常。这样去看问题是不科学的。

真正的儿童心理学家是怎么研究的呢？他们会去调查故事背后发生了什么。结果调查发现，原本该是爸爸带着这个孩子来做某个活动的，结果爸爸食言了，他因为某事来不了，结果妈妈被迫临时牺牲了自己的时间，调整了自己的工作来带孩子，这种情况下妈妈可能就会不高兴，也可能会在跟孩子的互动中表现出来，表现出似乎是过于管控或是严厉，但事实上除了这一次妈妈这样表现以外，在其他情况下妈妈并不是这样一个人。

如果不能注意到这个家庭系统里彼此的互相影响，比如妈妈的影响来源于爸爸，爸爸的影响可能又来源于爸爸自己的单位。需要考虑各种复杂的因素对儿童造成的心理影响，而不能简单地只看到直接关系人，这样看问题是不全面的。

在心理咨询实践中，你会发现，但凡针对孩子的家暴，都绝不是其中一方所为，必定是双方共同参与，至少也是其中一方未尽到自己的角色责任才造成的。

这一点和婆媳矛盾相同。但凡婆媳矛盾，都不可能仅仅是媳妇或者婆婆的问题。其中必定存在丈夫无法承担角色责任，推卸责任，回避责任，逃脱责任才会导致婆媳的矛盾。家庭成员中每一个人都有自己的角色责任，如果有一方不能履行其职责，家庭关系就会失衡。

有的人在网上散布“父母皆祸害”的论断。这不是正统的儿童心理学研究所得出的结果，最多只是一种煽动，而且只会让人变得更加偏激，心中充满了愤怒。这一类心理学在中国非常流行，但它不会给你带来半点真正的成长。

在微系统研究里，研究人员又提醒我们，我们观察儿童的时候要注意，儿童不仅仅是生活在他的微系统中，有的时候儿童在微系统里面产生的问题，是对整个环境的一个局部反应。比如说家里父母都在用手机，可能跟孩子的沟通会比较少，这能简单地说只是父母的问题吗？不能，它是一个时代的代价。现在还有一家人成立一个微信群，可以随时沟通，甚至还在微信群里发语音，这就是技术改变了沟通方式。所以，不能简单地说这家人没有沟通，这就是看问题太偏激了，完全不是一个科学的态度。

2. 中间系统对孩子成长的影响不容忽视

中间系统，是指孩子在他的一天经历中某些看起来好像微不足道的，但是会对孩子有持续影响的事件或他人。

举例来说，一个小孩儿上学的路上有一个他喜欢的巧克力店，巧克力店成为他每天欲望的来源。每每路过这里都会缠着妈妈、爸爸给他买。这个巧克力店所有他接触的员工、老板对他也会产生持续、重大的影响。为什么呢？孩子会对自己感兴趣的东西产生更多的感受，印象也更为深刻。

有的人可能会说心理学家太矫情了，每一件事情对孩子产生的影响是不是都要研究？我们这里说的是一个生态系统，当然要研究。不过，也并不是说心理学家矫情，非要找那些微不足道的事情研究。比如，我们现在试着回忆一下你小时候印象最深刻的经历，你会想到什么？如果让我回忆，我就能回忆到学校门口一个老太太摆的摊，卖的凉粉。现在还能记得，你说这件事情对我有没有影响？小时候，我发生了那么多事情，但往往能记住的东西，却不是和父母有关系的，更多的是我在路上玩耍时的某一件事情，还有我的狗，我养的动物，都会对我产生持续的影响。那么这些影响是什么呢？这些看似微不足道的记忆，关乎着我如何建构出对童年某个时期的意义。

不是心理学家矫情，而是孩子的确会受到中间系统的影响。它可能独立于两个微系统之间，比如，你的同学也去那家巧克力店买了巧克力，而你看见了，也想去买。之后你们彼此产生了一段影响你整个童年期的友谊。这些小事并不小，往往也会对我们产生持续的影响。

3. 外系统也会促使儿童的心智发展

大家不妨也试着回顾一下，小时候印象最深刻的类似的事情都有哪些呢？

我们去央视做《极速少年》这个节目，做节目时我们心理学工作者会对当地学校的学生进行筛选、面试、心理测试，陪着孩子参加很多节目。这个过程中，我们是外面的系统，但是外面系统做了这些事情之后，却有可能会对各个学校产生影响：这会不会促使当地学校重视儿童心理的发展呢？当然会。外面的系统有时偶发性的某一件事就会对你小时候的成长产生重大的影响作用。你小时候参加的某一次夏令营，就足以对你的童年感受产生不同的意义。而这些意义建构出我们的三观。换句话说，做这个节目本身，对被调研的七个不同城市的学校及学校的孩子已经产生持续影响了。

4. 宏系统对儿童的影响最微妙

宏系统的影响指当时当地的政治、文化、法律、经济、教育等制度形式，这些制度因素对儿童心理发展产生的影响相对其他三个生态系统更大、更广泛、更普遍和更微妙。其他三个生态系统是其具体表现。

我小时候就喜欢背着黄挎包，穿着黄军裤。因为那时候“文化大革命”结束没多久，这样穿不仅是因为帅气，还因为其中包含和承载着的意义、动机以及意识形态。这是军人的符号，这种符号至今仍然对我产生持续的影响。

改革开放也对我们产生了很大影响，那时就喜欢戴着墨镜、留着长发的人，觉得这人很帅。但父母不喜欢这种装扮的人，把他们叫作小流氓、阿飞。所以，每一代人在他的儿童时期，所经历的特定的历史、政治、文化等等制度的影响也是持续的。

三、关注儿童的各种成长环境

由上述可见，只关注原生家庭，而忽略其他在儿童成长过程中产生的各种因素，不是一个科学的态度。

现在人们养育孩子，在互联网环境下成长，那么，是父母对孩子影响大，还是互联网对孩子影响大呢？当我这样问时，很多人甚至都会觉得这很难衡量。如果你说肯定是父母对他影响大，比较一下，互联网对小孩子产生了哪些影响，有多大？现在他们就知道了抖音，你真的觉得父母的影响会大过互联网吗？很难说谁更大，但是，很明显，这些因素都对当代的孩子产生了持续的影响。

在美国社会，总统任期两届加在一起八年，八年基本上就是一个孩子从童年七八岁成长为青少年的时期，性格形成的关键期正好是这个总统当任期，这个宏系统对这个时期孩子的价值观会有着持续的、深远的影响。

比如，奥巴马当总统的八年，一个黑人孩子会觉得黑人也可以当总统，于是树立了自信；特朗普当总统的时候，有可能影响着另外一群孩子对事情持续的看法，特朗普种族主义视角同样会对这个年代的孩子的价值观产生某种程度的影响。具体怎么影响，还需要通过研究，但是，肯定每一届总统都会对这一届的孩子产生影响。

再把这种影响拓展到中国的演艺圈。现在演艺界的不少明星、导演、制片人都是北京大院里长大的军二代。他们当时最早拍的影片都是与大院生活文化有关的题材。为什么他们会产生这么强烈的文化诉求，一定和他们当时生活的那个时代的文化、环境以及他们所拥有的各种资源有关系。

这代人的父母对他们影响大呢，还是时代、文化的烙印对他们的影响大呢？这些问题远比我们想象的要复杂得多。

姜文以及王中军、王中磊兄弟俩，都是大院文化出来的，冯小刚也短暂地经历过大院文化，可以看到他们拍的电影仍然有那个时代的烙印。冯小刚还当过兵，所以，他在《芳华》中有着强烈的情感诉求；姜文会去拍《阳光灿烂的日子》，回忆他小时候的大院文化。你们在电影中基本看不到关于这些大院孩子的父母和他们的原生家庭的描述，这说明当这些孩子长大后，回忆他们的童年时，赋予他们童年生活意义时，更多回忆到的都是与小伙伴在一起彼此的影响。还有许多关于知青生活的影片、电视剧，也是那个年代给他们带来的深刻的烙印。我曾看过冯巩的回忆录，他说当时他姐姐要去当知青，他很费力地给姐姐做了个木箱子让姐姐带走，至今记忆犹新，所以，这一代文化对他们产生的持续影响是长远的。

现在这代孩子深受互联网的影响，如果只讲原生家庭对孩子这辈子的影响，认为每个人这辈子的成长、成功，原生家庭都得负全责，这种观点既不科学，也不会对自己的心理健康、心理成熟产生积极意义，因为这种论调本身就不是科学的态度。

生态系统环境给我们的启发是，要关注孩子成长的各种环境，每一种环境都有不同的层级，从微环境、中间环境、外环境到宏环境，整个环境体系中的每一层级、每种因素都对孩子的心理发展产生着不可或缺的影响。

所以，在教育孩子时要注意到，不仅是家庭在影响着孩子，时代也在影响着孩子，时代所用的各种符号、工具也在影响着孩子。当你在频繁地刷微信、频繁地使用互联网的某种工具时，孩子就已经受到影响了，这种影响往往才是持续而深远的。

美国上一代人的童年时代恰好是美国和苏联的冷战时期，所以，他们那代人也被灌输了非常明显的资本主义、共产主义二元的世界观。这种二元的世界观对他们人生的影响是什么呢？二元的世界观是“非此即彼”观，如果这代人当上总统，对世界的看法会不会也是如此二元呢？

我们可以反观一下自己所学习的心理学是不是也有很多是二维的、二元的非此即彼、非黑即白的观点呢？如果是这样的心理学，它就不是心理学，它是心理操纵，甚至连心灵鸡汤都算不上。它是对人心理的诱导，只会让人的思维方式、情感方式变得更加偏激，会使人对所有偏激的、非黑即白的、非此即彼的信息投入更多的关注，使得人的情感被这种互联网信息所裹挟。这不是心理成长，也不是学习心理学，而是被别人的心理操纵。

怎么避免中间系统、外系统、宏系统对你孩子的成长产生负面影响呢？学习心理学时要让自己的眼界放得更高远、宽大一些，学会使用多维度的心理学视角、科学的心理学思维。

第四节　延迟满足能力决定未来成功与否

一、为什么读了书，却受益甚微？

“儿童的延迟满足”这个词很多人都了解，这个理论说的大概是，假如儿童遇到糖果延迟满足了，以后命运就会好。但是这个理论最前面的内容，我倒觉得它更重要。

“人格心理学”是心理学大学课程中非常重要的一个科目。我以前学习“人格心理学”时专门买了七本不同版本的人格心理学书，把这七本书放在一起反复对比、学习，就是因为人格心理学是理解心理学的一个基础知识，是基础性学科。

跟延迟满足有关的，人类有不少这方面的智慧。比如“欲速则不达”“三思而后行”“谁笑到最后谁最开心”等等。这些都告诉了我们到底该怎么样满足的道理。

现在的时代的确是一个焦虑的时代，信息爆炸，信息量太大，大家在这一时代最容易产生对信息饥渴的心理问题，把信息不断地灌输到大脑里去，但是却从未真正吸收过。

我们是要真正地学懂一个知识，还是非常快地把一个知识灌输到大脑里呢？就像很多读书会，我经常会看到大家的分享，今天读一本书，明天读一本书，你读了那么多心理学的书，为什么还在参加读书会，还没学懂呢？怎么还在被别人操纵呢？就是因为我们缺少一个消化、吸收、产出的过程。

二、培养孩子延迟满足的能力，打造成功人生

在这个焦虑的时代，我们缓一缓，把一个知识学懂了再往前走，不着急。因为学知识最重要的价值在于这个知识能被你的大脑吸收，而不是你快速地读

了多少本书，然后发到朋友圈去炫耀。我们学习的目的不是这个，而是从知识中获益。

在这个时代，我们经常能够听到各种各样相反的理论。比如在儿童教育里我们经常会听到两种相反的理论，分别蕴含着两种道理。这些道理听起来好像都有点正确性。那么，我们怎么样在两种相反的道理中找到适合自己的东西呢？哪一种更有道理呢？

“延迟满足”这个实验发生在20世纪70年代的美国。为什么这个实验在那时突然就出名了呢？原因就是60年代的美国心理学急切要淘汰掉旧的、已经过时的行为主义理论，和更过时的精神分析理论，想要研究新的认知流派的理论。当然，这里说的认知并不是大家所想象的认知治疗那么简单，它是单独的一个流派，在大学的心理学科目里面叫作“认知心理学”。

在大学心理学里面有几门课是比较难的：一门课就是我们说的“心理统计学”，它和数学有关系；第二个是“生理心理学”，如同学医一样要记的东西很多，像大脑的结构，人的内分泌系统，非常烦琐；第三就是“认知心理学”。

“认知心理学”有时候你会觉得懂了，但就是不知道它说的是啥意思，它是心理学里面比较难的一门课，很多大学生在学这门课的时候都觉得很吃力。还有，这门课学得好不好，要看导师讲得好不好，因为光看书是不行的，关键在于老师怎么把它讲解清楚。

这项儿童延迟满足的实验有一些非常新颖的认识。心理学家们在实验中发现，儿童延迟满足的能力并不是来源于奖励，给多少糖果似乎并不是问题的关键，也并非来源于所设定的什么样的环境，而是源于他们头脑里的认知。

每个人大脑里的认知结构是不一样的，对于刺激的控制能力也不一样。当然，如果一个孩子大脑里有这样的认知控制能力那的确很了不起。

关于延迟满足，人们还有一些后续的研究。我们可以讨论这样一些事情，比如说“心急吃不了热豆腐”和“早起的鸟儿有虫吃”这两种完全相反的说法。对于儿童而言，我们到底该怎样教育他们呢？

我们今天遇到的世界，是个复杂的世界。如果我们将一个单一的理论套在一件事情上，很难做到一辈子都能非常顺利。我们只有掌握更多的理论、更多的道理，并且知道什么时候用什么道理，对孩子才会做到有效的帮助和指导。

孩子也许延迟满足了，但孩子在学习的时候又拖拖拉拉，这两件事是一件事吗？这是需要分辨的问题。

有的孩子在写作业的时候写得很快，但在另外一些事情上又有能延迟满足欲望的能力，这点就很了不起。值得关注的是，延迟满足是一种能力，而且是可以从小培养的能力。缺乏这种能力，儿童就无力应对复杂的社会环境，包括被社会排斥和出现心理问题，甚至心理疾病。因此，从小开始逐渐培养孩子的耐心，引导他们延迟想要即刻满足的需求和欲望，帮助他们认识到其中的价值，这一点对于家长和儿童心理工作者非常重要，甚至关系到一个孩子以后能否成功。

第六章

对传统养育方式说“NO！”

第一节　婴儿—母亲情感系统中的圈套

一、婴儿依恋母亲是因为爱，还是只为了食物？

关于情感系统的“恒河猴的实验”被列为最具革命性的儿童心理学研究中的第4名。这个实验发现婴儿和母亲之间的情感系统中，婴儿依恋母亲，不是要从母亲那里获得吃的，而是因为爱，因为要从母亲那里获得安全感。它去蹭毛茸茸的东西，因为这个毛茸茸的东西能够唤起跟母亲有关的记忆。当然这个实验只能在猴子身上做，如果在人类身上做会有个伦理的问题。你不能拿小孩去做一个分离的测试，那很有可能会给他带来一辈子的创伤。但是，从进化论的角度分析，对动物的研究可以为研究人类提供方向。

恒河猴的实验的发现同样容易被一些极端的精神分析理论使用者给放大，以及偏执地使用。

婴儿和母亲之间皮肤的接触、蹭毛茸茸的东西这件事到底有多重要？事实上，在20世纪90年代的时候，已经有心理学研究发现，即使在分娩之后，母婴之间没有立刻皮肤接触，这个婴儿后来情感的发展也不错。

所以问题的关键不在于皮肤接触这件事，而在于母亲是否相信皮肤接触是必要的。如果母亲落入这套理论的窠臼，觉得孩子如果在婴儿期缺少与母亲的皮肤接触会造成情感上的创伤，就有可能会因此诱导出创伤方面的某些行为而真的出现问题，这个叫作自我预言自我实现。

二、用预设理论验证生活会带来什么？

心理学有很多理论具有偏激的暗示性。如果只相信原生家庭理论，就能找到支持原生家庭理论的某些证据；如果不相信，同样也可以找到很多与原生家庭理论相反的、很多孩子以后成功的例子。所以，不要用预设的理论去套来访者，不要让来访者陷入你预设的理论中去验证你的理论。这种心理咨询的方式是不可取的。我们要中立地去听来访者的诉说，让来访者提供他的证据。

弗洛伊德有个理论叫作口欲期，意思就是孩子在这个阶段最重要的是要用嘴吃母乳来满足口的欲望。但是恒河猴的实验发现孩子最主要的并不是满足口的欲望，吃实际上要满足的是和母亲在一起的情感欲望。客体关系流派说，哇，这个观点刚好契合于我们的理论，于是就把这个理论奉为了经典。

这个实验并不能用来证明弗洛伊德的错，也不能用来佐证客体关系的科学性，因为人类的心理运作方式比我们想象的更为复杂，有的时候很可能就是自我预言、自我实现。所以我们要尽量多学习科学的心理学研究出的观点，观点多了，心理学理论丰富了，才不会偏激地用一个理论去理解全人类的心理现象。

第二节　“依恋系统”是人类进化中的必然选择

在一定时间内，婴儿和母亲之间似乎有一种隐形的绳子，拴着母子两头。婴儿往前跑一段时间又跑向母亲，好像有一根无形的绳子把他们拉住一样。有如蹦极游戏，用绳子拴着自己来回跳返。

关于这个理论，小明在团体治疗工作坊研究出一个技术，叫作纽带技术。就是把无形的绳子有形化，让一个人绑着松紧带，另一端绑在另外一个人身上，或物体上，然后，让他感受另外一个人或东西和他的情感联系，这个技术也有空椅子技术的作用。可以帮助我们发现很多人在早期依恋中形成的一些关系模型，以及对他们现在的影响。

研究儿童依恋和失落，在最具儿童心理学革命性研究中排名第七位。研究者发现了母亲和孩子之间这种隐形的关系，这位心理学家以前曾经接受过弗洛伊德学派的精神分析训练，他想实验一下弗洛伊德的理论。

他发现弗洛伊德学派的亲子关系理论有问题，因为来访者都是病人，如果从病人身上去找过去的证据，再把这个证据用到健康人身上，在逻辑学上是错误的，而且采取的是回溯性方式来关注亲子关系。

于是他从当前的正常亲子关系入手再过渡到分离关系的研究，对孩子进行未来的预测与展望，而且，他在做这个实验时，视野比较宽广，并不局限于精神分析学派的理论，他采用动物行为学的进化论，紧紧抓住动物行为学的一个概念——“适应性的环境”。

适应性的环境是指生物体通过与自然的选择产生一个生物系统。比如一条鱼，可能水温多少度的淡水环境对它是最好的，而另一个环境可能就不适合它了。

从动物行为学角度而言，人类婴儿在出生时并没有做好心理准备，出生之后完全无法应付现在的环境，所以，人类婴儿抚育的时间变得超长。动物行为学家洛伦兹在“小鸡铭刻实验”中发现，小动物出生之后第一眼看到谁就铭记谁，这就是小鸡铭刻实验。

人类出生之后也有一种跟妈妈紧密的铭刻关系，但完全什么都做不了，因为出生太早了，不能像小鸡铭刻妈妈一样跟着妈妈到处走。正常孩子会在三四岁之后跟着母亲到处走。但自闭症儿童，当妈妈出门时他会站在那儿，并不会跟妈妈走，没什么反应，无法和母亲形成一种很强烈的依恋关系。这在临床上可以作为一种衡量、判断儿童是否有自闭症的方法。

任何理论的使用，都有其使用范围，而不能滥用。孩子和母亲间的依恋关系理论非常好。但是如果滥用，就会带来负面的效果，甚至产生相反的极端思维。

在国外曾有一种疗法叫作“重生治疗”，就是依恋理论的滥用。这种疗法认为，你现在有的问题和母亲的依恋关系受挫有关，需要补救，补救的方式就是给你一次重生的机会，再次体验出生，让你第二次拥有建立依恋关系的机会，这叫重生生活。为此，他们建立了重生中心，治疗费用则需要5000到7000美元，这明显是为了骗钱。这就是一个理论的极端使用，用来骗钱而已。

在美国的克罗拉底州中心，有一个十岁的女孩，在情感上有依恋性的创伤。她的母亲花了7000美元，购买了为期两周的象征性的重生，把她包在一个毯子里面挤压，模拟出生情景，一个多小时的时间，这个孩子就真的被“重生”，死亡了。

在中国，有的心理学习者过分夸大依恋关系理论对个体成长的影响，出现了不少偏激的理论。“巨婴论”就是借助美国精神分析家科胡特的人格理论中关于自恋的婴儿、自大的婴儿的一种理论假设，被该理论的作者用在了国人身上，认为中国国民全都是巨婴，这显然是错误、偏激的。

从进化理论角度看，人类的婴儿的确不应离开母亲太久，因为这对于婴儿的安全感的建立很必要，而且婴儿期的情感安全对于孩子探索周围的世界、实现智力的发展也是必需的。但是，过分强调父母对儿童发展的唯一性则是一种误区，把孩子所有的错误甚至成年之后的问题全部归咎于父母，认为“父母皆过错”，显然是对依恋理论的滥用了。

在美国心理学家杂志中有一个专门的采访，研究这个理论的科学家从来都不认为把问题的一切都归咎于别人、归咎于父母是正确的。

第三节　什么样的婴儿在认知水平上会更高?

依恋类型实验是在陌生情景下观察儿童表现出的依恋类型。这个实验发现，儿童的依恋类型各不相同，大致分成三种：A 型、B 型、C 型。

A 型婴儿无视母亲的离开，单独留在一个房间与陌生人相处毫不在意，甚至有的婴儿更喜欢与陌生人待在一起，也有的有一点喜欢待在母亲身边，但偶尔有想要远离母亲的强烈愿望。他们常常主动回避母亲，因为母亲的离开或无响应而怒而不能，所以选择回避。这种类型的孩子在学校也较难融入群体，可能会与他人无法友好相处。

B 型婴儿似乎是最健康的类型，他们喜欢和母亲待在一起，但和母亲分离时也不会过度焦虑，安全感很好。这一类型婴儿待母亲的共同特征是“敏感的响应者”，对婴儿的诉求能很好地给予响应，多数儿童都属于这一类型。这类孩子的安全感最强，往往在认知水平上高于其他类型的孩子。

C 型婴儿表现最引人注目，他们先是积极靠近自己的母亲，既而又强烈地抗拒母亲，表现出一种矛盾的心理。他们在与母亲分离阶段，要么表现出极度的焦虑和明显的愤怒，要么表现得极其消极，对于母亲无动于衷。这种类型的孩子属于焦虑、矛盾的依恋关系类型，他们对母亲的信任度极低，因为诉求常常得不到响应。母亲这个安全基地的丧失，使得孩子无法安心探索世界，从而减少了探索，因此影响了认知的发展。

这个实验虽然极具价值，但是也有其局限性，它没有将人的天生气质因素考虑进来。

母亲只是母子关系中的一员，还要考虑孩子自身的气质类型。哈佛大学心理学家研究发现，有些婴儿天生非常活跃，有些婴儿天生经常容易哭泣，无关乎与母亲的依恋关系。

很多人说到亲子关系，总会埋怨父母皆祸害，父母在自己小时候疏于照顾，对自己造成了影响。其实，未必不是其他的因素，而非源于父母的照料。

第四节　儿童的行为与其气质类型密不可分

影响儿童行为模式的不只是依恋关系等因素，个体的内在因素也不容小视。个体的内在因素被统称为气质。

气质的研究被列为儿童心理学最具革命性研究第15位，此前没有这方面的研究。

这项研究从九个维度来判定一个儿童的气质类型，这九个维度分别是：（1）活动水平，（2）节律性，（3）趋避性，（4）适应性，（5）反应强度，（6）反应阈，（7）心境的质量，（8）注意力的分散度，（9）注意力的广度和坚持性。

活动水平反映儿童参与一个行动的迅速程度、频繁程度，并且经常包含着对动作的测量。

节律性代表着孩子在生活中身体功能的规律性，比如：入睡、饥饿、上厕所是不是有时间规律，当然节律性得分高是好的。

趋避性，代表着孩子面对新事物时会展现出什么样的兴趣和处世态度，是回避还是趋向于这件事情。

适应性关注儿童的初始反应能朝着人们所希望的方向进行调整的难易程度，与趋避性不同的是，趋避性指的是儿童的初始反应。

反应强度关注的是，儿童对事物做出反应时所消耗的能量。有的孩子面对某一个刺激会反应过度，超出正常范围，属于高强度反应。比如有的孩子仅仅遇到光线瞬间的刺激就会哭很长时间，反应的强度太大。而低反应强度的儿童几乎对什么事都没有反应，只是做出一些轻微的反应证明自己注意到了。

反应阈指的是一件事物达到什么程度的刺激时才能引起儿童的注意。有的儿童对事物的反应强烈，有的反应小，甚至没有反应。高反应阈的孩子尿布湿了也不在乎，对旁边过去一辆很快的汽车也不在意；而低反应阈的孩子对于身边的信息反应异常敏感。反应阈高低无所谓好坏，各有利弊。

注意力的分散度，指孩子做一件事情时是否容易被干扰，是否能够听到旁边其他的声音。注意力分散度高的孩子无论做什么都容易被分散注意力。对于一个轻微受伤的孩子这当然是很好的品质，母亲容易引导他把注意力转移到另外一件事情上，让他忘记疼痛。

注意力的广度和坚持性。注意力的广度指儿童在做某件事时，当出现轻微干扰时能保持投入时间的长度；坚持性指儿童做事时无视干扰继续做下去的时间长度。注意力的广度较好的孩子做一件事时可能会连续数小时，如果坚持性又好，那么，这个孩子在不断受到干扰时仍然会继续坚持做这件事。相反，注意力的广度较差的孩子做一件事时较容易受到干扰，做一件事时间不长，一会儿玩这个东西，一会儿又玩那个东西，受到打断时就会停止做某件事，不会坚持下去。

注意力维持得久，代表着大脑顶叶发育比较好，同时注意力也可以通过后天训练达到改善的效果，比如从儿童感兴趣的事物入手，逐渐延长对某一事物的关注时间。

第五节　如何界定好的教养方式标准？

关于教养方式，国内很多心理学研究者喜欢使用关于父母教育、父母与孩子的互动方式，也就是原生家庭到底给孩子带来什么。

这项关于教养方式的研究在儿童心理学最具革命性研究中排名第16位。因为它重点关注的是不同的教养方式所造成的结果，而且发现，有些教养方式确实胜过其他的教养方式，并且证明一种好的教养方式的标准，且沿用至今。

研究的对象是74个白人男孩，60个白人女孩，他们的家庭生活条件比较好，平均智商125分，平均年龄四岁多。同在这所幼儿园里的16个黑人家庭的孩子没有被纳入到这项研究。这项研究只适合这个样本的群体，不要把个群的研究内容扩散到全世界，这会犯了理论边界的问题。

在研究父母的教养模型时，这项研究将其归为三种：权威型父母、专制型父母、放纵型父母。

西方这些白人富裕家庭培养孩子的目的是要适应西方主流文化。西方主流文化认为一个有高度独立性的孩子更容易在西方社会中生活。但也给我们启发，不同国家，社会鼓励的文化不一样，所以父母培养孩子的类型肯定就不一样，不能拿一个标准来衡量全世界。

这项研究发现，三种父母教养方式不同，专制型父母的目标是要实现孩子绝对的服从，喜欢采取处罚的手段让孩子服从自己；权威型父母的目标是实现孩子的个人成长，制定严格的规则，同时愿意与孩子合作对其进行修改；放纵型父母的目标是充当孩子可以任意取用的资源，对孩子全盘接受，不加惩罚，对孩子有求必应，直到耐心耗尽，再去惩罚孩子，甚至更严厉。

我们无法得到一个完全正确的教养方式，因为每一种教养方式都只能够培养出这个孩子在某方面的特质。但是，研究同时发现，权威型的父母教养方式的确胜于其他方式。

权威型父母培养的目标是实现孩子个人的成长，培养出责任心强的孩子。

你想要你的孩子一直具有社会责任心，最好的办法是选用权威性的教养方式。讲到这里，会有人说：权威性可能不太好吧！放纵性可能好吧，但是，权威型父母却可以培养出有责任心的孩子，这种类型的父母严格制定规则，同时注重孩子的独立自主和情感发展。

在这个理论研究之前，很多人认为采用严格的教养方式会导致孩子产生违抗的行为。其实研究发现，并非这样，只要父母在严格的养育过程中，对小孩子仍然有一个持续积极的接纳态度，同时也严格养育，这样的孩子就能够具有社会责任心。

培养具有独立性品质的孩子最好的教养方式也是权威性养育方式。一般教育专家认为，权威性严格的教养方式会给孩子带来被动性和依赖性，但是研究结果恰恰相反。儿童并没有那么容易屈服于父母的压力，而权威型的父母往往具备许多可能增进孩子的独立性的特征。

这项研究颠覆了很多预先固化的思维。研究发现，严格并不是坏事，只是父母表示严格的方式不一样。如果父母的严格孩子能够理解，这个教养方式就是正确的，孩子能够理解父母为什么要如此严格、要这样管理。

在美国社会，独立性是一个非常好的品质，从上到下，整个美国都在鼓励做最好的自己，要去质疑权威，要独立思考，在小学课堂上要积极主动举手提出问题，这种要求和美国的文化是一致的。

在亚洲很多国家，独立性在社会文化中并不是一种有价值的目标。相比于独立，集体协作对社会来说更好。

所以，不同的文化背景对孩子的目标是不一样的，不能把研究美国富裕社区的白人孩子得出的结果推广到全世界，很多中国的教育专家完全照搬某一种心理学流派的理论，不见得是对的，这样教养出的孩子很可能并不适合他未来生活的社会文化。

这项研究也告诉我们，在非白人社区，比如，这个地方是帮派活动频繁、犯罪率高的非主流文化的社区，如果父母是温和的，孩子不见得受益，相反，专制性的教养方式很可能对孩子更有价值。

启发：受极端的教育思想、极端的心理学思想、极端的精神分析思想的蛊惑，会废了你的孩子；运用科学的心理学理论做指导，结合不同的文化背景、环境、社会需求培养出适合社会发展的各类人才才是科学的教养方式。

第七章

打开亲子关系模式的正确方式

第一节　你并不懂你的孩子

一、社会回避行为

现在的孩子和以前的孩子有一个非常大的区别：驱力①的下降。

六七十年代出生的人最大的特点就是缺少，因为缺少，所以他们会产生非常强大的生存驱力，到了70后、80后，生存驱力还有，但是比以前的人要少多了，不过这个时候还有基本的本能驱力，比如性的驱力。到了90后之后，他们这代人，无论是性的驱力还是生存的驱力，都比以前大大地缩小了。

当这些孩子驱力下降的时候，他们在社会生活中，特别是在上学的过程中，如果学校不能满足他们的乐趣和兴趣，不能吸引他们有一种面向社会的驱力，本来他们的驱力就不足，这个时候受到来自学校和社会的挫折的时候，他们往往会选择后退。这种后退我们就把它叫作互联网时代的社会退缩或者叫作社会回避行为。

关于这种现象，对于家长来说，一定要注意小心呵护孩子对社会生活的兴趣，要小心地呵护孩子对自然生活的兴趣，最重要的是要呵护孩子对学习的兴趣。特别是不要逼着孩子在科学和艺术上做选择，不要逼着孩子在上学和流浪之间做选择。

二、两极化思维

上面提到家长不要逼着孩子做选择，有的时候家长就会说，我没有逼啊。

其实，很多家长的思维模式也是两极化的，两极化是什么意思呢？比如，孩子喜欢音乐。那么喜欢音乐就非要和上学冲突吗？为什么不能让两件事情在

① 是指个体由生理需要（如：食物的需要、性的需要、逃避痛苦的需要）所引起的一种紧张状态，它能激发和驱动个体行为满足需要，消除紧张，从而恢复机体的平衡状态。

一起有机结合呢？家长不要说现在不可以，因为在最开始的时候家长就不应该让孩子在两件事情之间做两难的选择，在孩子上幼儿园、小学、初中的过程中，不要让孩子觉得，上了学就没有了自由，学习了数学、物理就不能学习艺术。

很多人都在吐槽学校生活只能让孩子学习科学，而不能学习艺术。但是家长有没有想过学校生活以外的时间呢？那个是你可以支配的。从小学到之后的求学过程中，家长都应该给孩子放学之后的自由，不要让孩子觉得，只有离开了学习、辍了学才能够浪迹天涯寻找自由，才能够弹吉他、唱歌，才能去找和艺术有关的生活。

所以这件事情归根到底还是因为家长思考问题的方式两极化。

其实孩子应该和孩子在一起，无论是在学校和同学在一起，还是放学之后和更多的同龄人在一起。当孩子和孩子在一起时，孩子的吐槽、孩子的压力都会释放，孩子都是和同龄人交流的。在同龄人里面，孩子必然能够找到解决问题最恰当的方式。

如果一个孩子不能够活在同龄人中，那么他的内心世界就是孤独的，他就会想要逃离他现在的生活。如果现在问一个孩子，学校有什么东西吸引他们，吸引他们的很可能不是他们的学习，而是他们的伙伴。

建议很多家长，在孩子幼儿园、小学、初中阶段，给孩子在课外创造更多和同龄人相处的机会。现在很多孩子放学之后就在家里，他们没有自己的伙伴，没有自己的同龄人，他们只能和他们的家长玩耍，但是他们的家长和他们毕竟不是一代人，而且往往家长会把孩子和大人玩耍、游戏的需求当作是孩子的调皮捣蛋。孩子需要和孩子在一起。

如果有任何一个家长觉得懂自己孩子，我觉得这是一种自大。

其实任何一个心理咨询师也好，家长也好，都不要试图自大地认为我懂我的孩子。如果一个十五六岁的孩子没有自己的小秘密，没有小伙伴分享，而被迫要告诉家长这一切，这才是大问题。

做父母的不能认为你也经历过青春期，你也经历过从小到大的岁月，你就能够懂你的孩子，你就能够懂现在十多岁的青少年。解决孩子问题最好的方法，是孩子应该有非常好的小伙伴，而不是找心理咨询师。

大人需要做的是给孩子一个安定、安全的环境，确保他们的安全。同时大人应该让孩子和伙伴们相处，让孩子和伙伴们去倾诉他们的烦恼、他们的压力，从而解决困扰他们的问题。

当父母看问题的眼光不是两极化的时候，孩子就会从小慢慢学会不用非此即彼的方式去看问题，不会用非黑即白的方式来看待这个社会，不会用上学和辍学、服从和自由这样的两难困境去理解生活的本质。

所以如果父母们能够学会不用两极化的方式思考，那么你们的孩子在和你们一起生活的十多年的岁月里面，必将慢慢形成多元化的视角，而不是分裂看问题的视角。

注意从小就呵护孩子的兴趣和动力，还有他学习的天性，就不会遇到当孩子十五岁的时候一堆难题摆在面前而无法解决的状况。许多问题不能等到它发生的时候，才想到用一招制敌的方式来解决。

无论是心理咨询还是各种各样的教育和管教都没有奇迹也没有捷径，家长培养自己的孩子十多年，到孩子遇到困境的时候，谁能够用一招就帮家长把十多年积累下来的各种各样的问题解决掉呢?

所以要耐心、一点一点来，不要试图一瞬间解决摆在家长面前的全部难题。

第二节　夫妻二人的责任

一般在家庭中往往会出现这样的现象：工作中两个人一起分担，但是在家庭生活中老公只管很少的一部分，妻子容易感到自己很累，很失望，也不愿意积极主动多做些什么。在这种情况下想破罐破摔，有一种“你不让我过得好，我就把日子过坏”的想法。试图用这种方法让对方明白，你如果不负责，我也不负责。

一、动物行为学视角

关于这个问题可以从多种视角来解读。

从生物学，也是属于动物行为学的视角解读。

动物行为学发现一种现象：在蚂蚁的群体里，有一群蚂蚁（工蚁），它们很勤劳地工作，而另外一些蚂蚁似乎什么都不做。动物学家觉得很奇怪，凭智商而言，蚂蚁不应该产生这种偷懒的想法，这群蚂蚁在群体里负责什么呢？多种研究之后，他们发现这些蚂蚁负责的是信息交流，负责把蚂蚁群的各种各样的信息通过各种途径进行传递。它们很像是我们在社会中看到的一群人，似乎什么事都不做，乐意传递一些信息，乐意传递八卦的信息，乐意看一些信息，然后把这些信息又通过一种方式逐渐传递。

不管是哪种群体——人类或者动物群体，事实上都是大同小异的，他们都会用一种混沌学的方式组织起来。这里面必然有规律，有混沌存在。意思是总有类似的结构出现，这种结构就是有些是工蚁，有些是专门负责传递信息的。这类蚂蚁在群体里是必不可少的。

一个社会，如果所有人都是勤劳工作的“工蚁”，而没有另外一些人，那么我们看到的这个社会就不是一个自然的社会，这个社会一定是通过人为的方法进行规定，并且规范训练出来的一种社会群体，这个群体有点像是高度组织的有效的军队一样。

英国著名的乐队Talking Heads有一首摇滚歌曲叫作psycho killer，意思是变态杀手、精神杀手。这个乐队在发展以及转型过程中，始终表现出军队般的特征，乐队成员之间彼此相互服从，具有很强烈的军队组织色彩，这种特征在崇尚自由的摇滚乐队里是绝对没有的。关键在于他们知道自己要干什么，不像其他乐队一样无意识地随性发展。他们不是这样的，他们非常具有计划性，严谨地按照市场规律转型，发展自己的乐队风格，所以理所当然取得了非常好的成绩。

所以每一种选择一定有它的好处。一种高度有效的组织方式，一定能为取得成功带来优势，但是自然和人类社会并不是如此简单的事情。

从人类社会和动物社会的组织来看问题，可以看到社会的确有不同的分工，而且每一种分工的价值就如人类和动物的进化一样，它的秘诀就在于丰富，一定要在最大程度上拥有进化上的多样性。有人曾经举过一个例子，如果人类要移居外星球，那么需要多少人才能保证人类群体在基因上保持更大的多样性呢？答案是至少需要一到五万人。一万人有些少，如果有五万人会更好，如果能有十万人就没有多大问题了。

我们要是移居外星球至少要准备一个五万人的群体，这样的群体才能保证基因的丰富性和安全性。

为什么我们强调社会和人类组织的多样性而不是单一性呢？多样性的价值在于我们不知道自然世界和人类世界会发展到什么地步，我们必须要准备一些不太适应当前的组织生活，不太适应当前的社会生活，也不太适应当前的家庭生活的人，当突然发生重大变故的时候，这些人的性格也许能够弥补发生重大变故时候的社会需要、自然需要和家庭需要。

所以人类群体也必然需要多样性。

假如夫妻两人都用一种严谨的像军队一样的方式工作生活，一直朝着成功的道路往前走，没有任何一点内部损耗、内部矛盾，这样的家庭很快会奔向财富榜。

但是事实上，绝大部分家庭都不是这样组织的，他们的组织方式里都有很多内耗，有些人就是很不努力地在当前生活着，他们把自己的兴趣放在无关紧要的事情上，人类却允许这样的人存在，连蚂蚁都允许，人类就更不用说了。所以，这是所有的生物在进化过程中的一种备份。

这里面蕴含了一种智慧，这种智慧的目的就是“万一呢”？万一生活发生变化呢?

有这样一个故事：妻子抱怨她的丈夫，说她丈夫有些事情上经常不按照她的想法去做，而且她发现她丈夫在有一些事情上总和她的想法不一样。丈夫的想法在她看来是过分担心了，比如全家要出门，丈夫不允许家人走同样的交通路线，用同样的交通工具，因为他觉得如果出事故一家人就全完了。

这种想法是不是有点偏颇呢？但也许人类就是需要有一些这样的人存在。他们比我们更担心、更焦虑，或者比我们更休闲，比我们更漫不经心。

社会需要不同的人同时存在。

二、人类进化角度

从人类的进化角度而言，我们需要性格[①]上具有丰富性。

如果很多家庭真的做到用一种绝对严谨的线性思考方式生活，就像在一些亲子活动、夫妻治疗和一些团体培训中做游戏一样，做到步调要一致。步调一致指的是两个人把两条腿绑在一起，两个人同时往前走，看谁最快。用这种方法你会发现，要想走得更快，两个人的大脑就要合而为一，两人要有一种非常严谨的管理方式，而且没有私心，这样才能非常快地走到终点。

家庭如果能达到如此严谨的高效，这样的家庭简直就是想要做什么都能成功。

---

① 性格是一个人对现实的稳定的态度，以及在与这种态度相应的、习惯化了的行为方式中表现出来的人格特征。

三、如何解决

（一）给家庭设置底线

那么该如何解决这种问题呢？

首先，大家需要给家庭设立底线，当然对于每个家庭来说，这底线是不一样的，因为每个家庭标准不同。

夫妻二人在分担责任、分担生活以及家庭游戏规则方面，假如他们的视角不一样，他们的性格不一样，生活策略不一样，那就在底线上达成一致，我们应该允许有些人以不同的方式思考生活，和我们不一样，甚至包括家庭中也是如此。但是前提是双方能够同意对方的底线 。比如一开始提到的现象，丈夫仍然承担了一部分的事情，不是完全的什么事都不做，有底线在这里，假如妻子承认这个底线，愿意辛苦地去工作，愿意用一种更具责任感的方式去和一个没有太多责任感、没有太多焦虑的人生活在一起。

当然很多人会说这不公平，是不公平，但是假如双方都同意这种底线，这种家庭就一定有种优势，这种优势不知道在哪天也许会用上。

另外一方面，假如夫妻双方对不一样的生活策略的底线不能容忍了，那关系可能就要到破灭的时候了。

所以第一点就是双方先设定一个底线，看一下双方的行为是不是在底线范围内。如果在底线范围内，也可以选择乐意容忍或者允许这种差异性的性格在家庭中存在，包括在组织中存在，因为所有组织起来的动物和人类的群体生活似乎都有着相同的规律性。

（二）多种方法尝试

责任应该有个底线。

有些人特别有责任感，而且每个家庭也都渴望和这样的人在一起。或许丈夫之所以找到这样的妻子，就是因为看到他妻子比他有责任感，能够弥补他的不足，所以，他会找到她。那么这位妻子为什么要找这样的丈夫呢？一定是有什么原因，只是在结婚时妻子知道这个原因，在结婚之后忘了这个原因。

所以，对家庭治疗而言，需要妻子重新回忆一下，自己在这个过程中是不是曾经看中过对方身上的某些优点，但在结婚之后却不看重了呢？这是有可能的。

如果他当初被你看重的优点，你今天还能看得上，说明你们还有共同基础，你们还能生活。如果你当初看上的优点对你现在的生活没有帮助，并且你觉得对你未来的生活也没有帮助。那么你可以考虑如何解决这个问题。方法有两种：

一种是去沟通，去修正双方，在双方可以修正的范围内让另外一个人积极改善。当然，每个人都有底线，如果你对他要求太高，他就完成不了。

另一种是，如果你实在无法容忍这一点，并且的确想要找一个像军队一样严密组织起来的家庭结构，那么你也可以去寻找，看是否能找到双方都能达成这样的一种生活策略，也许是有机会的。

所以，在这两种选择方法里面，任何一种方法的前提都是要多去尝试，把各种方法都尝试完了，如果还有可能就不应该放弃努力。因为一个群体组织在一起，一个家庭组织在一起，最开始的时候是花费了很多精力和工夫的，真的分开，代价也是非常大的。

代价包括什么呢？

第一，要考虑到小孩受到的影响。小孩受到的冲击是最大的，原因是他的人格不完善更容易受到影响。

第二，双方受到的伤害。如果双方人格不够健全，那么受到的伤害就会比较大，如果性格都比较好，那么在这个过程中，可能不会受到什么伤害。

第三，财产、工作和生活的代价。这些代价有些时候对某些人来说反而是最重要的。

一个成年人并不是不会改变的，成年人觉得有道理的时候也会改变，哪怕有些人人格不健全，也许当下他面子过不去，不想听你的，事实上如果你说的话有道理，他仍然会在背后悄悄地改变。

要劝服另一半，首先要有技巧，有知识背景，有能说服对方的足够合理的一个解释。这点做到之后，自己再做一部分让步，理智和情感两个都有的时候，一般就能促使别人做出让步或改变。

第三节 关于打骂孩子

家庭中经常会出现父亲或者母亲一方喜欢打骂孩子的现象，经常频繁地打骂孩子无疑会给孩子成长带来影响，如何应对这种情况呢?

一般来说，改变一件事情，或者改变一个人，从心理学角度讲，有以下几个途径：

第一，改变这个人的三观。

这需要长时期的思想工作,或者长时期的心理咨询。所以如果丈夫（或妻子）有能力也有时间,可以对妻子（或丈夫）进行长时间的思想改造,这是最好的办法。如果不行也可以考虑为妻子（或丈夫）寻求心理咨询的帮助，甚至一家人一起进行心理咨询。

第二，就是用奖励和惩罚，对她（或他）的行为进行正强化①和负强化②。

设置一个妻子（或者丈夫）行为的监督表格。上面对妻子（或者丈夫）打骂孩子的现象、时间、地点、强度进行记录，然后一家人一起制定一个惩罚的措施。三个人都分别签上名字，形成一种心理契约。

第三，参与。第三个方法虽然看起来简单，就两个字，但是很有价值。试想一下妻子（或者丈夫）这样做的原因。如果对孩子的管教是由夫妻双方共同进行，那么必然就可以对整个行为进行全程监控和参与。对妻子（或者丈夫）的行为进行实时的修正。其实不论是中国还是外国，一般而言，母亲更多地承担了孩子的管教任务。但是有意识地培养父亲的积极性会让父亲更多地参与孩子的管教任务，特别是会增加与孩子在一起的时间。从心理学角度讲，孩子进

---

① 任何导致我们以后进行该行为的可能性增加的结果。

② 对于符合组织目标的行为，撤消或减弱原来存在的消极刺激或者条件，以使这些行为发生的频率提高。

入三岁之后，有关孩子的社会化[①]技巧训练，孩子的规则教育，孩子的理想，都更多地需要父亲的参与。

不过在很多家庭中，父亲没有这方面的意识，与孩子沟通太少。丈夫在家里的时间少，造成的结果就是妻子更多地独立承担对孩子的管教任务。在这种情况下。当妻子因为社会压力，或者因为自身情绪不良，或者因为家庭关系不良，孩子往往就会成为替罪羊。

我们一般把丈夫、妻子、孩子三人之间的关系叫作核心家庭。核心家庭讲究的是关系的平衡。其中一方参与得少，就会带来关系的失衡，甚至有这样一种现象存在：有的妻子通过对孩子的打骂，来间接地尝试和丈夫进行关系的沟通和互动。也许是因为丈夫和妻子之间沟通不良，缺少直接的沟通渠道，所以打骂孩子反而成了丈夫妻子唯一共同参与的事情。

其实丈夫参与家庭事务的时间太少，或者丈夫和妻子沟通不畅，对孩子带来的影响是很深刻的，也是长远的。一般我们认为，一个孩子后天社会适应能力、社会情商、规则的认同、自我理想形成，包括性别角色认同，都需要丈夫更多地参与。

不要等到孩子成年之后，性格已经基本固化，出现了性格扭曲或者心理方面的问题的时候再去想着改变孩子，那个时候付出的代价和时间更昂贵更漫长。

丈夫固然有养家的责任，但是在可能的情况下，还要创造更多的与孩子在一起的时间。

---

① 社会化(socialization)是个体在特定的社会文化环境中，学习和掌握知识、技能、语言、规范、价值观等社会行为方式和人格特征，适应社会并积极作用于社会、创造新文化的过程。

第四节　陪伴孩子到七岁

为什么说陪伴孩子最好到七岁？

从进化心理学的角度来看，在所有的动物里面，人类怀孕的时间其实是最短的。

这里指的是一个相对的时间，因为绝大多数的动物出生之后都具备一定的自我生存能力，并且动物的孩子经过父母短时间的训练之后就可以独立生存。但人类婴儿出生之后完全没有任何独立生存的能力。人类婴儿出生之后，身体和大脑很多器官仍然没有长成熟。

为什么人类婴儿需要这么长时间的后天教育和训练，至今仍然没有完全的解释。

其中有一种原因是人类婴儿出生的时候头部不能太大，否则会造成难产。因此人类婴儿的大脑要在出生之后才能充分地成熟。人类大脑最后成熟的部分是负责理性和决策的中枢，也就是额叶系统，它需要到25岁之后才能发育成熟。

人类的大脑到30岁的时候，网络突触连接仍在继续生长。另外人类文明的快速发展，也使得儿童的认知教育负担越来越重。一个孩子的成长往往需要花费20多年的时间，持续地受教育，才可能应付社会对一个成年人的职业要求。

这一切都告诉我们，人类婴儿不仅需要父母陪伴、教导和训练的时间，还需要从幼儿园开始到小学、中学以至大学的训练时间，这个过程在心理学里面叫作社会化的过程。

从这个角度来讲，人类孩子需要持续地学习社会化的时间，甚至可以延续到30岁。但这并不意味着，孩子应该被一种娇生惯养的方式持续陪伴到30岁。

其实孩子在不同年龄阶段需要的陪伴是不同的。

有一些陪伴与教导只能由父母进行，是外人不可取代的。具体而言，家长需要做的陪伴随着时间变化，将分为以下几个阶段：

一、身体的陪伴

从精神分析流派的角度来看：孩子在一岁到两岁期间，都需要母亲身体陪伴。母亲将构成孩子主要的安全感的来源。三岁之后，孩子需要父亲和母亲共同的陪伴。这种身体的陪伴将持续到孩子七岁左右。

七岁之后，父母作为孩子身体陪伴的功能就逐步下降了。孩子将具有一定的独立活动的能力。比如，独立睡觉，短时间父母不在的时候孩子可以与其他人共同生活。

到了这个阶段之后，如果父母还是继续给予孩子更多的身体陪伴，反而是有害的。

二、思想的陪伴

从五岁开始，一直持续到孩子青春期，父母将给孩子提供最初的教育。比如语言的教育，思维方式的教育，逻辑推理能力的教育，道德的基本教育，社会化社会规则的教育，社会基本法律的教育。

父母的应对社会的风格，生活应对方式，生活博弈风格，应对策略等等，将会影响孩子的生活应对风格和策略。

孩子将吸取父母之所长。这个阶段最重要的是，父母逐渐由教会孩子基本的思维方式，变为让孩子尝试自己思考，再发展为孩子能够兼收并蓄地综合父母的思维与自己的思维甚至他人思维。

三、精神的陪伴

第三个阶段很重要，在前面两个阶段教育失败的孩子，将会呈现出两个极端。

一个极端是对父母的完全依赖，失去自我的思想和思考，没有任何独立生存、独立思考、自我教育的能力。

另一个极端是孩子完全拒绝父母的一切思想，产生出对父母极端的否认。

由否认父母的一切，继而泛化为否认任何形式的传统。比如否认家庭，否认家族，否认传统教育，甚至否认中国的文化传统，产生出“父母皆祸害”这样的极端化思维。他们总是会在言行中有意识地隔绝父母对他们的影响。他们往往会把自己成年的失败完全归结为早年家庭的影响。他们特别偏执地相信传统精神分析理论里面，原生家庭①决定了后天成长的野蛮论断。这反而体现出他们的自我不够成熟，人格不够独立。他们总是恐惧父母对自我的影响，他们错误地把逃离、回避父母，当作是自己成熟的证据。

在前两个阶段教育成功的孩子，在第三个阶段，将主动地和父母商量自己的一些事情。

他们懂得如何汲取父母的经验与智慧。他们懂得与长者相遇产生智慧这样的深刻含义。最终他们在心里激活智慧老人的原型。他们了解如何在自己身上体现传统与现代的结合。他们知道如何将家庭家教与同龄人的影响，互联网时代的影响，一起整合在自己身上。

他们懂得依据不同的现实情况以及客观条件，选择最恰当的应对生活的策略。

他们会把家庭作为自己永远的精神寄托。

不管自己出去了多远，多长时间，生活在异乡还是国外。他们都会把父母、家庭和文化传承作为自己永远的根，作为自己精神的寄托。这样的孩子，他们永远都会有精神上的信念。他们遇到大事时会坚定，会思考，不会退缩。他们受伤时，会主动寻求根的滋养。他们会更多地保持与家庭、父母的连接。即使到了自己老去的那一天，父母仍然会化为精神上的支柱，永远活在他们的心中。

从这个角度而言，父母其实是和孩子永远在一起的。

---

① 原生家庭是指和父母一起生活的家庭，儿子或女儿还没有成婚组成新的家庭，这样的家庭泛指原生家庭。

第五节　父母性格内向

父母性格内向，会对孩子产生影响吗？

父母性格内向，会让孩子也形成内向的性格吗？

一、多范式

这些年中国的老百姓渐渐都知道一个词语，叫作原生家庭。很多非心理圈的人也知道了这个词，还喜欢用这个词来解释一些现象，导致了对这个词的误解和滥用。

另外还有些人了解了某个心理学的理论之后就喜欢把自己身上的错误对号入座，所以有些人一提到原生家庭，就觉得原生家庭一定给自己带来了影响。

接下来，小明想把心理学的一些理论的来龙去脉规整一下，避免多数人犯类似的错误。不过这些心理学的错误很多学心理学的人也会犯，那正确的心理学到底是什么样子的呢？

心理学讲究多范式[①]，多范式指心理学中任何现象都没有单一的理论支撑，很多现象往往需要不同的心理学理论来解释。

举个例子，对于一个现象，有时候可以把它解释成A，而有的时候也可以把它解释成反A，有的时候可以解释成B，还有的时候可以解释成C。

为什么可以这样做呢？

因为心理学里没有单一的理论可以解释一种现象，每种理论都是互相冲突，互相矛盾的，但是它们就是在心理学里同时存在的，很多人学不懂心理学就是因为这一点。

① 指常规科学所赖以运作的理论基础和实践规范，是从事某一科学的研究者群体所共同遵从的世界观和行为方式。

心理学和其他专业都不一样，其他专业会有基本理论公式，告诉你在什么样的情况下可以套用它，而心理学里有的理论说一加一等于二，有的理论说一加一等于零，甚至有的说一加一等于三。

小明在学习心理学的时候曾问老师，到底一加一等于几？然后老师就会说，每个流派看法都不一样。我继续问那哪一个才是对的呢？老师会说它们都对，但是每一种又都不对。

什么意思呢？

每一种理论都有其发生作用的条件。

这就是小明前面所说的多范式是心理学最基本的、最重要的奠基石。如果没有这个基本的敲门砖，那你就不可能进入到真正的心理学大门里。

二、多因果

那么原生家庭会给我们带来什么影响呢？

在心理学里靠谱的理论就是多因多果的关系，多因多果是指一种原因可以导致一种结果，两种不同的原因也可以导致一个共同的结果，一个原因还会导致多种不同的结果，这叫作多因多果的对应关系，从来没有简单的一因一果的对应关系。

因此我们不能简单地说，早年的原生家庭必然会给孩子带来一种注定的性格，或者某种人生结果，任何人只要相信这种说法，都代表着他在心理学领域里面还没有真正入门。

小时候的事情会对人产生一定的影响，但这种影响并不一定都是负面的影响，因人因事，影响有好有坏。

具体来说，如果你的父亲母亲性格内向，那么至少会有三种结果：一是你性格内向，二是你的性格恰好相反，三是你的性格与他们完全没有任何关系，这就符合心理学里多因多果的对应关系。

这三种都是有可能的，因为有心理学研究发现，同一对父母，培养出的亲兄弟，甚至是双胞胎，同样的基因、同样的生活环境，但是他们后天的性格却有很大的差异。

这说明原生家庭并不一定会带来某种注定的结果。

究竟能不能产生影响，取决于你是认同父亲还是母亲，还是两者都不认同。

如果你认同了他们，你就会和他们一样。如果你不认同他们，那么你就会和他们不一样，甚至有完全相反的性格。

在多数情况下，小明更愿意用全面的思维看问题，其实我们的性格有很多侧面，这叫作人格面具[①]。意思是每个人的内在有多种性格的侧面，多种性格的面具会藏在心里。

比如，你有冷漠、冷静、内向的一面，那你同样也有跟这完全相反的一面，只不过还没有被你拿出来表现。

所以，我们需要做的就是把另外不同的性格展示给别人看，如果自己的力量做不到，就去尝试一段时间的心理咨询，通过心理咨询来改善自己的性格。

有的人在做心理咨询的过程中，渐渐地抛弃了对父母性格的认同，转而认同了其他人，从而改变自己的性格，这都是有可能的。

所以不要给自己此时的性格找不靠谱的原因，那样就变成了给自己找借口。

成年人一定要敢于面对原生家庭给自己带来的影响，要有勇气去改变那些对自己不良的影响，把优秀的自己展现给别人。

① 人格是由“面具”（persona，简称“人格面具”）构成的。一个面具就是一个人的人格，或人格的一个侧面。

第六节　父母冷暴力

冷暴力是人与人之间不产生联系的一种惩罚，父母对孩子的教育常常会有两个极端，要么对孩子打骂，要么就不理会他，忽视他，冷落他。

打骂孩子，至少和孩子用的是冲突的方式在联系。一旦没有联系的时候，就意味着关系走入更糟糕的境地了。

那么冷暴力究竟会给孩子造成什么样的影响？

第一，冷暴力会损伤孩子的人际交往能力。

一看到冷暴力这个词语，小明就联想到了变态杀手。有很多人研究过变态杀手，校园的变态杀手都有一个特点，他们脸上经常会露出一些非常奇怪的表情，这种表情似笑非笑，含混不清。

为什么会出现这样的表情呢？这些变态杀手在社会生活中，在人际交往中是敏感的，他们没有正常的人际交往能力，表情自然也是模糊不清的。

正常的人际交往是要借助表情来进行的，如果没有正常的人际交往，那么他们的表情就会经常出错。而在临床咨询中看一个人是不是心理变态最重要的标准就是观察他的表情和眼神。

对孩子实施冷暴力会使得孩子无法通过和父母的关系去习得社会中人与人之间的关系模型，学会如何用表情互动。等他到了社会生活中之后，往往会被推向社交网络的边缘。

处于人际网络核心节点的人在学校、单位里面，特别容易受到别人的瞩目。而无法进入到社会核心网络的人往往会被一点点、慢慢地推向边缘。

被推向边缘后会产生两种结果：一种往往是自杀的方式，另外一种可能是反社会的方式。

第二，孩子模仿父母。

孩子有可能模仿父母对待他的方式，用冷暴力的方式去处理人际关系。

这种方式会延伸到生活的各个维度，包括职场关系、亲密关系等，这对于孩子的生活损失是非常大的。

第三，情感表达受影响。

冷暴力会使孩子不知道怎样表达自己的情感，因为感情是需要在表达和互动中产生的。

当父母用冷暴力时，孩子不能得到情感上的回应，就慢慢学会这种方式，他们也不能够表达情感。

人人都有需要表达情感的时候，这时孩子就会用暴力式的、反社会式的方式表达。

这也是为什么小明看到冷暴力这个词，脑海中就会联想到关于扭曲变态的杀手的原因，也说明这两者之间有某种程度上的联系。

所以父母千万要注意，如果发现自己在情感的表达上有障碍，或者和孩子在情感互动上有障碍，不妨先去做做心理咨询，把自己的情感先恢复正常，这样对你的孩子才是有帮助的。

最后记住，不要用冷暴力对待你的孩子。

第七节　孩子亲情冷漠

如何唤醒亲情冷漠的孩子？

一、科学视角：移情能力

这个问题从科学的视角来看，可以找到合理的解释。

人们从大脑扫描上能够发现这个时代的孩子由于视频刺激的影响，他们的移情能力正在下降。

移情就是感受他人情感的能力。由于社会对人的进一步异化，科技对人的改造，未来社会能有情感的人会变得越来越少，更多人的情感能力会下降。

这就是为什么说大家要学习心理学，原因就是未来具有初步感受情感的能力，具有移情能力的人，会在社会生活中找到很好的工作。

因为很多大企业都会聘请你专门处理人和人之间，企业和客户之间的沟通问题。所以，学习心理学并不简单只是为了做心理咨询，未来社会需要的是高情商的人才。

一个人缺乏一种对事物的情感感受能力，就不可能设计出有移情效果的产品，不能梳理好人和人之间的移情关系。当然，他也不可能成为一个管理者，更不可能成为一个好的商人。因为这些都需要极强的感受他人情感的能力。

由于科技塑造一代导致人的大脑结构性的变化，所以未来90后、95后、00后孩子长大之后，如果他们想要脱颖而出，想要卓尔不群，想要在他们同代人之间处于一个优势的竞争地位，那么他们就要进行更多的情商训练，更多地增强情感能力。

我给一些孩子在做心理咨询的时候，会首先在认知上跟他讨论，原因就是对于未成年人的咨询，首先应该考虑认知。认知上从上到下地刷一下，开个玩笑就像刷抖音一样，在认知上刷完一遍之后，孩子才能初步明白为什么来做心理咨询，否则孩子不能认识到。

比如，有一个来访者，他是疑病症[①]，但是家里送他来做心理咨询不告诉他，而我们不能简单通过症状来给他贴标签。所以我跟他一开始就讨论说，做心理咨询的目的是因为这个社会未来需要懂心理学的人，需要会说话的人，需要的是能够感受他人能力的人。而你觉得这个地方需不需要提高呢？然后他才有坚持做心理咨询的愿望。他家里对他的要求是，要他到我这里做两到三年以上。因为他的家人想让他的疑病症得到缓解。

在给青少年做心理咨询时，在认知上给他刷了一遍之后，还要让孩子明白，心理咨询不是简单地处理亲情冷漠，而是帮助他提高和成长的。

从这个地方入手之后，心理咨询师就可以跟孩子一起开展工作了。因为认知对于任何未成年的孩子来说都是有效的，它能让咨询师更好地开展治疗。

当孩子能够跟我们一起工作之后，我们再去慢慢跟他讨论关于亲情，关于亲情的冷漠这个问题，那是后话。

二、心理学视角：隔离现象

对于亲情冷漠，从符号学、解释学角度可以找出很多种解释。

我们可以找出早年的母婴关系带来的隔离现象，这使得孩子可能隔离了自己对于情感的一种感受。因为他小时候发现，动感情是要受伤的，不能随便动感情，不能随便去依恋爸爸妈妈。

因为得不到，得不到就冷漠。冷漠可以保护自己不受伤。所以大家不要轻而易举地因为这个孩子冷漠就怪罪他，那不仅仅是孩子的原因，他可能只是在用这种方式保护自己。

同样，这对他的影响是非常明显的。恋爱的时候，婚姻的时候，他的这种

---

① 疑病症又称疑病性神经症，目前归类于躯体形式障碍中，主要指患者担心或相信患有一种或多种严重躯体疾病，病人诉躯体症状，反复就医，尽管反复医学检查显示阴性以及医生给予没有相应疾病的医学解释，也不能打消病人的顾虑，常伴有焦虑或抑郁。

冷漠会阻碍他与别人交往。

所以这肯定是一个问题。

如果他能够进入心理咨询室进行咨询，我们通过慢慢跟他解释他人格上的问题，通过和心理咨询师之间建立一种移情关系，最终能够让他情感和理性隔离的现象慢慢被打破。当他的情感能够首次开始涌现的时候，咨询师能够捉住机会，打开他的情感之门，就可以解决情感冷漠的问题。

三、改变环境

第三个，家里面能够做什么？

做任何咨询都必须要考虑一个系统的问题。心理咨询师千万不要忽略环境因素。心理咨询单单强调改变自己，不要想改变别人，也不太强调改变环境。这样的观点其实也是错误的。

我们应该考虑到改变环境的可能。

也许孩子不爱听家长情感上的过多的语言唠叨，这时候家里可以持续给孩子一种持之以恒的、恰到好处的、他能够接受的情感互动（不是简单语言上的）。比如，在什么时候给他准备好什么，这必须把握好一个度。

对于一个隔离情感的孩子而言，如果你的度突破了他的界限，他会更加地抗拒，更加地阻抗，更加地逃避。

所以说，在一个孩子能接受的范围内，给予他正好需要的一些帮助，这种帮助显示出父母总是存在于他的精神世界里，显示出父母总是会在他的背后支持他。慢慢地孩子在心里面会对父母的表象①进行修正。

这对于客体关系②而言（一般指的是一个小孩在小时候形成父母的表象），小时候在人格内部形成的客体表象，和外在的真实的父母之间，实际上有一种互相滋养和调整的关系。也就意味着如果父母能够持之以恒地有一种情感上的

---

① 表象是事物不在面前时，人们在头脑中出现的关于事物的形象。

② 客体关系（object-relations）：是心理动力取向的人格发展理论，主张人类行为的动力源自寻求客体，关注外部客体（父母和孩子世界中的其他重要的人）对于建立内部心理的影响。

改变，这种表象的调整是能够慢慢实现的。

这种润物细无声的方法是可以有效地解决问题的。

这些方法完成之后，还有一个办法就是他找到一个异性对象的时候，如果那个人具有一种像咨询师一样的情感、能力，那么也可以促使他发生改变。

第八节 中国式的“孝顺”

有些孩子或者家长觉得，中国传统的孝顺其实是一种陋习，是对孩子的一种绑架。他们把孝顺称作“中国式孝顺”。

一、污名化的“中国式”

我看到描述什么东西的时候都用“中国式”来描述，其实这个词就已经被污名化了。

孝顺这个词在心理学界被炒得很热。特别是巨婴论的作者武志红，把孝顺看作是中国人的一个恶习，把它看作是中国文化中的一个缺点。

在西方有一种东西叫作种族歧视，在中国好像没有什么种族歧视，但实际上中国也有一种种族歧视。

比如，在西方白人圈里面，他们可能会歧视黄种人、黑人。我们中国人有什么样的种族歧视呢？我们对于白种人和黑种人并没有特别明显的种族歧视，有些人有一个奇怪的种族歧视就是对我们中国人自己有歧视。

特别是这些年，有些人创造了一个词，我看到有一个描述说，这个巨婴论的作者他自己说，自从他创造了中国式这个词之后，这个词就流行开了，什么东西都用中国式来描述，其实这个词就已经被污名化了。

似乎只要什么词套上了中国式就变成了我们文化的一种恶习和一种文化上的缺陷。

二、价值观还是陋习？

西方人怎么看我们的孝顺？

西方人是不是也像我们看待我们自己那样，对我们的孝顺有种族歧视呢？

最近我专门看了一些这方面的调研报告，发现很有意思的是，有一些外国人谈到对中国的印象时会说中国人做事纪律性强、组织性强、非常守时，而且他们认为这是非常优秀的价值观，他们说应该把中国这种高效做事的方式推广到全世界。

所以西方人看待我们这些特点和我们看到的我们自己是不一样的。

我们有时候看到我们自己这种特点，会认为是一种缺点，自己看不起自己，甚至把一些西方人认为优秀的东西也认为是自己身上的缺点。

比如谈到孝顺这个词，最近有一些研究报告显示，从澳大利亚一些人的反馈来看，他们特别欣赏中国人在家庭方面对父母的关爱和尊重。特别是当父母年龄大了身体不好的时候，中国人会悉心照料，这一点很值得他们学习。

在西方人眼里，他们倒并不认为我们的孝顺是一种陋习或者说是我们的缺陷。

他们认为这是一个非常好的优点。有一个采访，其中有个意大利人说，他非常欣赏中国人会在除夕这一天全家聚会，他说这种风俗非常好。在中国全家聚会的时候，有一个特点是西方没有的，就是中国的长辈特别喜欢问一些隐私的问题，比如说你结婚没有啊？什么时候结婚呀？工资多少钱呀？

他觉得这一点和西方不一样，当然这种特点也被有些人认为是中国父母对中国孩子的一种操纵和过度的管束。

那么这个意大利人怎么认为呢？他认为这是中国人的一种价值观。

价值观是什么意思呢？价值观就是不同的人有不同的价值观，不同的民族有不同的价值观，谁都不能用自己的价值观去评判别人的价值观的好坏，因为价值观是属于个性化的东西。

所以西方人把中国的孝顺看作是一种价值观而不是一种文化上的缺陷。

三、经济独立

长辈喜欢问隐私问题，如果你把它看作是中国文化的一种价值观，你就会发现其实它对你实际上并没有什么影响。

不过父母对孩子的控制，比如长辈喜欢问隐私问题，喜欢让你结婚等等这些，确实是中国的父母喜欢做的。

中国父母虽然喜欢问，甚至喜欢给你安排一些相亲，但如果你个人是经济独立、生活独立、心理独立的，你会发现父母无论用什么样的方式，都不会对你造成真正的干扰。

因为你如果是真正独立的，谁也影响不了你。

很多人会觉得父母在影响他、操纵他，其实只有一个原因，就是经济的原因。

关于经济方面，西方父母是怎么做的呢?

同样是一篇调研报告里面写到，西方人也认为西方的父母比较自私。

他们在孩子刚刚到了十八岁的时候一般就会把孩子赶出去，让孩子自己生活。看起来是想让孩子独立，其实也有一部分原因是他们不想让孩子更多地去分自己的财产，他们想让自己的生活过得好一些。

当然这也是有代价的，代价就是孩子独立之后，到父母老的时候，孩子和父母之间的距离很远。

所以西方的父母在老年时一般也过得比较孤独，往往孩子都不在身边。

中国的父母往往会在经济上给予孩子不少的支持，很多时候甚至宁愿牺牲自己的幸福都要让孩子上好的学校，凑钱给孩子买房子等等。

这是中国父母、中国文化中的一种特点，其实这种特点会使得孩子在早期有一定的经济来源，能帮助他们在社会上立足，这点是很多采访中，很多西方的青年人所羡慕的。

换句话说，其实无论是中国人还是西方人，如果一个青年接受了父母对他的经济上的支持，那么父母或多或少都会对他产生影响。

父母甚至会操纵他们。

所以很多时候当我们觉得父母在操纵我们、影响我们的时候，最主要的是因为我们在经济上、生活上、心理上不独立。

所以一个人如果独立，谁也干扰不了你，无论是在中国还是在西方。

四、孝顺的程度

中国父母为了孩子付出很多很多，我们得承认这一点。

当然不能回避的是，的确有一些父母对孩子有过度的要求，甚至寻求孩子给自己的回报。

但是关于孝顺这个词,首先我们要认识到，我们之所以说它好或者说不好，多数情况下都是取决于一个量的程度。

比如超出了正常的伦理范畴、孝顺范畴。无论是过度去对待父母，还是父母过度地对你要求，都离开正常的孝顺的范畴了。当然就显得不够健康。但如果是在正常的孝顺范畴内，其实并不会产生什么严重的问题。

所以我们大家经常听到一些孝顺对孩子的影响或者孝顺对父母的影响，举的这些案例其实都是些超出限度的案例，是一些过度的案例，不是正常范围内的案例。我们不能用一个极端的例子来代表整个孝顺的含义，这本身就是一种偏执。

关于孝顺，我们有时候看问题看得还不够全面。

那么说到中国式的孝顺，西方有没有呢?

其实也是有的。在一次采访中，我看到有一个澳洲人，他说在他那个年代，有时候会把自己的一半工资给父母，这个也不奇怪。

现在我们经常说孩子和父母之间的关系在西方变得非常独立和分离，其实是现代发展到这一步的结果，并不代表着西方传统的价值观。

所以说关于孝顺，我们有时候看问题看得还不够全面。

关于孝顺，我们的主题如果是互相帮助，我认为它就是一个好的词。如果我们的主题是互相诅咒、互相折磨、互相控制、互相拒绝，那么不论是中国还是西方，它都不会是一个好的词。

所以孝顺对孩子、对家长来说到底是利还是弊，其实更多时候取决于我们赋予孝顺什么样的含义。

第九节　破除原生家庭决定论的迷信

如何破除原生家庭决定论的迷信？原生家庭这个词已经成了一个热搜词，甚至很多明星嘴里也经常蹦出这个词语。原生家庭决定论更是作为传播甚广的一个观点被大众所熟知。不少家长也经常问小明是否自己的性格受到了原生家庭的影响，更是担心自己会影响到孩子。

今天小明给大家讲讲原生家庭这个词的来龙去脉，让网上争论的人，能够有一个清晰的认识。

原生家庭这个词受到伪心理学科普的传播，不但不能起到好的作用，而且已经变成一个天大的误会了。甚至绝大多数从事临床心理工作的心理咨询师也对这个词只知其一，不知其二。

原生家庭这个概念是美国人鲍文于1960年提出来的。他本人是从事临床精神病治疗的，而且是精神分析取向的治疗师。

而依恋理论是英国人鲍尔比与安斯沃斯提出来的。而鲍尔比本人也是精神分析流派属于客体关系取向的。虽然他们两个名字都有个“鲍”字，但他们并不就是一个人。客体关系流派自体心理学和弗洛伊德经典精神分析都是属于传统精神分析的范畴。新精神分析是以比昂和拉康作为代表的。另外不管是传统精神分析还是新精神分析，都不属于学院派心理学对儿童发展的观点。

再来说说鲍尔比的依恋理论。鲍尔比发现婴儿离开父母之后产生强烈的情绪，由此他认为婴儿有强烈的依恋行为系统。

再接着是鲍尔比的同事安斯沃斯研究发现一岁的婴儿和他们的父母有三种依恋类型。第1种安全型占60%。第2种焦虑抵抗型占20%。第3种回避型占20%。

但是这并不能够说明婴儿的反应是先天还是后天的。而托马斯在对婴儿的研究中发现婴儿一出生就有四种不同的气质类型。

容易型气质的婴儿占40%。困难型气质的婴儿占10%。迟缓型气质的婴儿占15%。剩下的是混合型。

后来鲍尔比及以后的研究者把婴儿的依恋类型延伸到成年期成人在恋爱关系中的表现。

综上所述，无论哪一种研究都不可能证明原生家庭决定论。

而上述的研究更多的是精神分析流派的研究。精神分析流派不是临床心理学的全部，更不是心理学的全部。而现在的心理科学逐渐抛弃了精神分析流派的许多不科学的论述。

说一句绝对不会错的真理，就是先天遗传与后天环境必然都会对我们的成长产生影响。这才是为什么学院派心理学会更谨慎地使用早年教养环境，而不会使用原生家庭这个名词的原因。

很多人不断地挖掘自己知道的原生家庭的过往回忆。只是因为他们没有办法挖掘到先天基因气质类型对自己的影响。

他们也忽略了原生家庭之外的其他早年养育环境对自己的影响。比如从幼儿园到小学阶段的社会化环境。

而原生家庭这个名词所描绘的早年教养环境对应到学院派心理学有一个术语叫作共享环境。而我们主要受到三种影响：第一，先天遗传因素；第二，共享环境，这一部分与原生家庭所说的环境比较接近；第三，非共享环境，也就是原生家庭之外的早年环境。

从这些年各种心理科学研究的结论来看，一般而言，我们每个人所具有的各种特质大约40%源于先天的遗传因素；60%源于非共享环境的影响。几乎不受共享环境的影响。这一点源于明尼苏达双生子研究结果。研究发现，那些被分开抚养的双胞胎，跟那些一起成长的双胞胎在性格上的相关性没有差异。也就是说共享环境对他们的性格没有额外的影响。

从行为遗传学的研究成果来看，我们的智力、情绪、性格和健康这些特质受先天影响或受非共享环境影响最大。而依恋等特质，受共享环境的影响较多，原生家庭只是共享环境中的一部分而已。

给大家介绍了这么多，目的就是让大家破除原生家庭决定论的迷信。不管是先天环境还是后天养育环境，对于一个成年人而言，都是要通过自我才能发挥作用的，没有什么小时候的因素能够跳过你的自我。我们想要变得更好，成长为更好的自己，做更好的父母，就不能当甩锅侠，而要靠自我的自知，自觉地努力。

第八章

常见的孩子教育问题汇编

第一节　剖腹产孩子的心理发育

剖腹产的孩子和顺产的孩子在身体功能上、心理上有什么区别？

择日择时剖腹产对孩子有什么影响？

男孩子脐带留得长一些，生殖器就会长得更长、更强壮一些，有没有道理？

一、剖腹产孩子和顺产孩子的差异

剖腹产的孩子和顺产的孩子在身体功能上、心理上有什么区别？

剖腹产的孩子在出生之后和顺产孩子在心理功能上存在一些差异，差异有生理上的原因：

第一，顺产的孩子在出生的过程中，由于受到产道的挤压，会激活全身的免疫系统。所以剖腹产的孩子，没有免疫系统的激活过程。

第二，从依恋关系上来讲，母亲的产道里面分泌的液体是一种特定的蛋白质，当孩子从产道产出时，他会对这种蛋白质的味道更加熟悉。当他出生之后，孩子会用在产道里闻到的蛋白质的味道辨别出母亲是谁。

1935年春天，洛伦兹发现一只刚出世的小鹅总是追随自己，继而总结出“铭记现象”。他认为大多数动物在生命的开始阶段，都会无需强化而本能地形成一种行为模式，且这种模式一旦形成就极难改变。洛伦兹的这个研究在心理学里面非常重要，他因此于1953年获得诺贝尔生理学或医学奖。动物铭记实验就是在它出生的时候会记住自己看到的第一个物体。所以，小鹅出生之后看到谁，谁就是它妈妈，它就会跟着它第一眼看到的人走。

在周星驰演的电影《济公》里面，有一段是周星驰对鸭子说：“你们愿不愿意跟我走？”然后鸭子就跟着他走了。

实际上这是在很多和鸡鸭有关的动物行为学的实验里面发现的，小鸡刚出生之后，会对它出生以后第一眼看到的活的动物产生依恋关系，会跟他走。实际上这个电影来源于这样的心理学研究。

人类的婴儿对于出生之后看到的第一个人产生一种强烈的依恋[①]关系，并且把她当做妈妈。

对于人类的婴儿，主要是通过鼻子的嗅觉来嗅到在女性阴道里面分泌出的液体蛋白质的味道，然后用这个味道来分辨自己和对方的一种依恋关系。

如果孩子没有经过产道出生的过程，他在出生之后，如何建立起自己的第一个依恋关系呢?

目前心理学对这个研究是有争论的，没有一个定论。

也许我们人类应该有多种补偿机制，不能只靠嗅觉去闻蛋白质的味道，如果没有机会闻到，人类婴儿还有没有其他办法辨别出这种最强烈的母亲依恋关系。

这个现在科学家还没有定论，但至少可以肯定的是：孩子离开产道的出生环境会对孩子产生两方面影响，第一是全身免疫系统的激活，第二是孩子出生之后根据味道辨别，产生依恋关系。

心理学还有第三个与此有关的研究，就是孩子经过了产道挤压之后出生，孩子等于是经历了一个死里逃生的过程，这意味着对孩子在心理上的影响是在经历了一个挫折之后，又见到光明，即在耐挫力、容忍力上，可能都会有先天的优势。

所以剖腹产的孩子和顺产的孩子确实有区别。

二、择日择时剖腹产的影响

择日择时剖腹产，如果是早产，对孩子的大脑发育肯定是不利的。孩子在子宫中待的时间越长，大脑发育就会越好。

---

① 一般被定义为幼儿和他的照顾者（一般为父母亲）之间存在的一种特殊的感情关系。它产生于幼儿与其照料者母子依恋的相互作用过程中，是一种感情上的联结和纽带。

由于人类的知识在增加，对孩子大脑的要求就会更多。所以人类大脑的容积按理说是要增加的。但是心理学家、动物学家、人类学家研究发现，这么多年来，人类孩子与出生时的大脑容积相比，并没有什么变化。

这就代表着一定有一些先天的机制要做一些妥协和让步。

在进化上的妥协和让步，就是人类孩子不在子宫里面继续发育自己的大脑，而是出生之后再发育。原因是如果在子宫里面大脑就长成熟，那么就会造成难产。

有一种说法是，按照科学家的估计，以人类的这种复杂程度，孩子至少在子宫里面要待够三年，他出生的时候才能应付这样一个复杂世界。但现在人类的婴儿，在子宫里只能待不到一年的时间。这就代表着人类孩子的大脑远远没有发育成熟。

在这种情况下，假设又更早一步剖腹产，会使得这个孩子过早地去应付这个复杂世界，而且还有可能对神经系统的发育有一定的影响。

过早地应付外在的世界，使得孩子不能够均衡发展。

他必须要提前发育出能够应付生存的大脑部分。这些大脑部分可能使得大脑神经系统产生更多的“僵尸系统”，也就是本能自动化的反应系统。

本能自动化反应系统虽然是一个习惯化的大脑组织。但是这块大脑组织在一个人成年之后就会影响他的创造力。

所以说，如果不考虑出生的危险，孩子实际上在子宫里面待的时间越长也许对他的大脑神经发育越有利，选择提前出生可能是不太好的。

如果选择择日择时出生，而且本来孩子就该在那个时间出生，影响应该是不大的。

正常情况下，孩子应该在母亲胎动了之后再出生。在这种情况下，意味着孩子有一定的出生条件。按照自然法则来说，有适合的出生条件，顺理成章地出生可能会更好一些。

三、男孩脐带需要留长吗?

男孩的脐带留得长一点，生殖器就会强壮一些?

关于这个问题，目前所看到的资料里面，没有这种说法。

但是为什么父母会对男孩的生殖器有这种焦虑?从心理学角度来分析，代表着父亲母亲在这个问题上有欲望存在。

比如，父亲母亲想要孩子的生殖器长得更强大。这代表着什么呢?如果从精神分析角度来看，到底是母亲的欲望想要孩子的生殖器更长，还是父亲的欲望想要孩子的生殖器更长。这个背后的心理动机是不一样的。

一般而言，如果母亲想要一个阳具更大的孩子，可能代表着她在心理上有与此有关的补偿效应。这个补偿效应不是简单的母亲想要弥补丈夫的不足，这只是一个表面上的。

还有一个方面，母亲想要弥补自己对男性权力认同的意识。

有些母亲想要生男孩的基本原因是她觉得生男孩就可以弥补女性在一些社会生活中先天的不足。这可能就是一种补偿效应。

有些女性会产生一些对男性的认同。因为对男性的认同，代表着认同权力。因为在她小时候，家里面有一个强势的父亲，有可能会使这个母亲产生出一种想要获得强势父亲的认同。或者说她也想要获得像男性阳具一样的权力。还有的时候，她的原生家庭是妈妈说了算，也会使她想获得这么一种带有阳具效应的权力。

母亲在社会生活中无法获得的时候，她可能会对一个孩子产生自恋，认为这个孩子就是我的，这个孩子就是我的一部分。所以这个孩子长着阴茎就会弥补自己是女人的缺陷。

这可能代表着一个母亲的欲望。

所以母亲越是要求孩子拥有一个大的阳具，可能越代表母亲对男性权力的渴望。这不是简单的母亲想要生理上的补偿，也许还代表着母亲对男性权力认同的欲望。

如果是父亲要求阴茎长得又大又长。这代表什么呢?

这和男性的自卑有关。男性的身体是引起男性自卑主要的一个因素。在自卑这个环节里面，男性最主要的自卑就是关于性能力的自卑。所以很多男性对这个问题是非常敏感和自卑的。

在男孩长大的过程中，你可以看到，很多男孩在小的时候，就会互相比谁撒尿撒得远。这就是男孩在荷尔蒙分泌的旺盛时期，做出的关于比谁的阴茎更大，谁的性能力更强的行为。

这也可能是俄狄浦斯情结的一种替换作用。代表着我要比一下，我有没有这么强的性能力，我有没有像父亲一样的权力。

假如说这个孩子对自己的性能力，或者是阴茎有自卑感。他长大以后可能会把这个欲望转移给自己的孩子，让孩子来继承。

所以，这个父亲在这个孩子成长过程中，语言中偶尔或者不时地会说出类似的话。会要求孩子长大后长成一个很健壮的男人。

“你看，你撒尿撒得多远。”

有不少大人抱着孩子的时候都会说，哎，你看，这个孩子的生殖器很大，以后娶个外国媳妇。这种语言就代表着母亲或者父亲对这个问题的一个欲望。

这种自卑不仅仅是一个男性的自卑，某种程度上还是一种文化上的自卑。

这种文化上的自卑对中国来说，非常明显。

我们国家在近一百年里是自卑的，而在历史上我们又是骄傲和自大的。

被西方列强撬开大门之后，就产生了我们对自己文化上的自卑。于是现在我们总想和外国人去比较。比较什么呢?就是我是不是比你更强。

在网络贴吧里能看到很多这样的现象，不少男性都在讨论中国人的生殖器和外国人的比较。

我读研的时候认识一个学心理学的女孩，她在德国学心理学。我曾经专门就这个问题和她探讨过。她跟我说她曾经对西方男性和中国男性有过直接的比较。她认为西方的男性在性生活中并不太照顾女性的感受，多数情况下他们更注重自己的生理感受。他们在很快地获得自己想要的高峰体验之后，就不再照顾女方了。

相对来说，中国的男性要体贴得多。中国男性会照顾到女性的感受。所以在性生活的质量上，她反而更喜欢中国男性。

她同时表示，刚出国的时候，她也是怀着很强烈的好奇心。因为在文化传统上，我们都认为中国的男性在生殖能力上要弱于西方男性。但她认为对于女性的性心理、性快感而言并不是这样的。

其实就生殖器的大小而言，并没有绝对意义上的中国男性就小，西方男性就大。更多的时候是个体差异大于种族差异。

为什么中国男人会有这种想法呢？

从生理上讲，也许的确有一定的差异，但这个差异并不明显。

那为什么会在中国男性和中国女性中有许多这方面的争论呢？

实际上是因为三级片和A片的传播。很多三级片、A片里，其实都是性能力、生殖器超出常人的人拍的。所以很多人看了性能力更强的这些人拍的三级片，然后再和自己比较，就会产生一种自卑。

从拍摄手法而言，实际上也是把很多镜头剪辑在一起。所以你看到一个镜头，实际上或许拍了一个小时，这一个小时，并不代表这男的在一次性行为中有一个小时的性能力，可能只是镜头的组合。但是由于中国的性教育还是比较缺失，所以很多男孩和女孩是通过看三级片和A片来补偿关于性心理的这块知识。

当我们第一次通过三级片看到关于这方面的经验，就更容易产生认知上的误区。

在性生活体验上、性心理上到底有多大的差距？

性快感的强度并不依赖于生殖器的绝对值长度，而是更多依赖于性行为过程中的情感交流和体验。

所以是不是脐带留长了，性能力会更强？

对于不少家长而言，由于性心理常识的缺乏而产生的性认识上的偏差和疑问，就不再多说了，还是洗洗睡吧。

第二节 学习的关键阶段

如果孩子没学习幼小衔接课，一上小学就输在起跑线上，家长该怨谁?

中国在近代输在了起跑线上。中国的工业革命时期，输在了全世界的起跑线上。中国近一百多年一直输在起跑线上。我们该怨谁?

最关键的是，无数的中国成人父母在思维上已经完全输在了起跑线上，你们该怨谁?

其实这个问题能够折射出不少成人父母在思维上的狭窄，即认知上的冲突。

让小明来帮助大家捋一捋。

第一，我们先搞清楚教育的目标。

教育的目标是要让你的孩子身心健康，未来能发挥自己的潜能，具有最大的社会适应性。

这里最重要的一个矛盾和冲突就是，你用现在的认知思维培育你的孩子，却要去满足20年后的世界。

所以请各位先想象一下20年后的世界，你的孩子是如何生活的？那个时候上班是在家里还是在公司？那个时候上班是在真实世界还是在网络世界？那个时候你的孩子是每天宅在家里还是每天与闺密哥们同事出去撸串？那个时候你的孩子需要什么样的才能傍身？文凭还管用吗？什么专业最火？什么专业可能已经消失或被淘汰？那个时代对孩子的心理需要是如何的?

当你搞清楚以上这些问题的时候，再去重新规划孩子的教育。

第二，我们要搞清楚幼小衔接的本质是什么。

本质就是两个字：适应。

从家庭规则到学校规则的适应；从家庭生活作息到学校生活作息的适应；

从家庭教育到学校正式教育的适应；从家庭关系到小伙伴关系的适应；从父母与孩子的关系到老师与孩子关系的适应。如果能做好以上五个适应，就能更好地维护孩子的身心发育和健康。

第三，输在起跑线上这回事儿，心理学怎么看。

从心理学角度讲。每个孩子大脑发育成熟时间都不相同。每个孩子大脑不同区域成熟的时间也不相同。大脑完全成熟的时间大约在25周岁之后。当下中国教育筛选人才的时间，关键节点有两个。

第一个是初中升高中的时候分为职业教育和大学教育。

第二个是高中毕业的时候区分一流大学和普通大学。

国外教育筛选人才的关键节点是大学毕业时。

因此，从当下中国教育的角度来看。一个孩子上学越晚或者大脑发育成熟越提前，他在成年之前的两次人才筛选中就越会占优势。所以从这个角度而言，学习越好越占优势。

但是，考上大学之后，人才筛选并不会真正结束。社会对人才的需要有另外一套和学校不同的法则，这就是为什么很多学霸人生却会失败，很多学习差的孩子，最终人生却成功的原因。

还有一点就是人生成功的标准到底是什么。

是活得更长，身体倍儿棒，还是赚很多的钱，当很大的官；是一辈子从事一件自己喜欢的工作，还是这辈子找到了一个心爱的人。每个人的标准不一样。

因此，就人的一生而言，根本就没有输在起跑线上的说法。

更可怕的是，你根本不知道20年后这一代孩子人生赛跑的终点在哪里，终点线的方向在哪里。这一点搞不清楚，起跑线就没有任何意义。就像过去很火的翻译专业很可能3~5年之后就完全失去价值。

家长朋友们看完了上面的这些内容之后。你还在怨谁呢？你还会怨谁呢？你还在抱怨吗？你根本不知道下一代孩子的人生终点在哪。

所以根本无法判断哪一种教育选择，对孩子应对未来的世界是真正有益的。

我们似乎不知道正确的方法在哪里，但是小明却可以告诉大家错误的方法是什么。

毁掉孩子的方法最简单，那就是父母过高的焦虑。这一切的焦虑都会转化为孩子的压力，从而给孩子的身心健康带来影响，最终影响了父母真正唯一可以给予的、要陪伴他们一生的神器，那就是孩子的性格塑造、思维层次的培育。

给孩子一个好性格，一个好的思维方法。

他们这代人将面临着世界最深刻的一次革命——互联网革命。没有什么教育准备比上面这两点更有价值了。

把握好孩子学习的几个关键阶段，家长拓宽自己的思维模式，对于孩子的成长至关重要。

一、亲子阅读

亲子阅读的关键不在于阅读，而在于亲子。

中华民族是一个农耕文明的民族，区别于世界上其他的海洋文明和游牧文明。我们对孩子的教育会更多地借助书本的知识。而其他的两个文明更多的是让孩子在生活实践中学习。正是因为如此，王阳明才提出了知行合一的理念。

所以下面将从两个方面分别阐述。

第一个方面，亲子关系背后的心理学。

第二个方面，幼儿教育背后的心理学。

（一）亲子关系背后的心理学

第一，现在的儿童教育，越来越强调母亲的陪伴作用。

其中一个原因是西方教育理念依据的精神分析流派的客体关系学说。该学说认为孩子在三岁之前需要母亲持续地给予孩子全神贯注的精神投入。这种陪伴有助于孩子建立安全感，产生认同，学习语言。

这个陪伴作用主要有三个重要的心理发展阶段。

第一个阶段是出生后一个月内。需要母亲成为24小时的陪伴者。模拟孩子在子宫期的24小时的生活环境。母亲需要牺牲正常的白昼时间概念。通过一个月的陪伴，让孩子逐渐适应人类的生活时间。母亲在这个时期起到的作用相当于是一个模拟的子宫。

第二个阶段是持续六个月的喂奶时间。这个阶段需要母亲给予孩子更多的身体抚摸，给孩子充足的奶水喂养，尽可能多地与孩子在一起，尽量避免突然离开孩子超过一天的时间。

第三个阶段就是三岁之前，孩子开始慢慢产生对一切的好奇心，需要母亲持续陪伴孩子认知这个世界。

另一个原因是现代社会生活中，越来越多的父母在外面工作。特别是中国改革开放这40年，产生了大量的留守儿童。许多孩子没有更多的时间与母亲在一起，因而产生了诸多的心理问题和社会问题。于是，教育专家们倡导亲子阅读，就是想通过这种互动，来增强母亲对陪伴孩子意识的觉悟。

（二）幼儿教育背后的心理学

幼儿教育该如何做才更好?

从幼儿教育的关键时期来看，胎教以及出生后的幼教都是十分有必要的。但是教育的形式和内容，并不是简单地学习小学的东西。

心理学研究发现，在胎儿时期孩子就有了基本的听觉，他们对母亲的心跳声音十分敏感。所以在胎教期可以更多地用母亲的声音与孩子对话，让孩子熟悉这种声音。也可以给孩子听一些和缓的音乐，但是注意不要过度地刺激孩子的听觉。

出生一个月的时间里。孩子最初的大脑神经网络是一个纷繁复杂的蜘蛛网。因为用进废退，在一个月的时间内，受到刺激的神经网络会被保留下来，而另外一些未得到使用的神经网络会慢慢地退化。因此这个时候强调要进行有效的幼儿教育，但是又不可对某方面的单一维度进行教育和过度的刺激，否则会带来幼儿大脑神经网络的僵化现象。在神经心理学里面，我们把这种现象叫作大脑形成的应对外界刺激的僵尸系统。

在一个月的时间里面安排什么样的幼儿教育比较合适呢？那就是给予孩子最丰富的音乐类型，让孩子能够听到更加美的声音。并不一定非要是中国传统的音乐或者是西方的严肃音乐，这个阶段强调的是全，但是也不可做过度的刺激。

从视觉上讲，培育孩子的视觉也应该强调丰富的颜色，而不要给孩子单一的视觉刺激。

嗅觉刺激也是如此，不可给孩子过度的——比如酒精、烟草等——味觉刺激。

从这个时期开始，孩子有非常强烈的探索世界的欲望。他们最初会把一切未知的事物都塞进嘴里来品尝，以感知这个世界。

到了一岁左右，孩子学会了一些语言。父母可以和孩子进行一些基本的符号知识的互动。在三岁、五岁、八岁这些认知年龄的关键时期，父母都应该经常安排孩子进行符号知识学习的活动。

但学习的主要目的不是为了简单地背诵一些书本上的知识，而是为了让孩子用自己的方法去理解书本，并且回答孩子的问题。尝试让孩子从读书中学会问问题，最终让孩子形成独立思考和独立认知的能力。

父母可以让孩子阅读一些科普读物，尝试让孩子每读一部分内容，就做一个小小的总结，用自己的语言来说出简要内容。

随着孩子年龄越来越大，不仅是母亲，父亲也要参与到孩子的亲子阅读中去。并且不仅是亲子阅读，还有阅读之后真实世界的对照。因此要尝试带孩子多去户外，多在自然世界中认知书本上看见过的东西。

因此，亲子阅读的本质在于亲子关系，亲子教育的方向在于让孩子知行合一。

从符号世界到大自然世界，再从自然世界抽象到符号世界，最终为进入学校生活打好坚实的基础。优良的学习习惯、阅读习惯，将让孩子终生受益。

二、几岁上幼儿园

孩子应该几岁上幼儿园？

晚一岁上幼儿园对孩子影响大吗?

晚一岁上幼儿园对孩子影响会很大。

这种影响，某些时候甚至会持续一生。一般而言，当然答案是越晚上越好。为什么呢?

从世界范围来看，有以下几种上幼儿园的年龄。

第一种，六个月至两岁。

日本、美国、北欧等地上幼儿园时间都不同。这是由一个国家的社会福利和文化传统决定的。

有些国家为了方便夫妻双方都参与社会工作，甚至提供了六个月幼儿陪护照顾。如此小的小孩进入幼儿园，看护人员主要的工作就是帮助喂奶喂食，以及给予基本的看护和陪护。但是从心理学角度讲，孩子过早地进入社会，由原本的监护人更换成其他人去看护，会使得孩子安全感不足。

来自美国、英国等多个国家的心理学研究都表明了这一点。过早进入幼儿园对孩子后天的心理发育、学习能力、注意力，都会产生持续的不利影响，甚至对其性格的塑造也产生了不利的影响。

但是很多国家和中国的文化传统不一样，中国的文化传统中如果遇到这种情况，往往是由爷爷奶奶这一代人来替代看护的。但是爷爷奶奶的看护，并不能够完全替代父母的看护。这就是中国目前日益严重的城市留守儿童的心理问题。因此，从心理学角度，我们的建议是，孩子尽量留到父母身边，至少到三岁。

第二种，三岁左右。

心理学精神分析流派，把孩子进三岁看作是从二元的母婴关系过渡到三元的父母小孩关系的阶段，从三岁开始再逐渐过渡到多元的社会关系。

因此不少国家会把孩子进入幼儿园的时间放到三岁左右。

三岁左右的孩子，一般来说已经脱离母婴关系的依赖和依恋阶段。他们已经能够忍受短时间内母亲不在身边陪护，同时有了一定的学习认知的需求。因此这个年龄段进入幼儿园是比较合适的。

但是，每个孩子的心理发育时间不一致。相对来说女孩要比男孩更容易接受外界的管教，以及有更好的自律性。因为在幼儿时期，女孩要比男孩发育成熟些。女孩的高水平荷尔蒙激素会持续到两岁，男孩一般持续到八个月就结束了。所以这个年龄段正常情况下可以送幼儿园。但是，假如你的孩子成熟时间比其他孩子略晚，或者你的孩子在三岁之前有一些心理上的创伤，比如出生时的创伤，以及三岁之前母亲和婴儿的安全感、互动不足，造成孩子有延迟的对母亲的依赖和依恋的需要。那么在这种情况下，建议父母利用三岁到五岁的这段时间补偿孩子对依恋的需要。完成三岁之前的心理发育任务之后再进入幼儿园。

第三种，延迟到五岁。

北欧有一些国家，社会福利非常好。他们的入托时间甚至是从五岁开始的。因为他们的父亲母亲可以不用工作，在家里持续照顾孩子，一直到五岁。

从建立幼儿安全感的角度而言，这样的安排更加安全、可靠和稳妥。

孩子在正常的父母管教下可以更好地建立安全感。同时父母给予孩子的认知教育和学前教育，也可以帮助孩子更好地建立最初的思维模式、认知模式，思考问题的方法，等等。如果父母有时间单独对孩子进行教育，肯定比一个班的老师对多个孩子进行教育要好得多。特别是中国的幼儿园，老师往往是不够用的，一个老师要带很多个孩子，经常会出现照顾不周的情况，这是现实决定的。

小明有一个学生是幼儿园的园长。他告诉小明三岁左右的孩子入托的第一个月，幼儿园得抽掉所有其他班的老师去小班帮忙。原因是前一个月孩子基本都处于哭闹的状态，常常坐卧不宁。有时候不得不每个老师抱一个小孩，进行安抚和安慰。从这点也可以看出，多数孩子在三岁离开父母仍然感觉到适应不了。

因此，总结以上三点可以看出，如果父母有充裕的时间，并且具有基本的幼儿教育常识，能够陪护孩子到五岁是更好的，他们能够带小孩去观察自然，带小孩认知世界、观察世界。识字、算术、学习基本的思维方式，阅读、听音乐、跳舞，并且能够慢慢地培养孩子和其他孩子的互动。

如果能做到以上这些，那么父母的陪伴当然比幼儿园的陪伴更好。

三、幼儿园报课外班

很多家长在幼儿园就给孩子报课外班，会不会太心急了？

这个问题其实可以更换成另外一个问题，那就是如何促进小孩大脑的成熟。

目前在全世界，关于这个问题有两种完全不同的观点。

一种观点认为，应该让其自然成熟。

另一种观点认为，应该通过给予适度的刺激，促进其发育。其中典型的代表人物就是苏联著名的教育心理学家维果斯基。

维果斯基有一个理论叫作“最近发展区”[①]。

维果斯基认为：教学要想对儿童的发展发挥主导和促进作用，就必须走在儿童发展的前面。教师扮演着“促进者”和“帮助者”的角色，为学生提供带有难度的内容，调动学生的积极性，发挥其潜能，超越其最近发展区而达到下一发展阶段的水平，然后在此基础上进行下一个发展区的发展。

换句话说，维果斯基的学说也就是所谓的适度的拔苗助长。

新中国刚刚成立的时候使用的教育体系基本上模仿了苏联的教育体系。因此，在教学和考试的设置上也引用了苏联教育学家维果斯基的学说。

因此，我们国家的教学和考试，相对来说都要略高于孩子的平均水平，并且用更多的教学设计来促进和刺激孩子的认知发展。

西方的教育更多地采用了前面所说的第一种方法。

他们主要通过自然成熟、自由放养的方法，让孩子的智力活动和认知水平自然发展，更多地通过一些玩耍的活动，减少孩子在18岁之前的认知学习负担。

① 维果斯基的“最近发展区理论”认为学生的发展有两种水平：一种是学生的现有水平，指独立活动时所能达到的解决问题的水平；另一种是学生可能的发展水平，也就是通过教学所获得的潜力。两者之间的差异就是最近发展区。教学应着眼于学生的最近发展区，为学生提供带有难度的内容，调动学生的积极性，发挥其潜能，超越其最近发展区而达到下一发展阶段的水平，然后在此基础上进行下一个发展区的发展。

那么是西方教育的方法好，还是我们国家目前的这种方法好呢?

其实，无论是中国古代的传统教育，还是中国近几十年的儿童教育，都更多地采用了上面的第二种方法。比如，中国古代讲究孩子幼小时就学习四书五经。你可以不用理解其含义，但是你需要更多地朗读，更多地背诵，总有一天你会明白这些道理。

目的就是在孩子的智力发育活动中，更多地给予引导，更多地给予刺激。

那么我们在前面问题里所提到的，在幼儿园期间就给孩子报很多的校外培训辅导班合适吗?这个问题的本质是，试图通过更多的刺激来引导孩子的认知发展，激发他的潜能，不断地促进孩子的认知水平达到下一个最近发展区。

这两种方法一直都让很多父母纠结。有的父母希望通过更多的教育，更多的培训，更多的刺激促进孩子的认知发展水平。最终的目的是想让孩子发展得更快，最终能够考上最好的大学，始终领先于同龄的孩子。

而另外一些父母则是人在中国，心在外国。也许是因为他们小时候承受了太多的学习负担、学习压力，不堪忍受其痛苦和折磨，因此不愿意让自己身上的悲剧在孩子身上重演。于是他们更多地引用了西方的教育理念。比如，不给予学习压力，自由放养，任其自然成熟，以更多的玩乐为主。

关于这个问题不可同一而论，需要具体分析。需要具体研究你孩子的特点。

小明的建议有以下两个方面:

（一）适度刺激

抓住孩子大脑发育的最恰当的刺激时间。

第一个时间就是胎教和出生后一个月的孩子。这个时期孩子的大脑神经网络非常丰富。如果能够在这个时期接受到适度的外界刺激，大脑就会保留更多的神经网络用于今后发展。这些刺激包括声音、嗅味觉、视觉等。比如，世界上各种丰富的动听的音乐，世界上各种丰富的颜色。

孩子六个月期间需要父母给予更多的肌肤抚慰。比如经常抚摸其皮肤，这样可以促进孩子外周神经系统①的发展，也可以促进孩子知觉的顺利发展，帮助孩子更好地形成本体感。等到一岁以前的爬行，到以后开始学习走路，孩子的运动技能和感统知觉就不会出现障碍，能够促进孩子的小脑发育。

由于现在城市的孩子运动普遍技能不足，多多少少都有感统方面的问题，因此父母要特别注意孩子运动技能的培养。比如在整个幼儿、儿童的身体发育阶段，从一岁到十岁，带其参加各种身体协调感统训练的培训，如武术、舞蹈、体育活动等等。

一岁前后是孩子语言发育的关键阶段。父母要多陪伴孩子说话，引导其说话，模仿其说话，形成语言的镜像反应，训练模仿各种各样的声音。

三岁之后，孩子自然就会有更多的认知学习需求。小明的建议是提供给孩子各种可以培育的道具，观察其喜好，再决定是否给予某方面更多的培育。游戏活动非常有价值，比如搭积木、乐高、玩沙子等，可以促进孩子空间思维的发展。

六岁左右就可以训练孩子的逻辑思维能力。比如，通过阅读之后让孩子总结关键的三点。训练孩子学会初级的123的逻辑顺序，包括简单的三段论。由于中国的教育体系缺少逻辑学的基本教育。逻辑学是除数学以外所有基础学科的第二个重要学科。在中国很多大学的专业，都没有开设逻辑课。西方很多国家已经开始给小学阶段的孩子开逻辑教育了。所以建议父母自行补充学习逻辑学基本常识，这样才能做到给孩子非常重要的教育,小明也即将出版一本儿童逻辑学的书帮助父母们和孩子一起学逻辑。

还有一些教育也非常必要，比如观察力、阅读习惯、记忆技巧。陪伴孩子阅读更多的科普，科学读物和科学幻想小说，会使孩子终生受益。

在这里特别要强调刺激的适度性。过度的刺激，反而会得到有害的结果。

---

① 外周神经系统(peripheral nervous system),也称周围神经系统,是神经系统的外周部分,它一端与中枢神经系统的脑或脊髓相连，另一端通过各种末梢装置与机体其他器官、系统相联系。

（二）减压与减负

中国的幼儿园教育已经开始提前教授小学的内容了。而小学初中高中的基础教育普遍比西方的教育难度高。因此，中国的孩子接受到的大脑刺激常常是过度的。如果再给孩子更多的校外学科补习，比如奥数、英语、语文等等类似的校外培训，那么必然会造成孩子心理压力和大脑认知负担过重。

多数孩子的智力发育水平为中等。而教育的要求却高于他们的实际水平。因此很多孩子在这个培育过程中慢慢失去了对学习的兴趣，甚至渐渐失去了对学校的兴趣。最终导致很多学生到了初中高中的时候开始辍学或者拒绝上学。

但是也不可否认，极少部分智力超群和大脑发育提前成熟的孩子反而适应这种方式。过多的大脑刺激教育活动，对他们而言基本上是有利的。

不过也要特别注重对这些天才儿童的性格培育。

由于多数孩子并不是天才儿童，或者其他天分需要等到更晚的时间才能崭露头角。因此过早地失去对教育的兴趣，反而是一件坏事。所以想在这里给父母们强调，是否过早地安排儿童参加校外培训班，应该根据孩子的承受能力、情绪反应来做选择和决定。

总的来说，小明仍然建议参加以真实自然为基础的玩耍活动以及与小朋友互动。这些活动会更多地刺激大脑的自然发展，避免孩子的大脑被过早过度地发掘，最终造成以后后劲不足。

四、幼儿的独立空间

家长隐约会觉得孩子应该有一个独立的空间，但又说不明白为什么。我们就来谈谈孩子和他的房子。

人类为什么需要空间？从进化心理学追本溯源，空间对人来说是一种安全感的来源。在动物世界里，许多动物都会通过气味儿，比如撒尿的方式来给自己划定边界。原始人居住的洞穴满足了原始人对生存的最低需求，中国人更是用风水来隐喻人与自然环境之间的心理映射关系。

《黄帝宅经》上将人的身体与地理环境的映射说得直接而透彻——“宅以形势为身体，以泉水为血脉，以土地为皮肉，以草木为毛发，以舍屋为衣服，以门户为冠带，若得如斯，是事严雅，乃为上吉”。

这其实也是一种人的心灵和所居住环境的映射关系。简单地说，就是心理环境映射到居住空间中，居住空间又会映射到心理环境里。他们之间互相影响，互相映射。

因此从心理学角度，我们可以这样说，人的心理和居住空间存在着一种映射关系，重要的是有些时候物理空间将有助于我们形成关于我是谁的自我意识和自我概念。

那么孩子的房子与心灵的发展将经历哪几个阶段呢？

第一个阶段，子宫。

婴儿最初的居住空间就是妈妈的子宫。

精神分析中的比昂流派认为婴儿出生一个月以内的时间里，妈妈需要为婴儿提供一个24小时的模拟子宫环境。在这个过程中，婴儿将从真实的子宫内环境过渡到虚拟的心灵环境。这个时期母亲如果能够给孩子提供安全温暖舒适的居住环境，将构成孩子最初的心灵环境。

第二个阶段，婴儿的小床和童车。

婴儿的小床和童车是婴儿获得的第二个居住环境。

从育儿的角度讲，婴儿会有很多时间在自己的小床和童车上。因此，在小床和童车上布置很多能够吸引婴儿注意力的东西就显得十分必要。它既能够给婴儿带来安全感，又能够满足婴儿探索世界的需要，甚至可以完成一些早教的职能。最基本的要求就是好玩有趣，让婴儿有的看，有的听，有的玩儿。

第三个阶段，孩子独立的小空间。

有些有条件的家庭在孩子与父母分床分房之后，会给孩子一个独立小房间。另外一些家庭也会给孩子准备一个小课桌等类似的属于孩子自己的空间。

当孩子拥有了自己的小空间之后，你会观察到，孩子往往会去装饰自己的空间，强调自己对空间的自主权，他们喜欢那种我的空间我做主的感觉。在这个过程中，父母可以帮助孩子去选择他喜欢的颜色，他喜欢的座椅的形状，以及他喜欢如何布置自己的小空间，购买什么样的小绿植。

这个过程也是一个人形成健康自恋的关键时期。不管家庭能够提供的条件如何。

其实我们都可以帮助孩子形成一个自己的小空间。

一个人的自我空间其实是自己心理本体感的延伸部分。

中国古人所说的天人合一，其实就是我们的老祖宗自己对本体感的一种描述。在哲学上我们也把它叫作本体论。孩子拥有这种小空间其实有助于父母与孩子心理上的分离，培养孩子的独立意识。当孩子能够做到对自己的空间负责时，就能够更好地发展出对自我各种维度的责任感。

孩子拥有对自我空间的守护意识以及决定权，其实可以有效地帮助孩子形成对自己心灵和身体的自我保护。

所以，空间本质上不是一个简单的小床、小桌子，或是小房间。它更主要的是孩子自己心灵环境的一个映射。我们可以借助培育孩子与自己空间的关系，以及孩子如何维护自己的空间秩序，来培育孩子的心灵结构的秩序性。

因此父母要特别注意，满足孩子对自己空间的选择权、自主权和决定权的要求。

在儿童教育工作中我们特别关心的是一些孩子的人格塑造和心灵培育的关键词，比如自律性、自控性、自我管理能力、责任心、自我保护意识等等。

看起来他们似乎属于我们的内部，我们也摸不着，因此培养起来很不容易。但是家长恰好可以借助孩子与自己空间的关系，培养他们保持整洁、爱护卫生的习惯以及自律性、自控力、责任心、自我管理等对孩子一辈子都会产生持久作用的积极心理品质。

这就是所谓的借助外在塑造内在。

五、六岁上小学

上幼儿园出于两种原因。

第一种是来自于家长的原因。家长需要上班，需要社会协助抚育孩子。这种原因本质上是人类进入社会分工之后带来的必然结果。

第二种原因是社会需要。国家和社会需要对未来的社会成员进行社会化的教育。所以在全世界的每个国家，教育基本上都是公民必须完成一种责任和义务。

这说明上幼儿园、上小学，无论对于家长还是对于社会，都成为了一种必然。

那我们先来看看外国的孩子一般都几岁上幼儿园、上小学。

美国幼儿园，最低接受六个星期大的小孩，也就是一个半月大的小婴儿。

英国的学制可以概括为“六五四”。孩子四岁入学前班，五岁上一年级，小学共六年。各个私立幼儿园接收孩子的时间不等。

在加拿大，孩子一般等两岁左右才送进幼儿园。

在瑞典，孩子一岁多以后便将其送到幼儿园，让孩子在集体中成长。

在日本，日本父母工作压力非常大，幼儿园最小接受三个月的孩子。

从上面可以看到：各个国家小孩上幼儿园的时间的长短由两个因素决定。

第一个因素，父母需要工作的时间。

社会福利好的国家，父母会有更多的产假和更多的非工作时间用于照顾孩子。比如加拿大倾向于父母多和孩子在一起，所以他们送孩子去幼儿园的时间比较晚。但中国采用了另外一种方式，那就是爷爷奶奶部分承担了父母的功能，帮助父母，让孩子延长了在家里的时间。

第二个因素，国家倡导的主导思想。

比如，东亚国家倡导集体主义，所以也倾向于让孩子早早地进入幼儿园，融入集体生活，学会适应未来一生的集体生活的游戏规则。西方国家如瑞典，从国家角度，他们认为社会团结合作是一个孩子未来社会生活的重要内容，所以他们也会很早就把孩子送入幼儿园，目的是培育孩子的团体合作能力。瑞典的孩子从很小的时候起就重点接受团体合作这样的教育。

那么幼儿园对孩子的作用到底是什么呢?

对于某些接受一个多月大的孩子的幼儿园来说，幼儿园主要的功能就是替代父母喂奶。而对于两岁之后的孩子来说，幼儿园的主要目的是为了培育孩子的行为规范和生活自理能力的养成。比如自己吃饭、喝奶、和小朋友轮流玩玩具等。而到了三四岁之后，幼儿园还要承担一部分的初步教学功能。

中国孩子在幼儿园之后还要接受幼小衔接的培训，目的是为了尽快地适应学校生活，老师在各个方面对孩子的要求更高。

那么孩子上幼儿园、上小学早一些好还是晚一些好呢?

先看看心理学这方面的一些研究成果：“太早入托的孩子更富有攻击性”。

澳大利亚儿童教育专家研究认为，越早脱离父母到幼儿园的孩子越容易出现攻击性性格、反社会行为以及其他的心理问题，这样的孩子在日后会遭遇人际关系问题，不容易与人建立密切的关系。

英国儿童问题研究者认为，由父母养育的孩子比在幼儿园由保姆照顾或交给亲戚照顾的孩子，在各方面表现得都更为优秀。他们在生理、心理和智力方面都好于其他对照组的孩子。

另一项研究发现入托前9个月儿童体内的应激激素——皮质醇的水平是未入托的同龄孩子的两倍。皮质醇激素直接反映一个人的压力水平。上托儿所的幼儿年龄越小，压力值就越大。牛津大学的教授对1200名孩子进行了跟踪研究，结果发现，从小被放在托儿所里的孩子在青少年时期更富有“攻击性”。另有两项研究也发现同样的结果，那就是在托儿所的时间越长越容易发展“反社会行为”和“暴力行为”。

过早上幼儿园会严重影响幼儿的大脑发育、情感发展、社会行为、认知能力培养，另外他们的身体发育也迟缓，神经萎缩，脑发育异常。

美国研究发现，无论托儿所有多好，那些较早或较久待在托儿所的儿童在整个小学时期更容易出现攻击性行为，而且更不听话。那些待在托儿所时间较长的孩子即便在11岁时，也会出现“容易打群架”“爱争吵”等问题。

父母要重点把握孩子从幼儿园到小学期间重要的心理发育任务。主要有以下三个重要发展阶段：

第一，两岁之前建立好足够的安全感。对父母监护人产生持续的情感联系。

第二，从三岁开始，孩子习得规则。

心理学流派行为主义认为，孩子早年会容易受到正强化和负强化的心理塑造。如果孩子受到某个人过多的行为训练，可能会带来以后刻板行为的障碍。所以三岁左右的孩子，无论是家庭教育还是幼儿园教育，都要重视，不可过度地对孩子进行惩罚，但又要对孩子进行行为规则的教育。

第三，三岁到六岁阶段社交技能的训练。

三岁之后孩子需要适度地与母亲分离，并且借助父亲教育，借助父亲的社会化语言训练，慢慢让孩子掌握语言中的社交性、逻辑和秩序。最终的目的是为了让孩子进入小学阶段之后，能够有很高的社会化技能，能够顺利地展开与小伙伴的社交关系，以及能够执行老师等大人的命令和教学任务。

最终培养孩子的社会化，完成与他人组织性互动和执行学校规则以及老师教学要求的人生发展任务。

第三节　三岁看大，七岁看老?

民间常说“三岁看大，七岁看老”，一个人“有本事”或者“没本事”在孩子小时候能看出来吗?

一、成功与否的标准

“有本事”和“没本事”其实已经变成了我们生活的口头禅，我们也经常判断别人有没有本事。但是判断的依据和标准又是什么呢?什么又是真正的有本事或没有本事?

判断一个人成功的标准到底是什么?

第一，看起来成功与否。

一般来说是有一个成功的人做标准，比如，任何一个人只要成功了，不管怎么样，大家都会认为这个人肯定有点本事，不然不可能成功。

所以看起来成功与否是衡量一个人是否有本事的第一个标准，也是比较重要的一个标准。

我们会说：你看一个人平时默不作声的，结果人家成功了，说明人家还是有两把刷子。这代表着成功的标准是非常重要的。

关于这个人有没有本事的标准。很多时候，我们是看到一个人成功了，才会去注意到他的本事，平时却会忽略他。

第二，有本事的性别差异。

我们有时候会给有本事和没有本事附上性别的差异，比如我们一般认为，男人要养家，要能够在外交上，在家庭以外，风生水起。如果男人不能完成自己男性的性别角色，我们就会认为一个男人作为男人而言，非常没有本事。

一般而言，我们对女性在这个方面的要求不高，但是如果一个女性在职业领域，或者在某些特殊的场合，成就比较高，我们就会说，你看那个女人还挺有本事的。

关于人有没有本事，性别上有不同的衡量标准去衡量他们，一般而言对男性的要求会高些。

第三，不同时代的标准。

过去我们衡量一个人有没有本事，会看这个人在单位里面，在人际关系中混不混得开，有没有很多朋友，特别是对男性而言。对于男性，你在外面没有一群狐朋狗友，比如遇到事情的时候，能不能叫朋友来帮忙，就说明这个男人没有本事。

但是到了互联网时代之后，人们并不需要很多现实生活中真实的朋友，并不需要很多真实的朋友才叫有本事。

你会看到很多人在网上有一堆的好友，有一堆人去关注他，但是在现实生活中，他可能没有一个朋友，他过生日的时候，可能没有一个人去参加他的生日宴会。他只能和自己一个人吃饭。但是你能说这样的人没有本事吗?

不会，因为互联网时代正在从地面上的、真实的、强联系的朋友转化为网上的虚拟朋友。

所以互联网时代，我们认为网络上的虚拟朋友也会成为有没有本事的一个标准。

这个标准就是：人在互联网的人群中，能不能成为一个网红，这会成为年轻人的一个新的标准，这个标准在上一代人那里是完全没有的。

所以年轻一代人都在争取成为被人瞩目的对象。每个人都争取在网络上受到更多的人的关注。关注的人越多就代表着自己越有本事。

所以你可以看到有本事没有本事，不同的时代标准不一样。

第四，因人而异，因职业而异。

人有本事和没本事的标准是因人而异，因职业而异的。

这一条没有公论。比如，一个人在他的行业内部，是有本事的，但是到外面，在普通社会生活中，别人觉得他没有本事，好像很多简单的事情都处理不了，但是他在他自己的职业领域可能是一个非常有本事的人。

还有的人在社会上混得很开，很会社交，但是他在自己的职业生涯却没有突出的成就。在不同的领域，我们衡量有没有本事的标准是不一样的，我们所看重的东西也是不一样的。

二、如何体现“本事”？

第一，选对战场很重要。

在有本事没本事这件事上，我们必须承认，有些人真的是天才，是英雄般的人物。他们是可以跨界的，比如说他们在公务员单位可以当官，出来同样可以成为明星，成为老师，成为大师，他们在任何领域转行都可以成功，这些人是天才。我们承认有这样的人，但是我们也得承认另外一些人，他们选择错了战场，他们在不属于自己的领域做了不适合自己的事。

我们每个人一定都有自己的本事，关键是要选对你战斗的战场。很多人都是战场选错了，你在错误的战场拼搏了一辈子，最终也可能是失败的结局。如果你选对了战场，你会发现自己很容易就能成功，所以当你觉得自己没有本事的时候，你首先应该想想，你是不是选错了战场，也许你需要重新规划一下你的职业生涯，选对了战场，你的潜能也能发挥出来，本事自然就会出来，这点非常重要。

第二，善于向有本事的人学习

我们在职业生涯的早期，还要特别善于向有本事的人学习！一个人的成功只能代表他在某些方面有本事，还要学本事的。选对正确的学习对象，学习正确的该模仿的领域，擅长学习，也是我们快速增长本事的方法。

第四节　中小学心理教育

这一节主要是针对中小学心理健康老师，教给他们如何处理学生在学习生活中的心理问题。

一、明确的定位

对于学校的德育主任、心理健康老师来说，中小学的心理健康教育，该如何设计?

在设计课程的时候一定要记住，设计课程的第一件事就是必须要有一个主题、或者一个观点。

类似于个人做企业，最重要的一件事就是定位。或者自己从事一项职业，和自己对自己的人生进行规划一样，关键词也是定位。所以要给教育和心理学做一个定位。

我在设计这个课程的时候，主题就是《心理学和教育的完美结合》，大家可以参考我的主题，也可以设计一个适合你的主题。这是我们说的第一个要点，就是你得有一个观点和主题，把心理学和教育放到一起。

二、教育和心理学结合

必须让我们的校长和德育主任们了解，教育和心理学最开始是怎么结合在一起的。

我们都知道苏联一个非常著名的教育心理学家叫维果斯基，他的学说在我们国家影响非常大。原因在于我们国家的整个教育体系实际上是在解放后沿用苏联的教育体系。所以当时苏联的教育专家维果斯基的学说就构成了我们国家整个教育的基石，这个教育的基石就是最近发展区。

最近发展区的意思就是说如果这个孩子的智商是100，那么教育应该比孩子的智商略高一点，俗话讲就是适度揠苗助长。

西方的教育体系没有用苏联的这套学说。

当时在美国的国家法律上有几个重要的法案，其中有一个非常著名的法案叫作布朗法案。这个著名的法案向最高法院提出，不允许在教育里面进行任何歧视。最开始是不允许进行种族歧视，后来就变成了不允许进行差生歧视。

差生歧视的意思就是不能够歧视差的学生。

因此他们没有沿用苏联维果斯基的那套学说，西方用的是自然成熟说。意思就是不管这个孩子智商是多少，教育都要匹配他的智商，而不能用一个更高的标准去要求他。好比这个小孩上到初中一年级了，但是他的数学部分还没有发育成熟，他可能只适合学小学一年级的数学，也没问题。他可以选修底下的，等到有一天他大脑长成熟了，高中的时候他才选修初中二年级的数学也是可以的，因为人的大脑最终都会成熟的。

不过这并不意味着国外的招生不严格，只不过把严格那条线划在了大学毕业的那个地方。

为什么呢？因为自然成熟说的基本假设不是维果斯基的最近发展区，它的基本假设是每一个孩子的大脑最终成熟的时候都是差不多的，开始的差异性，随着成年慢慢就会减少、甚至没有。

所以到大学毕业的时候，他们才划了一条红线，才去筛选人群。我们筛选得早了一点。

这就是教育和心理学结合的第二个要点，它构成了我们中国的教育基石。这个教育基石应该说对很多人的人生命运都产生了影响，我们在高考那里做筛选，而西方是在大学毕业的时候做筛选。

所以高考变成了独木桥，也变成了很多人进入职业生涯分成三六九等的一个重要标准，对不少人而言，特别是对中国人的终生发展产生了（有时候可以说）一种决定性的影响。

一般来说，你一次没有考好，可能一辈子就给你划在了一个线上，这个影响是非常大的。

最关键点在于，我们不能简单地说哪一种教育方式就绝对是好的，不论是最近发展区还是自然成熟说，都分别适合一部分孩子的发展，所以学校教育是满足大部分孩子的教育，很难做到个性化差异化教育，特别是我国人口数量大，不能简单地照搬西方的学校教育，所以家长不能把孩子教育的全部职责都推给学校完成，家长自己必须要担起你的孩子的个性化和差异化教育需求。

如果你想从这里展开去做些研究，做些论述都是可以的。

三、心理学和成长的关系

这种关系主要体现在哪个方面呢？就是心理健康教育。

心理健康教育这方面可以展开的论点太多了，比如，孩子需要的关于人生重大命题的教育。这个教育在我们国家的中小学，个别学校有，大多数学校都没有这样的课程设置，这个教育就是生命教育。

生命教育在我国台湾有设置，大概有九节课，是通过让一个孩子从认识出生到认识死亡整个完整的过程来了解生命的意义。而我们很多人由于没有了解过生命的意义，到了青年时期，有时候会对人生绝望、失望，轻易地放弃自己的生命；到老年的时候，因为也没有看破生死，没有解决好死亡这个重大命题，所以有一天遇到之后会产生非常多的慌乱。所以这方面的教育是很必要的。

心理健康教育还包括什么呢？这个时代特别明显的一个社会现象，就是留守儿童的心理健康问题。

现在很多小孩都是留守儿童，不管是农村的，还是城市的。城市有很多留守儿童，最典型特点就是父亲工作过于繁忙，或者母亲工作过于繁忙，或者双方工作都很繁忙，孩子即使在城市生活，和父母的沟通也慢慢变少。

心理健康教育还包括在成长阶段所遇到的各种各样的心理问题。

这些问题过去我们都是简单地用一种思想教育的方式来解决的，现在我们应该用心理学的方法来加以引导。对于一些有一定心理问题的儿童，应该在学校里面展开心理健康的教育、普及和咨询工作，来帮助这些孩子，让他们能够更好地完善自身的身心健康。因为现在自杀人群已经从过去的大学转向高中，转向初中，甚至转向小学，所以这是件非常严肃的事情。

这就是我说的第三点，这就是心理健康教育。

四、对学习的帮助

心理和教育的结合，还有非常重要的一点是在孩子学习过程中的帮助。

我们都知道有些孩子非常擅长学习，有些孩子好像就是学不好，考不好。其实这方面是存在差异性的，这个差异性我们过去把它看作是学习技巧的问题，但是这些学习技巧的背后，实际上是心理学的应用。

心理学在里面应用比较多的两个比较重要的关键词，就是注意力和记忆力。

我们都知道中国的教育考的就是记忆力，所以有些孩子擅长记忆，就能考得好。

人的记忆的确有一些先天的差异性，很多是生理上的差异。我们的神经两个突触之间是化学溶液，化学溶液之间，不是像电线一样直接连起来的。化学溶液的浓度不一样，有些人化学溶液里面的金属离子多，传导速度就快，他们就会显得反应快，好像记忆也不错；有一些人，溶液里面的金属离子比较少，而且他们的化学溶液中间突触和突触之间的距离可能长一点，这些都使得他们表现出反应较慢，并且记忆力、注意力都会受到一定的影响。

的确，人都有这种先天的差异性。

我自小就不是一个记忆力很好的小孩，从小学到初中，经常老师一背书就把我留到最后，到最后放学的时候，剩下的几个不能走的人里面就有我一个。所以我一直被这个问题所困扰，后来上大学专门研究心理学的时候，开始重点解决自己的注意力和记忆力的问题，花了很多功夫研究了很多技巧。

这些技巧，如果在我上中学的时候，有一个老师能够用心理学方法教教我，怎样使用技巧更好地针对自己大脑生理和心理的特点，对于我成绩的提高可能是很有用的。

有一些孩子的记忆，是机械记忆①，有些孩子有其他的解决方法，所以老师需要解决孩子的问题，帮助孩子克服许多困难。但这个工作在我们的学制教育里面，基本上是靠孩子自己领悟的。有人会就会，不会就拉倒，没人太多管理。

这是一个非常可惜的事情，有些孩子没有机会很好地提高自己的成绩。

心理学在学校教育、学生学习、提高学生成绩、注意力的培养、记忆力的提升等工作中可以承担很多责任，这是在过去的教育中没有承担的责任。

没有承担的工作应该由谁来完成呢？我觉得应该由中小学心理老师来完成。

中小学心理老师不仅仅是做心理咨询、做沙盘，那些东西太简单了。我们要知道中小学心理老师工作的对象不是病人，绝大多数孩子都不是心理疾病的患者，中小学心理老师工作的对象是健康的孩子。这些健康的孩子有什么样的问题呢？是学习困难的问题和学习障碍的问题，他们绝大多数都不是人格障碍的问题，但是很多从事心理教育的老师最喜欢学习的东西都是治疗精神病人的东西，参加了很多与精神病人有关系的培训，研究了好多与精神分析有关系的内容，而在学校一线工作所需的心理学知识他们都不具备。

这些心理学是什么呢？这些心理学必须要研究中小学孩子注意力的规律性，记忆力的规律性，以及处理各种各样学习的方法，这些学习方法，应该和他们课程紧密结合，比如，作文写作技巧。

想让孩子写一篇好作文，平时要教会孩子非常细致地去观察，观察人、观察事、观察世界上的一切，一个孩子慢慢开始学会细致观察，当他写起作文时，自然就不一样。如果孩子到了高考，要考议论文，议论文的观点，最重要在于逻辑架构，而逻辑架构的训练，同样应该是在中小学期间得到训练和培养的。

在国外学习的孩子，中小学教育就要接触学习逻辑学，而我们的中小学教

---

① 学习材料本身缺乏意义联系，或者学习者不了解材料的意义，不理解其间的内在联系，单靠反复背诵达到记忆，这叫机械记忆。

育没有逻辑学习，只有在大学的心理学专业才开设逻辑学课程，多数专业都不学习逻辑学。这本来是一个很基础的学科，可学习心理学专业的很多人都不学习。

我们要承认一点是，绝大多数从事心理学工作的老师和心理咨询师，逻辑学知识不足，或者学习了也没有学懂。而这些逻辑学的东西早就应该教授给孩子，培养他们总结观点，看到任何事情都能说出一二三来，能够说出具有逻辑层次的东西，并且学会用正确逻辑方法来推理证明论点、论据、论证以及论证的方法等等。

大脑的认知生理基础是心理学学生学习中的一个重要方面，如果想补充这块知识，建议学习“认知心理学”，不是大家在市场上培训学过的认知治疗，认知治疗和“认知心理学”基本上没有什么关系，是完全不同的东西。

认知心理学是心理学非常重要的基石，它是专门研究大脑如何学习、如何工作的基本机制。

所以如果要给中小学讲这门课，需要自己先去看看，了解一下关于认知机制和大脑的学习规则，比如“认知图式”[①]概念等等，这些都是非常重要的。

心理学和教育的结合，除了给孩子做工作以外，还有一部分可以和孩子结合着做，就是班主任必须要学会的：如何用心理学的方法来开家长会、来开班课。

通过这些心理学的方法来组织，让家长能够更好地理解学校教育和孩子的成长，让家长成为教育中非常有益的补充部分，而不是无益的或相反作用的障碍，所以，老师们还得学会教孩子家长一些基本的心理学观念，让他们知道不能用过去的方式看待今天孩子的成长，这也是中小学心理教育里面必不可少的组成部分。

心理学和教育结合的最后一点，曾经在中小学从事心理健康教育的老师们讲过这一点，但很少有人做这一部分的工作。这部分的工作就是：学校的老师

① “认知图式”是瑞士心理学家皮亚杰提出的认知发展理论的一个核心概念。他认为，发展是个体在与环境不断地相互作用中的一种建构过程，其内部的心理结构是不断变化的，而所谓图式正是人们为了应付某一特定情境而产生的认知结构。

应该普及心理学知识。

普及心理学知识主要表现在：学会用心理学重新塑造自己的语言风格，很多老师在说话的过程中完全不理会他们所说的语言对孩子产生的影响。这种语言应该编成一种“中小学老师与孩子互动过程中的基本话术”，我们跟孩子沟通的语言需要编辑成册，因为有一种这样的话术做指导，老师就知道说什么样的话更加适合与孩子沟通，就不会产生孩子在学校中受挫，教师在教育过程中感到无力的状况了。

这些话术除了沟通作用以外，第二种作用就是：一种好的语言，本身就具有力量，能够帮助孩子树立自尊和自信。

因为对孩子而言，老师的话对他们的影响特别大，到了这个年龄段，家长的影响就变得非常弱了，精神分析在这里起的作用也不太大了。孩子到了小学初中之后，老师对他们人格的影响就会产生一种后精神分析时代，沙利文主义提到的：组成我们人格外围的老师，对孩子一言一行的影响特别可怕，但是，有的老师话不知道怎么说，他们无意之中伤害了孩子，我们得承认这一点，所以，要知道怎么说话能让孩子产生自信，不会让孩子被打击、产生自卑、甚至产生抵触，产生对学习、对成年人、对老师、对世界的一种反抗，这是非常重要的。

举个例子讲，老师在和孩子互动时，应该多说的话是：“你怎么想？”“你怎么看”，而不是马上就去评判、评价、下结论。当孩子的认知观点有点偏颇的时候，可以组织不同的孩子都去谈谈自己的观点，孩子自然而然就会有了自己的看法，而且也会显得更加成熟。

一些国外教育里面，老师是比较注重每一个孩子都谈论自己的观点的，然后，通过观点之间的碰撞，自然而然就会产生一种心理学里面的完形效果。

在孩子六七岁进入小学之后的时间里面，老师其实是会进入到孩子的人格结构的，他们会像父母一样成为孩子人格里面重要的人格因子。

所以，老师说什么话，某种程度上讲，应该是孩子人格塑造后续的重要组成部分。

正如教育界常用的那句话“老师是孩子灵魂的工程师”，其实是对的，事实是，老师是会进入孩子的灵魂的。

最后，我非常崇敬在学校里面从事中小学心理健康教育的工作者。

因为他们正是我们国家第一代在学校里面从事心理学工作的人，所以，他们做的工作是崭新的，是开创性的，是前所未有的，是从零开始的。每一件事都是摸索着来，的确非常不容易，一方面他们需要更加努力地学习心理学知识，另一方面要借鉴、要引用，要从社会上、从学院中找更多的心理学专家，来支持和帮助他们的工作，传播心理学。

在这个过程中，切记：不要把社会上那些乌七八糟的、非正规的心理学带进学校，那是非常有害的，我们教给孩子的心理学一定得是靠谱的心理学。

这一方面，需要重点提一下，因为我以前看到，有些老师在社会上参加那些不靠谱的心理学培训之后，就把那些东西拿去给学校的孩子做，太可怕了，教给孩子的东西，是要经过检验的，教给孩子的任何东西，都要经过教育部审核，但是心理学没有严格的审核，所以，不要肆无忌惮地把一些错误的知识传递给孩子。

我们的确要让更多的人因为心理学而受益，前提是这个心理学是靠谱的心理学，否则，说句不好听的话，那就不是在积德了。

第五节　如何提高学习力

一、注意力养成

注意力是一种非常稀缺的大脑资源。

大脑在很多时候，只能维持一种注意力，而且维持的时间很短暂，所以注意力是一种非常稀缺的大脑资源。注意力品质非常好时，学习效率就会很高。

在注意力的培养中，有两个重要的关键词：

第一，兴趣。

第二，积极的情感体验。

兴趣就是要让孩子，包括你自己做感兴趣的事情。培养注意力要有一种积极的情感体验,绝不可以在消积的情感体验下去培养注意力。

例如音乐活动、体育活动这样的活动，必须保持高度的注意力，否则无法很好完成。能够培养注意力的东西很多，根本不需要去刻意学习，孩子只需要快乐地游戏，他的注意力就会被培养。

然而把孩子快乐地游戏变成一种强制性游戏之后，孩子的注意力反而会变差。因为你在用学到的东西去给孩子强行做匹配，而不是让孩子做自己喜欢的游戏活动。这种注意力的培养是得不偿失的。所以不要相信那些所谓的培养注意力的方法。原因就是，这些方法的前提是孩子得处于积极的情感体验状态中，没有这个前提，所有的方法可能都是坏方法，会起到负面作用。

在训练注意力时要做到身体放松。身体放松之后，大脑才能专注。学习时，学习的姿势要非常放松。如果能躺着，就不坐着，能坐着一般不会站着。如果是站着，要保持一个走动的状态。不让自己的注意力分散，或者分神。

比如学校里很多学生背英语，背单词会选择一个安静的地方，就是因为想达到一种专注的状态。其实，在做注意力的训练的同时，也要给自己训练出一种注意力训练的习惯。

有的人是走路的时候，注意力就会专注起来。有的人站在那里不动，他的注意力就会专注起来。所以说，方法是多种多样的。关键是找到一种让自己的注意力瞬间专注的适合自己的方式。对于儿童的注意力训练来说，看书、听故事、听音乐、都是特别好的注意力训练的方法。

二、学习的技巧

（一）快速阅读的技巧

如何快速阅读?

读书的面要扩大，也就是越多反而越好读，而不是越少越好读。

有时我们在学习时，可能一本书要读好久。而训练快速阅读恰恰相反，如果买一本书，最好买四五本和这本书相近的，或者是相关的，甚至是相同名字的不同版本的书，对比起来看。

这样的好处是可以迅速找到这门学科里的重要知识，因为它被各种不同版本的书沉淀出来了。如果四五本书里都提到了共同的知识，这个知识一定就是核心内容。如果这些书里提到的内容有不一致的地方，就代表着这一部分的知识是有争议的。

看的书越多，反而看得越快，原因是相同的内容你已经重复了七八遍，这样你反而记住得更快。

你会发现很多书里面的内容大多数是重复的，或者说是相近的。真正意义上的读，应该把里面重要的内容用笔勾出来，做笔记，不仅学完了看完了，而且还记住了。

所以说读书的秘诀是要大量地读，通读，相关的学科比较起来学习，这样读书反而更有收获。

人的大脑会有一个训练的过程，你读得越多，就会读得越快。

这个过程需要多久呢？举个例子，每天买上一张英文报纸，必须要把这张报纸阅读完，哪怕看不懂，也要把它读完。这样坚持半年之后，你会发现刚开始看不懂，但是有一些词汇总是在你面前浮现，而你看了十遍，这个词汇出现的频率实在是太高了，以至于非要把它搞懂，它到底是什么意思，于是一查字典就搞懂了。

所以这种方法的好处是可以帮你把英语核心词汇自然而然地筛选出来。

（二）快乐中学习

在人一生的学习过程中，有一个对待知识的理解的技巧，这个技巧就是，喜欢的东西，往往我们能够学得懂。当然，学得懂的东西一定就能够记得住。

人们去学自己喜欢的东西，总是会有一种积极的情感体验，积极的情感促使我们在学习过程中，无论是面对困难和压力，还是对问题的理解，都处于很好的状态。

问题在于，学习的东西可能是不喜欢的。

很多学生学习的专业，如果不是自己喜欢的，就会存在问题。

世界上总有第三条路，假如对自己的专业并不喜欢，但要从事这个专业，或者说必须要学这个专业，那又怎么办呢？比如不喜欢英语，但中国的大学规定，你必须得考英语，研究生也必须要考英语，那就要从不喜欢的东西中找到你喜欢的那一部分。

这一点在实际操作中其实也是可以做到的。比如，学习英语背不下去，觉得枯燥无味，我就看英语电影、英文的原著小说，虽然看不太懂，但一定要选择自己喜欢看的，因为本来就枯燥，所以就要做你喜欢的东西，这样会让自己有很好的动力。

所有学习的基础是：你得喜欢它，不喜欢，那宁可不学。

非要学自己不喜欢的东西，也要找到喜欢的那一部分，而且一定要记住，你今天所学的东西，也许暂时用不上，但是，有一天，与这个知识有关的东西可能会对你人生有很大的促进作用。比如，学音乐也是一样，觉得五线谱枯燥，就看很多音乐家的生平，音乐家的电影，看电影时，感觉很好玩，很有兴趣，因为喜欢看这些东西。

所以学习过程中要有一些辅助的东西来推动学习。看的过程中，就掌握到一些知识，再去学书本上那些枯燥知识时，能将二者进行联系，有所领悟，对人也是有好处的。

第六节　男孩女孩抚养方式有区别吗

一、女孩最应培养的兴趣

女孩子，最应该培养的兴趣爱好是什么呢？

一个好问题。

可惜能回答这个问题的人不多。

其实，无论是教育学的角度还是心理学的视角，我们都认为人的认知层次的提高，人生的成功，甚至人生命运的抉择，都取决于一个好的问题。

问对一个问题，比找到一个准确的答案，还要重要。

因为世界上很难有两全其美的答案。当你能够认识到问题所在的时候，就已经比别人优秀了。

当孩子年龄到恰当的时候。父母可以把这问题抛给孩子，让孩子去回答。父母与孩子探讨，最终会建构出关于这问题的不同版本的多种答案。在寻找答案的过程中，你的孩子就培育成功了。

关于这个问题的回答，可以从两个视角展开。

（一）男孩女孩不区别

男孩和女孩无差别对待，培养相同的兴趣爱好。

心理学研究发现，每一个个体的大脑都有很多差异性。有的时候一个人与另外一个人的大脑差异甚至大于性别带来的大脑差异。

至于大脑擅长做什么。至少有一种可能，是由于被后天影响所塑造的，而不是性别差异造成的。人的大脑的关键区域，是增大还是缩小，有一部分是源于它们被使用的情况。

换句话说就是，教育和刺激越多，孩子的大脑发育就越会受到强化。

当孩子尚小时，父母倒不必专门区分女孩教育与男孩教育的不同。因为即使是性教育，防范性伤害，或者其他伤害性的教育，对于小男孩和小女孩来说也是一样的，都是应该专门进行针对性教育的。比如，教育孩子识别危害，教会孩子面对危害时的应对策略。

这个年龄阶段的孩子的兴趣教育，重点在于，通过尝试多种兴趣爱好，帮助孩子找到自己擅长的和自己感兴趣的一些爱好，再加以针对性的培养。

因此从这个角度来看，重要的不是区分性别，而是区分你的孩子到底在大脑的哪一个区域有更多的潜能，更适合培养哪些兴趣爱好。

在这个阶段真正要防范的是父母的功利性兴趣爱好教育，或者是父母的兴趣爱好对孩子的转移，以及父母的补偿性兴趣爱好，对孩子的转移。比如，父母小时候渴望的某种兴趣爱好，由于未实现，产生一种未完成的梦想，有不少父母将这一梦想强加给孩子。

（二）兴趣爱好区别教育

对男孩女孩进行差别性的兴趣爱好教育。

男孩女孩的兴趣爱好应该有差别吗？如果有，那又应该是什么样的差别呢？

我们首先来看男孩和女孩的不同。

从心理学角度讲，最初所有胎儿的大脑都是类似的。但男孩的大脑由于睾丸激素水平的影响，整个大脑被雄性激素重新组织了一遍。这些雄性激素使得男孩大脑有部分区域增强，有部分区域减弱。女孩大脑中帮助控制语言情感的区域叫作尾状核，往往会比男孩大一些。一般男孩的大脑发育速度晚于女孩大脑的发育速度。女孩大脑左右半球之间的连接更丰富。因此，女孩更倾向于双侧大脑共同思考。而男孩更倾向于单侧大脑的使用。

一般而言，我们认为女孩在语言流畅，记忆知觉等方面占有优势。男孩在算术理解，空间关系，抽象推理等方面占有优势。

但是，对于男女数学能力的研究发现，男孩女孩在各个方面的能力都非常接近。这就说明男孩女孩数学的差异很可能是教养原因，而不是生理原因。

就男孩和女孩的差异而言，有以下四个方面：

第一，认知方式的差异。

女孩阅读能力强，注意力较集中，课堂获取知识能力强。男孩自律性不足，对课堂教育获益有限，似乎更愿意解决实际问题。因此应该对男孩进行适度的注意力训练和自律性训练。

第二，记忆方式差异。

女孩擅长机械记忆。男孩擅长意义的识别。因此，对女孩的记忆训练应该增加更多的技巧性记忆训练。

第三，思维方式的差异。

女孩擅长形象思维，擅长共情移情等情感工作，言语能力强，表演能力强。应该适度地对男孩进行阅读朗读的训练，以及同理心共情能力的训练。

第四，观察力的差异。

女孩的观察力较强，更容易发现细枝末节。观察力是思维最重要的基础。因此，男孩需要重点训练，增强其观察能力。女孩需要训练如何有效地使用观察力，把观察能力变成认知任务的基础。

前段时间有一部电影爆火，那就是《摔跤吧，爸爸》，父亲培育女儿进行男人的运动，至少这项运动属于男性文化，特别是在印度。

因此对兴趣爱好的培养而言，说明有的时候反其道而行之，男孩擅长的领域或者是文化占优势地位的领域培养女孩的兴趣，反而有可能给自己的孩子开拓另外一片天空。大家都去抢占的金光大道，反而有可能因为拥挤而变成狭窄的独木桥。

不过我们必须认识到，即使对于现代社会而言，男孩和女孩在文化上，在未来的职业发展上也有很多差异性。

因此，在女孩的兴趣爱好选择中，有一个东西更重要，那就是对于女性身份的认同，以及对女性能力和社会歧视的正确认知，克服女性因性别带来的自卑。

不过，在随之而来的未来互联网时代，男性和女性的性别差异会进一步缩小。因生理带来的男女差异，在互联网的虚拟空间里面，将不再是问题。女性未来的职业范围和职业瓶颈都将与过去完全不同。因此女性的各种优势会得到更多的发挥。

从这个角度而言，也许在兴趣爱好培育之前，培养孩子完善的性格才是根本和最核心的。

二、男孩柔弱的原因

是什么导致男孩柔弱，无阳刚之气？

阳刚之气并不是心理学上的专有名词，在中国文化里面，总喜欢用阳和阴来区分一个人的特质。阳刚之气成因比较复杂，是由多因素导致的。

第一，阳刚之气不是遗传的。

有的人说气质是遗传的，其实这里面混淆了一个概念，我们所谓的遗传并不是阳刚这部分，阳刚从生物学角度来讲，主要是由荷尔蒙激素的水平所表现出的气质类型。

以动物举例，非洲草原上有种豺狗，豺狗群里面的狗王是由雌性豺狗担任的，如果豺狗王不幸被狮子咬死了，这时候群体里面会有另外一只雌性的豺狗来顶替新的王位，特别奇怪的是，这只成为王的豺狗会在几个星期内迅速增长雄性荷尔蒙水平。

极高的雄性荷尔蒙水平甚至会使它的雌性生殖器官发生很大变化，从外观看，很容易会被误认为是公狗。其实在人类社会中也是这样，无论是正式还是非正式的领导人，相对来说，他们的雄性荷尔蒙水平都要比其他同性高些。

在生活中，如果一个人说话声音低沉，别人就会认为他具有领导特质，而这种低沉声音背后仍然是雄性激素水平作用的结果。

著名的卫斯理女子学院还有个例子，有个寝室的女生，她们的月经周期竟然会趋向于统一，而且研究发现，她们的月经周期都趋向于其中最外向、具有领导力的那位女生。

从以上的例子来看，所谓的阳刚之气，从生理学上来讲，的确有部分是和雄性荷尔蒙水平有关的。以全世界男性荷尔蒙为例，一般而言，黑色人种和法国人的雄性激素水平会高一些，所以他们前列腺癌发病率要比黄种人高出好几倍。

孩子没有体现出阳刚之气也是雄性荷尔蒙水平的问题，有的小孩在还没到青春期的时候，激素分泌得不够多，所以表现得就不明显，而等到青春期之后，在雄性激素的作用下，他的男性特征表现得就会越来越突出。

不过正因为如此，特别要提醒家长注意，孩子不可以过多摄入垃圾食品，或者大量食品添加剂，包括人工喂养的食品里面，也可能过度加入了一些激素，这会影响孩子正常的激素水平。这些年也有这方面的研究，比如一项针对广西某大学学生的研究发现，很多大学生的精子都不及格，这些都和药物的使用和食品的不恰当摄入有关系。

第二，阳刚之气也和中国的文化有关。

整个中国的文化也有荷尔蒙水平在背后起作用，我们的文化要阴柔一些，这种文化本身对个人的人格就有一定的影响。

在社会文化下，一个人如果过刚，容易受到挫折，只能让自己变得保守隐忍，这种阴柔有时候也是生活的策略，也可以认为是心理上的防御所致。

大家都听说过诸葛亮用女人的衣服去羞辱司马懿的例子，但是收到女人的衣服之后，司马懿一点都不生气，这是为什么呢？按理说，在那个年代，特别崇尚阳刚之气，崇尚男人的荷尔蒙的味道，但是司马懿的特征恰好就是阴柔。

这些年来，全世界在文化上都从过去强调男性化到逐渐强调中性化。比如今天在京东、淘宝上买衣服，在性别选择上，除了男性、女性的选择之外，还有中性的选择。

在性别角色上，男性的性别角色越来越趋向于中性，而女性也在趋向于中性，这不能不说是社会发展的趋势，现在的不少影视剧里的演员、歌星也显得阳刚气不足。

第三，阳刚之气和家庭教养的风格有关系。

家庭教养也和生理有关。心理学研究发现，当家里成员都是女性的时候，比如说妈妈、姑姨、再加上个女孩，这时候家庭成员之间身体所散发出来的生物性激素会互相影响。

如果家庭里全都是雌性激素在互相影响传播，那么家里面的女孩可能就会在雌性激素水平上反而显得不足，就会增加自己体内雄性激素的水平，但是如果家里面有父亲，或者其他男性的雄性激素散发，就会使雌性激素水平趋向于正常化。

相反，如果家里全是男孩也是这样，这种此消彼长的变化，大概就是中国古代所说的“孤阴不长，孤阳不生”的道理。

另外一个方面，某些家庭对孩子过度保护，影响了孩子探索世界。

比如有的时候孩子磕磕碰碰、流点血，家长们就会特别紧张，现在的孩子因为被过度保护，没有体验过爬树、上墙这些事情，所以他们在生活风格上和过去的孩子相比，缺少了外向的阳刚气质。有些家庭对孩子的过度保护，甚至会引起孩子的性格萎缩。

什么都不敢让孩子尝试，每件事情都在自己的过度保护之中，这当然也不利于孩子阳刚之气的培育。

小明最后要提醒大家的是，在社会生活中，单纯的阴和单纯的阳都不见得是好事，中国文化里过刚易折就是这个道理，最佳的生活风格应该是刚柔并济。

第七节 “富养”还是“穷养”

关于穷养和富养的问题，在社会中的讨论非常多，到底孩子该富养还是穷养？

一、穷养VS富养

首先大家来想象一下这两种养育的方式：

第一种：家里本身很有钱，却用穷养的方式养孩子。

第二种：家里本身没有钱，却用富养的方式养孩子。

大家觉得这两种极端的养育方式，最终会把孩子培养成什么样呢？

前一种其实是很多精英家庭培养的方式。你会发现很多国外的精英（国内也有这样的例子），家里本身很有钱，但是用穷养的方式养孩子。后一种，大多数人应该都不看好。

不过，有一些家庭的确是比较贫困，养育孩子虽然不能完全用富养的方式，但是在另外一些层面上，我们仍然要用一种富养的方式，那就是精神层次的富养。

二、精神富养

现在我们来谈一谈，富养和穷养对孩子到底意味着什么。

其实在孩子的成长过程中，始终有一个对孩子影响最大的元素：安全感[①]。

所谓的安全感就是父母的陪伴。这个时候孩子所需要的穷养和富养是精神上的穷和富，因为孩子总有一口奶，穷人家的孩子有这口奶吃，富人家的孩子也有这口奶吃，在物质条件上，双方并没有很大的差异性。对一个婴儿而言，住在别墅里面和住在普通的农村的房子里面，并没有差异性。

---

① 安全感就是渴望稳定、安全的心理需求。

孩子这个时候需要的是母亲带来的安全感。

我曾经见过一些富裕家庭，孩子从小就不和妈妈睡而是和保姆睡。而穷人家庭，孩子一直都是和父母睡，和妈妈在一起，母亲始终陪伴他长大。

从这个角度讲，我的确赞同富养，不过我说的富养是精神上的富养。

有些富裕的家庭从小给孩子的是精神上的穷养方式，这就会造成孩子精神上的饥饿感和安全不足。

最佳的抚养方式是：精神富养和物质上适度。

任何简单的穷养或者富养都不能解决孩子成长过程中的心理和物质上的需要。

孩子在小的时候需要精神上的富养，他们所需要的是安全感。等孩子再长大些，他们仍然需要持续的安全感和保障。到了孩子上学，这个时候妈妈的陪伴已经慢慢减弱，孩子会有更多的精神上的需要出现。这种精神上的需要包括父亲的陪伴，也包括孩子有更多游戏伙伴的陪伴，需要一个教育的过程。

这个时候对精神上的需求变得更加迫切。

穷养、富养的关键在于：在物质条件一定的情况下，给予孩子精神上的满足，孩子就会对物质上的需求变得不再敏感，也不会过度需要。

有的时候孩子慢慢变得在物质上过度敏感，或者在物质上有过高的需要，不管是穷人家的孩子还是富人家的孩子，其实这都是源于孩子精神上的需要没有被满足，于是就转移到了物质上。

在精神上我们要给孩子抚养，在物质上不要过度剥夺孩子的需要，正常满足即可，这就是孩子成长中最重要的过程。

如果在孩子的成长过程中有父母的陪伴，有小伙伴的陪伴，有正常的学校教育，这对孩子而言就是最好的富养。

三、培养驱力

拉康的精神分析讲欲望的转变。

意思是每一个小孩早期的时候，都会有一种欲望，这种欲望来源于对完美自己的想法。某种东西一旦成为我们所追逐的方向，那么它就会成为我们一种驱动力，驱使我们去做一种事情。

同样，与父母的关系问题也会变成一种驱动力。

穷养可能让孩子因穷而产生一种驱动力；富养可能不会在物质方面使人形成驱动力。但是对孩子过度的穷养也可能会培育出自卑的心态，因为孩子们在学校中会不自觉进行各种比较，而过度的富养不仅可能会使得孩子失去必要的生活驱动力，更可能会毁掉孩子。因此，对孩子的培养应该是让孩子对物质追求有恰当的驱动力，用这种驱动力去过好这一生。

这种驱动力首先一定要有，其次不能过分。

进入网络化时代，在网络上电子游戏的世界里，孩子可以轻而易举地获得各种东西，包括各种趋力，甚至包括金钱，都可以让孩子获得虚拟的满足。这些虚拟的满足会让孩子不太愿意进入到真实的社会生活中去。这种现象会使得很多孩子退学、不愿出门，他们更多的是缺少一种进入社会的勇气，缺少在社会生活中吃苦耐劳、努力用一种想要奋斗的驱动力来过好自己的社会生活的动力。

无论是穷孩子还是富孩子，无论穷养还是富养，这个时代的孩子都可以花一点点钱就能在网络上获得必要的虚拟满足（异性、精神上的满足、社会控制、社会等级）。

穷养和富养最关键的问题应该是：能够给孩子创造足够社会生活驱动力。这一点尤为重要，也就是我们过去常说的孩子必须要立志。

上一代人更多的问题是过度的驱动力。如60后，甚至70后的问题都是驱动力过强。这是由于小时候他们的物质、生活条件往往是匮乏的，是被剥夺的，所以他们有很强的驱动力，但在社会生活中却无法满足欲望，无法克服驱动力之间产生冲突而带来的各种各样的神经症、人格障碍。

上一代人的问题大多是因为欲望过大、驱动力过强无法满足而带来的冲突。90后、00后更多的问题是对是否要努力进入现实生活中充满了质疑或者怀疑，所以驱动力不强。

所以穷养富养就被转换成我们如何培养孩子正确驱动力的问题。

家长要让孩子知道“在这个世界里我们用物质条件、经济条件想要实现什么”这点更重要。

想要一样东西，不是看它贵或者不贵，而是值不值这么多钱。例如出门坐飞机，如果一个小孩想坐头等舱，那我们说，可以啊，但是要算一下坐头等舱值不值得，是不是必须要坐。如果头等舱打折并且挺划算，那当然可以，为什么不坐呢？如果有一样东西便宜，但是自己不需要，那去买它就是一种浪费。不能用贵和便宜来衡量事物的价值，而是要考虑付出值不值得。

所以不是穷和富的问题，而是如何让孩子正确判断他想要用一个东西来达到一个什么样目标。

比如从孩子小学开始培养如何用钱的问题，家庭无论贫富，家长都应该让孩子对金钱产生一个正确的认知：1.钱是一种重要的东西，因为它可以换来一些东西。2.钱是可以用来换取我们需要的东西，而不是我们不需要的东西，或者是我们在虚妄中以为自己需要的东西。我们用1块钱买了我们不需要的东西都是浪费，如果我们花很大的价钱买了我们必须要的东西，那就是值得的。

一件商品，如果你觉得有必要，它就值得，如果它没必要，哪怕多花两块钱买支笔，都是一种浪费。有了对金钱观念的正确认知，钱就不会成为我们的趋力。

有了正确的认知就会有正确的驱动力去实现价值。如果能通过一种正常的社会交换手段获得一种我们想要的社会价值，孩子就能正确地将驱动力运用到学校生活中去，而不是像某些中学生一样在学校生活中退缩和回避。

所以富养和穷养不能简单地一概而论，本身就是个伪命题。

四、金钱认知

下面是一些实操和细节方面的问题：

让孩子对金钱脱敏，明白恰当的钱如何实现更大价值。

比如一个孩子好不容易通过劳动获得了100元的物品，就要让孩子明白什么样的东西能得到更多的价值和意义。如果孩子发明创造出一个东西，我认为即使拿出几百块钱进行奖励也不算多。哪怕是贫困家庭，也不至于拿不出一些钱来奖励他。孩子有发明创造的潜力所以值得奖励。

如果孩子说，我今天想买一个我不需要的东西，因为其他孩子有。这就是一个错误的花钱认知。家长就应该和孩子讨论，买它是为了得到别人对我们的虚假的看法，还是想满足他自己虚假的自恋和自尊。讨论完这个问题，家长再问孩子，用10块钱是买一个漂亮的钢笔还是一个更好用的钢笔。进行多次这样的训练和培养，甚至我愿意给你30、40元来买更有价值的、更有用的另外一个东西。

这样长期以来，孩子的金钱认知就会有一个恰当的方向了。不再以虚拟、虚妄、虚假这种自恋型的满足来作为他花钱的必要条件，而是以一件事情是不是能够产生更大的社会价值、自我价值实现来评估它的价值。如100元可以用来帮助另一个孩子读书一年，那么它能产生更大的社会价值。如果孩子愿意这样做，家长也可以奖励给他更多的钱。

所以家庭无论贫富，都可以量力而行地让孩子对金钱脱敏，让孩子对金钱有正确而恰当的认知。

有了对金钱恰当的认知，再来培养孩子对于进入社会的趋力。未来社会趋力不足是一个很大的问题。家长要让孩子知道，人这一生，最想干的就是创造一种价值。创造价值有很多种方法，慢慢让孩子知道实现人生的意义，创造人生的价值，孩子就不会沉溺于虚拟的网络社会中。

这才是现在和未来，穷养富养孩子之后的另一个重要逻辑。

第一，要给孩子进入社会的理由和一种正确的驱动力。

第二，让孩子从金钱的泥沼、旋涡中摆脱出来，一辈子不再成为金钱的奴隶。

从2000年起到现在这20年，正是大众对心理学知识旺盛需要的阶段，由于学院派的教授们忙于课题，没有时间对大众进行科学的心理学传播，于是不少假冒伪劣的心理科普吸引了大众的注意力。目前国内的形势是假冒伪劣的心理科普压倒性地占据了大众的注意力和认知资源。

比如伪心理科普说，那些乱买东西，囤积成瘾的人，其实都是小时候没有机会自由支配金钱，内心匮乏感很重的人。小明做过不少富二代的心理咨询，这些孩子在出生的时候，父亲就已经是那个时代的土豪了。凡是那个时代流行的东西，他们都没有匮乏过。各种游戏机，各种吃喝玩乐的装备。甚至过生日的时候要请全班同学加老师来家里庆贺。他们长大之后的确不像普通家庭的孩子长大之后在淘宝上疯狂购物。但是你知道他们囤什么吗？他们囤车，囤房子，囤各种奢侈品。所谓的小时候金钱富足，长大之后就不爱乱买东西，这种观点是简单的一因对一果的伪心理学观点。

在心理学里面任何一种现象和结果之间的对应关系都不是单因单果，而是多因多果的。之所以有这样的伪心理科普传播是因为他们不懂另外一个心理学的原理叫作幸存者偏差。幸存者偏差简单地说就是“死人不会说话”。最明显的例子就是“我亲戚吃这个药好了”，活着的人才会说话，那些吃这个药没有好的人没有机会被你看到。换句话说，那些富裕的孩子长大之后囤货的现象没有被这些伪心理科普的人看到。

还有一个伪心理科普说，越早自由地买东西，越富养，孩子品位越好，越清晰知道自己真正需要什么。这句话的错误在上面其实已经解释得很清楚了。那么真正的儿童财商的培养，教会孩子正确花钱，教会孩子不乱买玩具的方法是什么呢？不管是富裕家庭还是普通家庭，穷养和富养，这样非黑即白的两极化方法都不是解决儿童教育的正确方法。

小明教你一个好办法，一个人必须从小懂得金钱的终极意义。金钱不是每一个人的目标物。金钱是我们达成自己欲望的一个工具。懂得这个原理了，大家可以带自己的孩子去任何一个大型超市。

第一步，让孩子推着一个购物车，告诉孩子可以把这里面所有他喜欢的东西都装在这个购物车里。如果一个不够两个购物车也可以。第二步，当孩子把两大购物车全部装满之后，再让孩子把其中自己不太喜欢的拿出来，并且放回去。第三步，让孩子继续重复这个过程。在这个过程中可以与孩子讨论，看一下这里有哪些东西还不够好，也许下次还有更好的商品出来，先把那些还不够好的放回去。第四步，让这个孩子重复这个过程，剩下最后的10件商品。

这个时候让孩子告诉你，这10件商品他分别看中它们的哪些价值？它们分别能满足孩子哪些需要？这个过程就是把金钱直觉，商品知觉转化为价值知觉和需求知觉的过程。

第五步，再让孩子选出五个他最想要的东西。第六步，再让孩子从五个中选出三个甚至一个他最想要的东西。至于剩三个还是剩一个可以根据自己的家庭情况。初次对孩子做上述训练的时候，可以剩下三个为宜。第七步很重要了，我们要让孩子对剩下的三个或者一个商品进行仔细的观察，让孩子告诉你这些商品的缺点在哪里，如果让他来设计制造，他可以在哪些方面进行改进。第八步，让孩子选择其中一种或者两种可以购买带回家。

大家注意到没有，这个过程中最重要的不是把孩子喂饱，他以后就不饿。不是用金钱堆满你孩子的房间。最重要的是引导孩子从商品主义、金钱主义、物质主义转化为价值主义、需求主义和意义。一旦一个孩子的信念系统转化为需求主义和价值主义，它对商品和金钱的知觉就发生转变了。

小明给不少富裕家庭的孩子做过这样的训练。这些孩子在小时候都有喜欢乱购买的习惯，虽然他们不缺钱。通过这种训练一般最多三次，孩子们就逐渐不会再赖着商场不走，或者你给他钱，他立马就买了一堆无用的东西。因为他懂得钱不是目标物，钱是一个工具，是用来满足某一种实际的价值或者需要的载体。

最重要的是通过这种方法，我们可以培养出孩子做选择的能力。用金钱购买商品不是为了满足物欲，而是为了学会做选择。我们有的时候说人生就是一次次的选择。如果从小培育出孩子做选择的能力，这会让他终生受益无穷。

第八节 《弟子规》该不该读?

现在有不少父母让自己的孩子学国学，另外一些父母又特别反对自己的孩子学习这些东西，特别是前段时间有一个争论：孩子到底该不该学弟子规？有的人站出来说，反对孩子学弟子规。

一、为什么孩子没有养成阅读习惯?

第一，父母不知如何培养孩子。

教育的确是一个复杂的问题，很多父母对于教育的规律，对于孩子成长的规律，对于教育和心理学的关系，有很多错误的认知。

这些错误的认知最后又引发了在孩子培养当中的重大错误。

第二，学校教育方面的忽略。

最近我们国家的公立学校对孩子的教科书进行了改版。

教科书更改的一个重大变化就是加入了更多的古文。更多的古文要求阅读，还增加了一些要求精读、泛读的世界名著。

能看到的是，国家似乎要重点培养和强化孩子们对于文学的掌握，可能是认为很多人在这些方面的素质有所下降。

第三，大量的留守儿童缺少父母的引导。

很多父母特别忙，留下了大量的留守儿童。

父母们要去外面打工赚钱，孩子没有大量的时间和父母在一起，所以缺少了父母们对孩子的培育和引导。

所以孩子就更多地依靠学校教育成长，但学校又没有加强世界名著的阅读和学习，必然会造成对文学的掌握不足。

第四，互联网游戏的吸引与注意力的改变

我们都知道互联网有特别多吸引孩子的东西，不仅仅是游戏，还包括一些好看的电视，以及其他一些东西，其实都比阅读古典名著更吸引人。

互联网不仅撕碎了他们的时间，也撕碎了他们的注意力。人们其实已经没有完整的注意力，完整的时间和完整的耐心去阅读。

二、阅读习惯的培养

第一，培养完整注意力和良好的阅读习惯。

我认为一个孩子从小阅读弟子规不是关键，关键在于：培养孩子有一个完整的注意力。

让孩子有完整的时间，能够平心静气，能够认真阅读。

培养阅读习惯很重要。从这个角度而言，阅读弟子规这些东西，有的时候不要看它的表面，它的内容似乎读的是弟子规，实际上背后还有一个价值：它至少培养出了一个阅读的习惯，这是阅读弟子规背后的价值。

第二，走出精英教育的误区。

大家都明白，我们要给孩子培养阅读习惯。

很多父母就开始说了，我是要给他培养这些东西，但是内容要好。

其实当我们说到什么内容才好的时候，我们的精英教育很多时候就会走入一个误区：精英教育就是什么都要是最好的，要用最好的东西填满孩子的心灵，孩子的基因就会是最好的。

其实如果在世界范围里面去寻找什么是最好的东西。从文科角度而言，文科的基础其实一个是逻辑学，一个是最广泛的阅读。

这两件事情保证了就可以了，因为每一种文字都有它的价值。

第三，选择广泛，多元化视角。

未来的时代是一个多元的时代。孩子不仅需要读弟子规，还需要阅读很多世界名著。

因为人的一生是需要多种道理来支撑下去的，任何单一的道理，包括弟子规这样的知识，过去曾经适应当时的社会需要，现在呢？就需要有更多维度的解释进行引导才行。

但是现在不适应社会需要并不代表着我们就不去读它，因为只要你的孩子具有多元化多维度的人类知识体系，他就会有一个多元的价值观，多元的解释系统，那么这些文字都会成为他有意义的思想补充。

第四，重视逻辑学教育。

有了这些最广泛的阅读之外，还有一个东西我希望大家注意，那就是逻辑学。

因为事实上，我们教育体系里面，在小学、中学、大学基本上都没有逻辑学教育，只有大学的几个基本学科有逻辑学教育，所以我认为父母应该重视给孩子提供逻辑学上的教育，它是文理科的基石。

解决了上面谈到的两个最重要的问题：逻辑学和阅读习惯，关于弟子规能不能读这个问题，就迎刃而解了。

第九节 “死不认错”的孩子怎么引导?

四五岁的孩子“死不认错”，家长问该怎么引导他的孩子呢?

其实每次听到引导这个词我头就大，作为一个心理学工作者，不知道从什么时候开始就养成了这么一个习惯，我特别害怕有人问我怎么引导，这是为什么呢?

我们心理学工作者所使用的语言代表着我们喜欢使用的一种工具，比如，我们不喜欢用引导这个词，我们喜欢用咨询与讨论这个词。

但是非心理学工作者以及大众喜欢用引导这个词，教育工作者也喜欢引导这个词。其实我国台湾对于心理咨询的翻译更好，他们会说成是咨商，这也反映出不同的工作态度。

一、引导VS讨论

那为什么心理学工作者讨厌使用引导这个词呢?

因为我们有一个假设，我们一般认为孩子的问题和父母有关，或者说多数情况下都是父母造成的，所以我们不太愿意去谈父母如何引导孩子，我们更喜欢去谈如何通过心理学的方法来改变父母。

你可以看到，不仅仅是使用的语言不同，而且使用的工具也不同。

父母们最喜欢问的话就是引导，因为引导这个词折射出他们想解决生活中以及家庭中的问题的方法：以大人为主导去改变孩子或者改变另外一个人。

但是在心理咨询里面，很多人都认为去改变一个人是不可能的。比如，荣格曾经说过，永远不要想着尝试去改变另外一个人。

这就是我们不喜欢用引导这个词的原因。比如，从事精神分析工作的心理学工作者最喜欢用的词就是讨论，他不会用引导，这意味着我们和孩子一起工作的方式是通过讨论，而不是以我们为主导去引导他干什么。

二、社会化过程中的冲突

从心理学角度而言，四五岁的孩子为什么拒不认错？

这背后的心理学要素在于这是一个社会化过程中的冲突问题。

这是什么意思呢？意思就是孩子进入社会要逐渐被社会化，但是孩子还没有完全被社会化之前，他对于大人的社会、对大人的生活、对大人的规则和规矩，是完全无法理解的。

但是站在大人角度，就会觉得这孩子怎么不能够站在我们大人的角度去看待这一切呢？比如，一个孩子，一进屋子就把他的玩具撒满一地，或者把他的书撒满一桌子等等。

我们经常会发现儿童可能有很多陋习，比如掉在桌子上的饭菜，他可能会抓起来往嘴里放，或者不洗手就去吃东西，或者有时候毛毛躁躁的不小心打碎了什么东西，这一切对于我们已经经过社会化的大人而言，都觉得这是小孩犯了错。

但其实小孩子在没有完成完全社会化之前并不知道这样做是不对的。冲突的来源在于家长认为孩子应该知道，其实孩子并不知道。

三、适应规则

这孩子怎么这么不懂事，总是犯错呢？

当你这样想的时候请先给自己三秒钟时间，想一想，儿童真的认识到这是他做错了吗？

这个错的评判是谁做出的？

一个没有经过社会化的或者没有完成社会化的儿童，他真的认为玩具撒一地就是错吗？

他可能很难理解，错从何来呢？

事实上，可能每一件在大人眼里看起来是错的东西，在儿童看来都无法理解。说句实话，用手抓东西吃真的要比用筷子、用勺子方便多了，难道不是吗？大家想一想，人类不也是这样进化而来的吗？我们的老祖宗不也是用手抓东西吃吗？而且即使到了今天，你仍然会发现，在吃某些食物时候，用手抓明显方便多了。比如，吃玉米、啃骨头、啃甘蔗。很难想象用什么样的工具，无论是用筷子、叉子还是勺子，在吃这些东西时候，你不用手能够更方便。

所以父母和孩子经常发生争执的一个重点的问题在于，我们把社会化的要求当作是一个标准，但孩子却不能理解为什么偏要这样。

而且，当我们试图向一个四五岁的孩子讲明白这个道理时候，我也不认为他真的能完全听懂你说的含义。

所以在这件事情上我想给父母们一个建议：首先不要去假定一定是孩子错了，我们可以把这个假定调整一下，调整为孩子并不适应大人的规则，这样调整之后，就变简单了。

不是孩子错了，而是孩子还没有适应我们对他的各种各样的要求。

四、循序渐进的适应

谈到适应，那一定是一个循序渐进的过程。

比如孩子有乱扔东西的习惯，有不洗手抓东西吃的习惯，你让他立即改正，是不大可能的。

家长可以慢慢提要求，比如，可以跟孩子商量，能不能以后吃什么东西的时候用筷子勺子，吃另外一些东西时候可以偶尔用一下手，一点一点地培养他适应社会化规则的习惯。

当父母不再把他的行为看作是个错误时候，父母就不会过度生气或者过度焦虑，而父母能够心平气和的时候，也能够更好地帮助孩子去适应社会化的过程。

如果这个过程中父母首先判定孩子错，然后立即就开始生气、焦虑或者发火，孩子在这个过程中完全不能理解大人怎么了，大人疯了吗？那样的话只会让事情越来越处于一个僵局状态。

孩子有时候即使服从了，也是被动服从，因为他不能理解这个过程。这就如同以前上大学时候要去军训，军训的时候我们就很难理解为什么非要把被子叠得那么好呢？为什么非要把屋子打扫得一尘不染呢？但是当你有一天能够站在制定规则者的背后去了解这一切的时候，你会发现他的目的不是简单的叠被子，也不是非要打扫那么干净，而是训练出我们言行一致、服从纪律的习惯。

所以关于亲子关系，有一句话小明想告诉大家：在跟孩子的互动过程中，凡事必有因，不要太快地生气，不要太快地去做批判的决定。

第十节　让孩子胜任20年

如何让孩子能够满足未来时代的需要，这是很多家长都关心的问题。

这也是很多家长在培养孩子的过程中最容易出错的问题。

我们很多人在培养孩子的时候考虑的是当下，看到的是眼前最重要、最急需的事情，没有想到孩子是要在未来二十年的世界中成长发展的。

不禁想到我在上大学之前，考大学的时候要报志愿，在我们那个年代，看起来最热门的专业是什么呢？肯定不是心理学，也不重视管理学，因为那个时候MBA还没有被大家认可。如果那个时候你学了管理学，你很有可能不适应互联网时代企业管理对于管理者的要求。

那个时候比较热门的是什么专业呢？第一个大家比较看好的是金融专业，第二个大家比较看好的是建筑专业；第三个大家比较看好的是电子类的专业。

现在大家再来看的时候会发现：选择建筑类的专业，比如工民建这样的专业，因为赶上了中国房地产建设的浪潮。这些投身到房地产的人混得还不错。第二很多选择金融专业，很多学校培养金融专业的人才，但是和社会需要的不太一样，社会需要的更多的是会计类的人才，和我们国家要走向国际所需的跨国人才是不一样的，所以很多选择了金融的人最后选择了做会计或者考了会计师。当时通讯电子类的专业很火，但毕业之后，很多人找不到很好的工作，有些上了四年本科的学生毕业之后只能在公司做一些牵牵网线的事，因为市场不需要这么多人。

但是那些年不被重视的比如传媒类的专业，你可以看到，现在互联网的从业者还有一些成功人士，他们最早从事的就是传媒行业。还有一个被忽略的专业就是心理学，心理学在前二十年还非常冷门，前十年开始变热。但是因为学校培养的和社会需要的有很大的差异，百分之九十以上的心理学专业的学生无法从事自己的专业，他们最终转向了人力资源管理。

那个时候计算机专业的学生学的还不是今天的互联网知识。

不过恰好就是这二十年互联网的飞速发展，成了这个世界这二十年最热门的存在。但是那个时候，这个专业不存在。

现在回到我们的主题：在培养孩子的时候，因为你这个时候培养他，在二十年之后，恰好是他三十岁要成家立业的时候，那个时候他所拥有的能力将决定他一生的成就。

所以，对于父母有三点建议，父母做到这三点，可以让孩子在未来胜任二十年。

一、互联网思维

互联网思维是什么样的思维呢?

这是一个互联互通的世界，是要把一切真实世界的东西转移到虚拟世界，而且这是一次巨大的移民过程，在这个过程中会产生很多的机遇。要让孩子学会这种思维。

还有一点就是，互联网思维是一种群体思维效应。

二、独立思维

未来二十年黑科技会层出不穷，很多事情都将颠覆我们的认知。

如果一个人没有独立思考的能力，人云亦云。你只会跟着人群走，不会成为引领人群的人。

三、热爱学习

这恰好就是现在很多父母给孩子报一大堆补习班，强迫孩子接受一大堆传统教育之后，失去的东西——对学习的热爱。

为什么未来需要这样的能力?

因为未来对我们的知识结构有很大的挑战，我们现在学的一切在五年之后就会有变化，在十年之后就会完全没用，在二十年之后就要学全新的东西。

所以未来培养的孩子要有一辈子热爱学习，能够主动学习，能够学习非专业的能力，而这种能力还将会持续伴随他的一生，也就是终生学习的能力。

父母们要记住这三点。

第十一节　别人家的孩子

孩子班上有很多神一样的孩子，学习好、综合素质出众，孩子和父母压力都很大怎么办?

这是一个有毛病的问题。

问这个问题的父母有问题。

问这个问题的父母需要做心理咨询。

问这个问题的父母很难培养出神一样的孩子。

问这个问题的父母会毁掉他原本神一样的孩子。

在这个世界上只有孙悟空一出生就是神一样的孩子。

这些问问题的父母只能看到别人的孩子像神一样，他们无法看到自己孩子身上神性的光芒。

到底何谓神一样的孩子呢？小明分别从以下几方面展开讨论。

一、学习好=神一样的孩子?

“学习好=神一样的孩子”，这个等式在绝大多数父母的认知中是成立的。

记得有人曾经问马云，他认为哪个大学最好。

马云说杭州师范学院最好，因为那是他上的大学。

中南大学的教授曾经对32年之内的中国高考状元进行过统计学的追踪研究，最终发现从1977年恢复高考到2009年，中国说的高考状元，无论是经商还是从政，都无法达到社会预期。

换句话说，今天你眼中所看到的那些所谓的学习好的神一样的别人的孩子，他们中绝大多数，最终的成就都无法配得上神这个词。

二、做神一样的孩子的标准

如果是记忆力好、考试成绩好、懂得多，是不是就算是神一样的孩子呢？

那么小明来告诉你。芯片植入人体，大约会在十年之内解决技术难题。也就是说十年后很可能所有的学校都不再考记忆力。

所以，记住了许多中高考知识点的孩子，他们很可能面对这样的情况：别人只需要植入一个芯片就可以把初中高中六年的所有教材全部记住，而他们用了六年也不一定可以做到。

那么到那个时候考试考什么呢？

有多种可能，但至少一定不是以考记忆力为主。

所以现在你认为的那些像神一样的孩子，十年后可能确实惨遭淘汰的命运。

一般而言，未来学家认为，未来时代最紧缺的人才是具有创造力、创新力、独立思考能力、群体思维能力的新一代的人，而不是那些大脑里面装满了初中高中大学课本的人。

如果你想把你的孩子培养成神一样的孩子，那么就不要把其他孩子作为你参照的蓝本。因为你根本就不知道十年之后社会对孩子的要求是什么。

三、培养神一样的孩子

如何从现在开始培养你的孩子像神一样呢？

一个字，玩。

让他们玩得身心健康，性格健全，在玩中去发现你的孩子那些被学校学习所掩藏的，神一样的能力。不过要注意，我这里说的玩是真实世界的玩，而不是玩电脑游戏。

神一样的孩子其实是从父母的眼中去发现的。

父母可以给孩子创造各种不同的游戏环境、户外活动、阅读活动、艺术活动、群体活动等等。在这些活动中去发现你的孩子的那些神奇的潜能，给他们充足的游戏时间去发展自己的神一样的潜能。

具体地说，一个神一样的孩子所具备的最重要的素质应该包括逻辑思维能力，用艺术表达自我情绪的能力，幻想能力，动手能力，群体组织能力，细节观察能力，宏观概括的总结能力。

而上述所有这些能力其实都是在孩子与其他孩子的互动游戏中慢慢发育，培养成熟的。

小明想强调一点，这个世界上，我们不排除有些孩子是综合类的天才。但事实上每个孩子都有自己个性化的潜力。

如果父母能够挖掘出孩子的潜能并加以培养，每个孩子就都能释放出神性的光芒。

第十二节　父母检查作业会导致成绩变差吗?

一、假因果关系

很多父母每天坚持给孩子检查作业，却发现孩子的成绩越来越差，这是检查作业导致的吗?

相信很多人一看到这个问题，只看到前半句，就开始忙着想怎么解决，但是大家想过没有，帮孩子检查作业真的会直接导致成绩变差吗?

有时候提问题的人会把原因和结果说得有直接的因果关系，但其实它们只是相关而已。

如果提问的时候，家长们就进入了假因果的关系，原因都找错了，还怎么解决问题呢?

二、寻找例外

再说说为什么帮孩子检查作业，孩子的成绩反而会越来越差。

很多人喜欢解释成“一定是你和孩子的关系不好，所以影响了孩子的成绩”，非要拿别人身上的问题来证明自己的推理是正确的，这样解决问题的方式是在误人子弟。

小明给父母们三个建议：

第一，先去考虑有没有例外的情况。

比如有段时间，父母没有检查孩子的作业，孩子的成绩也并没有变好。或者某段时间，父母检查了他的作业，结果他的成绩反而变好了。

还可以看看，孩子同学的父母是不是也每天检查作业，但是他们孩子的成绩却没有变差。

只有先找到例外的情况，才能真正弄清楚，到底是哪些因素导致孩子学习成绩下降。

第二，要注意观察一下，这段时间孩子身上以及家里还发生了什么事情。

这个道理就像是你吃了某种解决皮肤问题的药，然后就说自己的皮肤变好了。

但也许这个药物并没有起作用，而是因为你这段时间注意锻炼了，注意吃东西的卫生了，又或许是气候变得湿润了等等。

三、培养能力

家长们该不该给孩子检查作业呢?

很多人会采取另一种极端的方式去解决孩子的成绩问题，比如放养孩子，这种极端看问题的方式是很分裂的思维方式。

家长的确是可以检查作业的，但是家长们要想想检查作业的目的到底是什么。

检查作业的目的应该是要由家长检查作业到孩子学会自己检查作业。最终的目的是为了培养孩子的能力，自主学习、寻找错误等等这些自我能力的培养才是孩子能浪迹天涯笑傲江湖的重要法宝。

假的因果在心理学上也叫作思维的限制，最开始就提出了错误的问题，这个问题本身就把我们带入了误区，当然也不可能找到真正解决问题的途径了。

解决问题的时候，要考虑多种因素，因为很多问题都是多因多果的复杂关系。

孩子的学习成绩变差，如果只找一个原因代替所有的原因，很有可能会把孩子教育的方向引向歧途。

再比如很多人在写亲子教育、儿童心理、心灵鸡汤类型的文章的时候，最常用误导大众的手段，就是给大家假因果的结论。很多人在学心理学的时候也会犯这样的错误，遇到任何问题，就推向原生家庭，这就构成了假的因果关系。

其实对于任何已满18周岁的成年人而言，他都有能力自己做出选择。如果还把所有的问题都归结于早年的原生家庭，这就真的是在推卸责任了。

第十三节　习惯培养

一、先入为主的假设

假设：小时候给孩子培养出某种习惯，那么这个习惯就会终身持续，让孩子受用一生。

我们经常说要培养习惯，其实是因为很多人有一种先入为主的逻辑上的假设，这个假设就是一旦我们小时候给孩子培养出某种习惯，那么我们就会假定这个习惯会终身持续，让孩子受用一生。

其实这是行为主义的一种观点。行为主义认为人的记忆是可以储存在肌肉记忆里面的，如果我们持之以恒地培养出一个人的某习惯，那么以后他就会有这样的行为上的一种习惯。

搞清楚一个人就观察两点，一个是行为习惯，一个是思维模式。其实这两个都是我们长期形成的一种固定的、规范化的、惯有的思维和行为的习惯。

这种思维的习惯，有时候我们把它叫作认知图示。

那么行为的习惯呢？我们一般就称为一个人形成了做事行为，甚至动作的某一些固定的套路。

二、习惯可以维持多久？

什么样的习惯可以被培养出来，并且可以持续一生？

什么样的习惯很难培养出来并且成为持续一生的行为？

举个例子，我们都想让小孩早点睡觉。我记得我在小时候，我的父母规定我每天晚上必须几点睡觉，除了周末可以睡得晚一些以外，其他时间都得在规定时间睡觉。

这样长期培养出来的睡觉习惯能持续多久呢？到了上大学的时候，在宿舍里面学校是统一时间熄灯。比如，一到10点钟就熄灯了，没有了光亮，一般来说不到一个小时就睡着了。

应该说从小到大一直到大学，我们基本上都被规定了在几点钟睡觉。

上班之后时间就自由了，我只要早上准时到办公室就可以了。晚上几点睡觉，那是你的自由，没有人能管你。

那个时候有单身宿舍，我们都住在宿舍里面，经常是已经半夜12点了，还叫上几个同事出去吃烧烤。后来的结果就是用了20多年培养出的习惯，到了工作以后全部都没有了。

从这件事可以看出，我们一直想给孩子培养的在固定时间睡觉的习惯，到了成年之后其实很难坚持下去。

事实上，科学家这些年研究发现，有些人喜欢熬夜，有些人不需要熬夜，这实际上是基因决定的。

生活中很多习惯都和基因有关，我们后天培养出的习惯有一部分是无法和基因抗衡的。比如，有的小孩有熬夜基因，家长从小到大培养他养成非常好的早睡的习惯，一旦等到他可以自由生活的时候，他很快就会打破你持续20多年培养出来的所有习惯。如果这个习惯与基因有关，你就很难抵抗基因给人带来的这种决定性影响。

再比如说每个小孩从小长到大，直到上大学之前，我相信父母一定会每天早上给他做好早饭，他就会养成吃早饭的习惯。但是进入大学之后这个习惯就没了，为什么呢？那时候就想睡会儿懒觉，再加上大学的上课时间不是固定的，这个时候你会发现每个人的睡觉时间、早上吃饭的时间都开始发生改变了。

所以，不是每个习惯都会持续一生的。

有些习惯，家长费很大的劲给孩子培养出来，但孩子长大之后还是会改变。

三、可以培养的习惯

有些领域仍然需要培养习惯，并且也是可以培养出习惯的。

做事的风格，思考问题的方式，是可以培养出习惯的。

我记得在我小的时候，父母让我学下围棋，这样就培养出了我学会选择、学会放弃的能力。在下围棋时，当你觉得某个版图可能很难有成效时候，你就会暂时放弃，转而将精力投到其他的领域。

这个思维习惯我一直保持到现在。

还有就是小时候我的父母会教我学会观察人。比如，公交车上、公共场合哪个人可能是小偷，观察别人在车上或者走在路上的时候，他穿的什么衣服，他的手放在哪里，他有什么样的动作，这些动作可能代表什么。

还有责任感是可以培养的。

我小时候养过很多种动物，从小我的父母就告诉我说你不能把动物养死了，你得保证它活着。

因此我只要决定养某个动物，就要不停地耗费我的时间精力，要想办法怎么把它养活。

这种责任感就是通过从小养小动物慢慢培养出来的。

我认为这个习惯就培养出我以后做事情有始有终的风格。不能今天喜欢的动物放回家里，养两天就没兴趣了，这样做事情没有头尾，就不是个好的习惯。

意志力和韧性也是可以培养的。

我后来迷上了足球，整天在足球场上踢球，我觉得这培养出了一个比较好的习惯，就是意志力和韧性。

因为无论天气多热或者多冷，或者我们有多累，我们都要把这场比赛打完，谁都不能中途退出，所以就得坚持，意志力的品性就通过运动的方式培养出来了。

善良也是一种可以培养出来的品性。

父母经常教导孩子与人为善，不要随便杀死小动物，经常让孩子看到家长给予穷人帮助，都是言传身教的方式，让孩子从家长的行为中学习。

培养孩子的习惯，最重要的是根据这个小孩的性格以及小孩的兴趣来培养，这样的话就会事半功倍。

如果是孩子喜欢的事情，他就容易在这件事情上培养出某种类型的习惯。

所以家长要借助孩子的兴趣来培养他们某方面的习惯，然后让孩子带着这种好的习惯进入社会生活去成就他的一生。

第十四节　自信心培养

如何培养孩子的自信心?

在心理学里面，我们把自信叫作主观效能感。它是构成一个人各种能力的一个核心要素。

简单地说，一个人能不能做到一件事，很多时候并不取决于真实能力，而更多地取决于自我对自己能力的评估。自信不足，严重的会导致无能感，最终导致生活中一系列的失败，以及染上各种成瘾行为。

很多父母也意识到了孩子的自信培养是一件非常重要的事情。但是关于如何培养自信各种说法都有，很多不科学的说法混淆了认知，反而让父母们更加困惑。

下面小明将从心理学角度来给大家谈一谈自信这件事儿。

一、自信与安全感

自信最初的来源其实是一个孩子的安全感，在婴幼儿时期，如果孩子可以与父母建立非常好的信任与依赖关系，孩子的自信就会持续增加。

人的一生永远有两种力量在彼此牵扯。

第一种力量是退缩回避。

第二种力量是冒险。

你可以观察在婴幼儿时期，当孩子安全感充足时，他就会挣脱你的怀抱，要往前爬，甚至想试着走路；假如摔倒或者受挫，他就会立即回来扑进你的怀抱。

父母需要做的是满足孩子这两种需要：当孩子想回到你的怀抱，你会在孩子的后面不离不弃；当孩子想要挣脱怀抱尝试冒险，探索世界，你会在孩子的左右，观察与保护。

这个阶段做好了，孩子最初的安全与信任感就不会有问题，人一生最初的自信就展开了。

二、自信与人际关系

当孩子三岁进入幼儿园之后，孩子的自信就开始由最初的安全来源转化为人际来源。

如果孩子在与其他孩子或者其他大人的交往互动中，能够获得支持与帮助，而不是受挫与惩罚，那么孩子就不会觉得与人打交道是一件令人恐惧的事情。

如果一个孩子从幼儿园到小学到初中到高中整个求学阶段，都能够持续地从人际互动中获得信任与支持，而不是恐惧与人交往，那么他这一生都不会对人群与人际关系产生恐惧。

有不少孩子会在这个阶段受挫或者产生因人际关系而带来的不自信。这时候就需要学校、家长以及心理专业人士帮助孩子度过人生重要的人际信任关卡。

三、自信与自我能力

我们首先必须承认，当前我们的社会教育和家庭教育存在着很多偏差。

无论是父母还是老师，在教育孩子的过程中，都在一味地强调答案的正确与否。孩子在持续的学习考试过程中，学到的是对答案的绝对尊崇和服从。

这一点最大的影响在于，它影响了一个孩子对自我思考的自信。

各种补习班和考试的压力，又进一步影响了孩子对于自我学习认知事物的信心。

简单地说，过度强调答案正确与否，而不是启发孩子自我认知、自我思考、自我形成概念和想法的教育，对孩子最大的影响是让孩子形成了无能感，似乎世界上只有一种绝对正确的答案，似乎离开了权威的论断和他人的教学，自己将无法独立认知世界。

小明从事成人的心理教育十多年，发现绝大多数人在学习过程中的状态就是没有自我学习能力。他们不认为自己具有自我学习，自我认知的本领。他们把学习的希望寄托于权威和参加各种培训班。他们高频度地学习各种知识，但由于没有自我消化和思考领悟的过程，他们总是把书上说的、权威说的、理论说的作为认知世界的标准，没有自己用客观真理去认知世界的能力，没有批判性思维和独立思考的能力，常常人云亦云。从十年前学到十年后，最后一无所获。

小明把这种现象叫作成人的习得性无助[①]，他们总是处于无助的状态中，总渴望有一个大师、活佛等等类似的人物去开悟自己。

他们最大的特点就是不认为自己拥有独立学习、独立思考、独立认知世界的能力。

擅长被别人贴标签，盲目地认同各种理论说法和论断。这种不自信，是最大的不自信，严重影响了他们自我能力的发挥。而这种不自信恰恰是长年累月的刻板教育培训出来的典型。

需要大家注意的是，无论是孩子还是成年人，都需要增强对自我能力的自信培育。

无论是一个孩子，还是已经错过了这种训练的成年人，都应该学着开始对任何一个知识点，对任何一个老师给的教育，在大脑里面问几个问题。比如，除了老师和书上写的以外，还有没有其他可能？有没有和书上所说的相反的情况？如果书上和老师说的是错的，你能想到什么？如果让我来写这本书或者让我来当老师，我会怎么说？

记住，一个人是否能够发挥能力，首先取决于是否具有独立思维，是否具有独立思考、独立认知世界的能力。

做到了这一点，当然就会成为一个自信的人。

---

① 因为重复的失败或惩罚而造成的听任摆布的行为，是指通过学习形成的一种对现实的无望和无可奈何的行为、心理状态。

第十五节　分享和合作能力的培养

一、家庭中养成的习惯

其实从第一代独生子女开始，心理教育专家们就开始研究孩子不擅长与人合作分享的问题，过去心理学家在研究独生子女这一代的现象时就说到，独生子女具有独立、孤独以及自私等一些性格上的特征。

过去一个家庭有好多小孩，每一件事都是分享和合作的，你不分享不合作都不行。比如，父母会让老大把碗筷和煮好的粥端到桌上去，然后再让老二照顾一下老三，让老三吃完饭以后收拾碗筷。

他们对每一件事必须都要分享，如果今天做了一个好菜，不能一个人吃完了，三个人都得分享。所以这种多子女的家庭必然就不会产生分享的问题。

另外一方面就是合作。比如父母说“今天你们三个人出去给羊弄些草”，那么三个小孩按照年龄大小就得合作。城市小孩在大院长大的，很多就是属于我们说的家庭条件很不错的孩子，他们也得合作。比如，我记得电视有一次采访冯巩，冯巩说他的姐姐当年上山下乡的时候要到农村去，他就找了好多木头，然后自己亲手钉了一个木头箱子给他姐姐。

这就是分享和合作最典型的例子，因为那时候即使住在城里面的孩子，也得去分享和合作。

所以说分享合作是一个孩子小时候在家庭结构中慢慢培养出来的东西。

二、人际情商

独生子女成为家庭的主要形式之后，常常会变成他为中心。

爷爷、奶奶、父母和其他人都要以他为中心，这样就不存在分享的问题，他也不需要和别人合作。从小在这样的环境下成长，长大之后也会影响他的人际关系。

这不仅仅是分享习惯的问题，还涉及分享动机，意思就是不太会站在别人角度看问题，考虑问题，不太容易做到感同身受。我们把它叫作人际情商，人际情商高的人在职场中情商就高。

小明观察到，也有一些人小的时候就和兄弟姐妹或者小伙伴一起长大。等他们成年了，我发现他们也没有很好的分享和合作的能力，所以我觉得有时候不完全和家庭子女多少有关系。

当然分享合作、人际情商肯定和家庭有一定的联系，但这种联系不是绝对的。

三、早期家庭教育

有的时候即使是有好几个孩子，也有可能因为父母对其中某一个孩子过于关照，而使这个孩子慢慢失去了分享和合作的知觉能力。

所以这可能也与早期家庭教育和养育有关。

还有一种情况是家里的经济状况的原因。比如在农村的一些贫困家庭，父母特别强调孩子以后一定要成才，要摆脱现在家庭的这种困境和命运，要翻身。父母会特别强调孩子不要管家里所有的事情，孩子只管好好学习就行了。

这样培养出来的一些家庭的孩子，这种只管学习的孩子，平时不太参与家里面的各种各样的劳动，也不太和其他的兄弟姐妹合作。因为学习是个人的事情，没有太多的合作。

我就发现不少这种从小到大过度培养、过度在意的孩子，最终考上了很好的大学，获得了好文凭。但是这些人的确也不擅长合作和分享。

所以，一个人不太擅长合作分享是多种因素造成的，一般都不是单一的因素。

当然这也反过来说明，并不意味着独生子女家庭就不能培养出善于合作分享的孩子。

四、创造合作分享的环境

怎么培养孩子的合作分享能力呢?

很简单，家长要意识到这个问题，愿意给孩子提供一个可以合作分享的环境。

现在很多孩子从小一个人长大，父母外出的时候由于安全问题一般也不太会放到院子里面和其他小朋友玩耍，不像我们小时候都是在大院里面和所有的孩子一起到处玩耍。

在这种情况下，有些家庭就应该尝试找一些自己的好朋友、同事的家庭组成一个大家庭，大家可以共同出去游玩。这种外出环境可以让孩子们能够经常在一起，孩子在与孩子互动的过程中，就会懂得合作和分享。

教育主要是行动，而不是说理和说教。

如果你经常创造自己孩子和其他孩子在一起生活的环境，他必然就会形成分享合作的能力，因为人际关系自然而然就会训练他做到这些。

孩子和孩子之间共同成长的环境比一个家长学多少亲子理论，参加多少亲子培训，给孩子讲多少人生大道理、亲子道理以及和孩子之间进行了多少互动游戏都好得多。

亲子关系不仅是父母和孩子的关系，亲子关系还有很大一部分是在孩子和孩子的游戏过程中对他们性格的塑造，培养出他们的好习惯。

不要忽略孩子与孩子之间的互动。

现在的很多父母过于在乎自己和孩子的关系而忽略了孩子和孩子之间互动成长的关系。

同辈之间对孩子的塑造会产生更具有决定性的影响。

第十六节　抗压能力的培养

一、创造健康的环境

现在的父母经常会看教育类的文章和书，也了解一些教育方面的术语和理念。但是大家在使用这些术语的时候常常是一知半解，而且会进入很多误区，比如看到了“挫折教育”，大家就会专门去做孩子的挫折教育，看到了“延迟满足”[①]，又会想怎么样培养孩子的延迟满足。

其实很多时候只是因为这个词比较新鲜而已，家长对其本质并不理解。

在一个孩子正常的发展和教育过程中，大多数能力会自然而然显现出来。我们有时候不需要过度地或者专门地去培养什么，这些能力孩子最终都能获得。

父母需要做的就是：给孩子创造一种健康成长的环境，不用考虑“孩子具不具备这种能力”的问题。这些能力会在自然健康的成长环境中自然生成，如果不能给孩子提供一个健康的成长环境，那么可以培养的能力是很难持续的。比如，我们很多父母从小到大，父母那一辈从来也没有说过要培养我们的抗压能力，事实上在我们长大之后，我们觉得自己的抗压能力也很好，并不需要怎么去努力也会生长出来的啊。

现在很多父母从小给孩子提供的成长环境就是不健康的，不健康的环境给孩子带来了很多不健康的问题，然后引起父母的焦虑。

父母总是焦虑“孩子是不是没有这种能力”，“孩子需不需要那种能力”，其实最关键的问题是给孩子提供健康的生长环境，有了健康的生长环境，孩子

① 延迟满足是指一种甘愿为更有价值的长远结果而放弃即时满足的抉择取向，以及在等待期中展示的自我控制能力。它的发展是个体完成各种任务、协调人际关系、成功适应社会的必要条件。

什么都会有。

二、提供正常的“游戏”

小明小时候是怎么长大的呢？

我大概三岁的时候，就开始在院子里面独自玩耍了。父母要出去工作，我那个时候就和院子里的其他小孩子一起玩，我记得我小时候就经常和其他的小朋友在院子里拿一个小铲子铲地上的草、沙子。再长大点就玩泥、玩沙子、玩过家家。然后再长大点就是一群孩子整天下河摸鱼、摸虾，上山逮虫子、爬树、爬墙，有的时候钻到隧道里面去探索。有一段时间流行什么我们就玩什么，比如踢沙包，那个时候一群孩子就学习缝制沙包。过一段时间，我们又流行做火药枪，用火柴做火药，用铁线丝做成简单的火药枪。

总之就是因地制宜，利用我们找到的所有玩具、工具和其他孩子在一起玩很多有趣的游戏。

你觉得这样的生长环境，什么样的能力培养不出来呢？

这样的环境，需要专门去培养孩子的创造力、创新能力、抗压性、延迟满足吗？

所以，正常健康的成长环境和游戏很重要。

只要给孩子提供正常的游戏（不是电子游戏）、孩子和孩子之间的群体生长的环境，你的孩子什么样的能力都会具备。

到了上学的时候，到了需要考试的时候，他的能力自然就会发挥出来。心理学研究发现，所有的孩子都需要游戏帮助成长，这个游戏指的是正常的游戏。比如，非洲的孩子在草原上玩游戏，伊拉克的孩子在战场上玩游戏。

为什么要玩游戏呢？

第一，游戏可以缓解孩子心里面的焦虑。

第二，游戏也可以缓解孩子们的孤独感。

孩子和孩子在一起玩的时候，根本就不需要父母，甚至有点讨厌父母把他们拴在身边，或者叫他们回来吃饭。

所以现在很多父母与其一会儿给孩子报这个兴趣班，一会儿给孩子报那个兴趣班，培养孩子这个能力，培养孩子那个能力，倒不如给孩子创造一个孩子和孩子玩耍的空间。

三、接触自然环境

我们再回到抗挫能力本身。

其实挫折感在孩子很小的时候就已经产生了。婴儿时期，孩子就已经发现妈妈有的时候会突然消失，这个时候孩子就会开始焦虑，就会产生挫折感。孩子需要自己去处理这种挫折感，在处理挫折的过程中，如果过一会儿妈妈回来了，孩子就会很欣喜。

孩子从婴儿期就在不断地培养抗挫折的能力，所以我们才说抗挫能力的确很重要。

但是不需要专门给孩子培养抗挫折能力。

关键是给孩子提供一个正常健康发育的环境，培养孩子真实玩耍的能力。因为孩子之间必然会有冲突，他就会在解决问题的过程中培养抗挫折的能力，也会发展出他将来进入社会所需要的人际沟通能力。

孩子和孩子之间所创造出来的一切又培养了孩子进入学校生活之后的思维能力和思考能力。

所以专门培养什么能力不重要，重要的是让孩子自然生长，这个自然的生长也包括孩子能够和自然环境经常在一起。比如，孩子在自然环境里面摔倒了，他自己爬起来，这就是一个抗挫能力训练。孩子在自然界里面今天手磨破了，明天鞋子陷到泥里面去了，所有一切都在考验着孩子的抗挫能力，都在促进着孩子的成长。

所以只要孩子和孩子经常在真实的世界里面游戏，一切能力都会自然产生。

第十七节 眼界的培养

让孩子见世面，到底有多重要？

什么叫世面？

心理学怎么理解世面？

世面就是复杂的、各个层面的、多维度多视角的社会真实情况。

皇帝也想让自己的孩子见见世面。不过皇帝的孩子更需要见的世面，不是官场，而是农场。

平民百姓的孩子也需要见世面。平民百姓的孩子需要见的是大世面。

我们经常说很多家长想让自己的孩子生活在北上广深这样的超一线城市。其中一个原因就是这些城市提供了见世面的环境。能够参加各种各样的最先进的科技博览会、音乐会，能够见到最大的博物馆，这些都叫作世面。

见世面这个词其实出自《红楼梦》，《红楼梦》第十六回有句话是“果然如此，我可也见个大世面了”。

“世面”在古代的时候指衙门前面的一块圆石。所以见世面也就只是见官，对百姓而言，了解官场，这就是见世面。

现在人经常把见世面说成是出外旅行，这其实是见世面的一种。王阳明的心学讲的就是知行合一。也就是说学了多少知识就应该走多少路，见到多少世面，这样才能把理论和实践真正结合到一起。

如果讲到儿童教育方面，那么见世面的含义，就是让孩子从家庭过渡到社会。

让孩子了解社会的不同侧面，让孩子通过社会了解人性的不同侧面，让孩子知道世界如同硬币一般，永远有两面，只知A面不知B面一定会带来人生命运的损失。

在心理学里面，我们把见世面作为一个人维持心理健康和增强社会适应性的有利条件。

一个人是否心理健康不是一个单一的标准，而是取决于社会适应性。

一个人越能够适应社会，越代表着他见过足够多的世面。一个人面对生活难题的时候，是否能够找到最佳的应对策略，往往取决于他是否有足够多的对世界的了解。因为每个人应对事情的策略不一样，这取决于每个人的思维模式和认知模式。

而认知模式和思维模式如何去提升，最好的方法就是有足够多的见识。在与人的交往中见识，在与自然的交往中见识，在不同的文化背景中寻找见识，在不同的家族背景中寻找见识，在不同的阶级经济地位中寻找见识。

因此对世界足够多的了解才是人生成功的基石，人生成功与否并不取决于文凭的高低。

小明经常去央视做节目，发现央视的很多导演、制片人都有非常好的认知能力和思维模式。不管他们最初所学的专业是什么，他们都有足够多的对世界各个方面的了解，也包括对人性各个层面的了解。

这主要是因为在中国最大的媒体平台上，他们有足够多的机会见到形形色色的人，见到形形色色的社会，增长形形色色的见识。

第十八节　自闭症儿童

自闭症[①]的孩子是不是更有艺术天赋，自闭症的孩子应该如何教育？

一、中国自闭症儿童现状

第一，自闭症儿童给家庭带来很大的困扰。

在家庭中有一个自闭症儿童，会给家庭带来很多的困扰。

儿童被确诊为自闭症后，家里的生活秩序被打乱了。由于治疗周期漫长，很多家长看不到希望，他们纠结于放弃与否的矛盾中。

大龄自闭症患者以后的出路更是困扰着家庭，所以他们特别需要心理学的帮助。

第二，儿童自闭症的发病率有逐年增高的趋势。

这些年，社会对于自闭症儿童的关注越来越多，其中也源于自闭症的发病率已经有逐年增高的趋势。

现在的自闭症的发病率从万分之一、千分之一、百分之一，到2014年的1/68（美国疾病控制与预防中心发布），再到2016年更为惊人的1/45（美国国家卫生统计中心根据调查发布）。社会和家长们特别期望他们能够康复。但是事实上，目前对于自闭症发病的原因和康复的办法都没有答案。

二、自闭症儿童有天分吗？

为什么有些人会觉得自闭症儿童有某一种天分呢？

第一，过于关注内在的注意力产生看起来像天分一样的技能。

---

① 儿童孤独症是广泛性发育障碍的一种亚型，以男性多见，发病于婴幼儿期，主要表现为不同程度的言语发育障碍、人际交往障碍、兴趣狭窄和行为方式刻板。约有3/4的患者伴有明显的精神发育迟滞，部分患儿在一般性智力落后的背景下某方面具有较好的能力。

在我的一些和自闭症儿童有关的工作经历中，我观察到，他们的注意力是对内的，不是对外的。

因为注意力不是对外的，所以他们无法跟随外在的老师和父母的反应。也正是因为注意力无法对外，他们没法模仿老师和家长给他们的一些教育，所以他们也难以完成学习，甚至难以完成说话。

因为他们的注意力过于关注内在，所以他们有时有一些刻板行为，包括计算，这就会产生超乎常人的看起来像天分一样的技能，比如快速运算技能。

第二，艺术来源于人们对外在事物的内在感知觉。

大家都知道，艺术来源于人们对外在事物的内在感知觉，而这种感知觉一定要更加接近于我们的潜在感受。

换句话说，它应该是潜意识感受的表达，而艺术就更加接近于工艺品了。

这就是为什么说自闭症儿童沉浸在自己的内心世界里，他们去创作他们喜欢的东西的时候，和我们普通人在感知事物的方式上有差异，而人类对艺术就是要有这种特殊的感知觉。

第三，艺术的冲动来源于创伤、痛苦。

有的时候人们创作的冲动是来源于创伤、痛苦。

所以你可以看到世界上很多优秀的艺术家，他们早期是带着伤痛来创作的。在创作的过程中，他们的情结通过艺术的升华慢慢得到释放之后，他们的灵感也慢慢消失了。

所以很多艺术家经过一段时间的升华之后，再也创作不出好的作品了，原因也是在于此。

第四，艺术活动是一个让自闭症儿童表达自己和外在世界联系的桥梁。

自闭症儿童通过一种特殊的方式感知世界，让我们看到了他们不一样的内在和外在，这些往往很吸引我们，让我们产生极大的兴趣去看他们创作的作品，特别是绘画。

这也是这些年跟自闭症儿童有关的艺术创作活动能够蓬勃发展的原因。

这些活动的展开，一方面让我们了解自闭症儿童内在的不一样的对世界的感悟。另外一个方面，艺术活动也是一个让自闭症儿童表达自己和外在世界联系的桥梁。

我们希望更多的自闭症儿童能够通过这种方式表达自己，疗愈自己，也能够通过这种方式，让更多社会上的人感知到他们的需要，能够更好地帮助他们。

三、自闭症儿童应该如何训练？

我们把自闭症大体上分为两大类。一类是真自闭症，一类是后天环境造成的假性自闭症。

先说假性自闭症，孩子大脑生理与遗传基因先天没有自闭症的缺陷，而是由于出生之后的某一些应激事件产生了一些类自闭的现象。比如说社交困难障碍、语言技能有限，甚至会影响孩子在学校与老师和同学交往，从而导致进一步被社会边缘化。

这类孩子使用精神分析是比较适合的。但即使使用精神分析也不是如常人一般更多地使用谈话疗法。对他们适合的是使用精神分析的原理，但技术手段更多地使用游戏疗法。这类精神分析治疗需要日久见人心，陪伴的时间越长效果越好。如果心理咨询师的水平高，能够敏锐地发现治疗的节点，就能够更有效地推动孩子的社会化发展。这主要考验心理咨询师是否具有与儿童建立信任的能力。

第二大类是真自闭症。这类孩子一定有一部分先天的基因或者大脑生理发育方面的原因，对他们使用精神分析的疗法意义不大。他们更需要的训练方法如下：

第一，建立信任。这种信任有一部分是通过心理咨询师与孩子的身体触碰，而非语言产生的。还有一部分信任是通过与孩子达到某种程度上的注意力重叠而产生的。也就是说孩子能够注意到你，从而产生注意力的跟随现象。

第二，小明在对自闭症儿童的训练过程中研发出了一套比较有效的方法。这种方法小明把它叫作镜像训练。镜像的意思简单来说就是像镜子一般，模仿映照出对方的一切。镜像包括身体的镜像，语言的镜像，表情的镜像，行为的镜像，注意力的重叠镜像。其中语言的镜像并不是指语法逻辑规则的模仿学习，而指的是声音的镜像。比如说声音节奏、声音特征的模仿重复，目的是使自闭症儿童与心理咨询师在注意力上重叠，或者是自闭症儿童产生对心理咨询师的注意力跟随。镜像分两个方向。一种是孩子朝向心理咨询师的镜像，另外一种是心理咨询师朝向孩子的镜像。最初的训练一定是心理咨询师对自闭症儿童的镜像，通过镜像行为吸引自闭症儿童的注意力。镜像的目的是为了产生注意力的重叠和跟随，继而产生模仿行为。由模仿行为产生对社交技能的训练，慢慢地帮助自闭症孩子具备一定的社会化能力。最终矫正和改善他们的生活。

镜像训练不一定非要依靠心理咨询师来进行，也可以通过家长来进行。需要家长有相关的理论基础，最好受过一定的镜像训练。这样就能更好地把握每一个镜像的关键操作点。这个方法最主要在于操作的精确性。如果操作不够精确，孩子就不会产生注意力的跟随。

第十九节　复读生心理陪伴

高三的复读生家长如何陪伴孩子度过这段时间，如何做好心理工作？

一、三个阶段

首先要清楚的问题是，你的答案是什么？你怎么看待这个问题？为什么我要问你这个问题呢？

因为这个问题本不该问别人，而应该问家长自己和孩子。

这个问题应该从两方面回答。

第一步，问自己“在复读高三的这段时间，我想做什么？”

第二步，要问自己的孩子，复读这一年的时间里，他是怎么想的，他真正需要的是什么？

作为父母，没有去询问他的想法，没有了解他的思考过程，没有了解他的情绪和心理状态，没有遵循他的意见，只是臆测，给出一些答案，本身就是不尊重主体的。

因为主体实际上是孩子自己。

所以在和孩子不断成长的过程中，家长要慢慢从一个指导性的角色，转换成一个朋友式的角色。

在父母和孩子的工作中，大概分为三个阶段。

第一个阶段，以父母为主导的，告诉孩子该做什么——一种家长式的论点。

第二个阶段，家长询问孩子在这个角度，他作为主体资格时，发出他的声音，表达他的观点、他的感受。

第三个阶段，家长和孩子能够有机会坐在一起互相探讨关于某件事双方的感受，并且在探讨双方感受的过程中建构出一种从来没有过的思考，建构出一种超越双方共同思维限制的一种东西。

这个过程，本身对孩子来说就是最有意义的。

失败创造了什么？失败创造了一种从来没有经历过的可能。

家长的三个身份的转化对孩子来说其实就是一次成长的机会。

孩子能够慢慢从一个被动的学习者的角度开始学会作为一个主体资格去思考，然后再学会做一个建构的参与者来建构出答案，这个对学习本身就是很有价值的。

就像在学习过程中，很多学生总是用学生的角度来思考怎样应付考试。这种角度如果不转换，永远都会有一个思维的死角，思维的限制。

所以我们应该让学生从学生的角度，慢慢变成老师的角度，最终能够变成学生老师共同建构出一种观点的角度。

这同样代表着孩子思维方式的拓展，这种思维方式的拓展肯定对他学习有好处。

最重要的就是失败创造了一种可能。意思就是如果没有体验一次像高考失败这样的事情，他就不会明白高考失败对他而言意味着什么，或者高考复读对他而言意味着什么。

所以重要的不在于体验了一次别人没有体验的东西，重要的是从这个体验中，获得了一些别人无法获得的经验，这才是价值。

这些思考的角度都是家长和孩子可以共同探讨的。

家长从父母的身份慢慢变成和孩子朋友一样的身份来推心置腹地谈一谈，这本身代表着孩子的人格在成长。他可能需要更多地为自己的未来考虑，更多地用自己主体性的资格来考虑自己和这件事情的关系。

这个本身能创造出孩子自发性的关于学习和思考的一种状态。

这种自发性的学习状态本身是很减压的。

就像当你被别人命令工作时，会感觉很难受。但你自己愿意去做一件事情时，压力会减少很多。哪怕做的是同样一件事情。区别就在这里，原因就在这里。

一个孩子能够用一种主体性的资格，而不是被家长所要求的一种孩子的身份，他和家长能够以朋友的身份来谈论某件事情，他自己思考这件事情对自己的人生带来的影响。这个时候他学习的动机和学习的动力就转变了，学习动机和动力的转变常常被认为是一个人学习状态、学习能力飞跃的一个必要阶段。

在这个过程中，家长要切记不要太多地告诉孩子要做什么。

可以设想一下，一个高三的学生，以他的大脑的发育成熟度和他对自己学习状态思考的深度而言，都不是家长能够达到的。家长不可能比孩子更明白学习过程中他应该做些什么。最主要的是有时候我们觉得这个孩子没有思考这个问题。其实不是的，因为你没有给他一个主体性的资格去思考这个问题，他是被动的。人们在被动时不会太多地去考虑与自己相关的问题。

所以当家长把这个权利交给孩子，特别是像高三复读这件事情，家长可以这样说几句话："你已经超过18岁了，不管你是复读还是上大学，对我们而言你都已经是一个成年人了。站在一个成年人的角度，你度过高三复读这一年，其实和你在大学里面读一年级在我看来是没有区别的。因为这都意味着，你要学会一些东西，站在一些新的人生角度去看问题。这代表着你将用一种更加成熟，更加成年人的方式去处理一些事情。所以我们将会削弱我们作为父母的角色。然后我想问你，你需要我们在这一年里为你做什么？我们会配合你，我们会给你更多的属于你自己的权利去决定你想要怎么度过这一年。"

二、重新定义

让孩子从成人的成熟的角度去思考问题，而不是被动思考我是个复读生。

当我们去思考这个词语时，就会产生一种语言切割的现象。语言切割出了不同的世界，特别是"复读生"这三个字，就等于是一个定义和一个命名。

试想一下，如果一个人给自己命名：我是一个高三的复读生，那么，意味着他将用"高三复读生"的思想来看待这一切。

如果带着这种感受去看待这一切，会得到什么结果呢？大概他会用高三复读生的心态来看待这一切。这必然会给自己带来一些不利于心态调整的影响，可能带来更大的压力，会觉得我是复读生，所以我没有退路，必须要怎么样；我是复读生，我和其他人不一样；我是复读生，我和那些考上大学的同班同学不一样，等等。类似的观念都来源于他给自己下的一个定义。

所以，家长如果有能力可以尝试和孩子探讨一下“复读生”这个词，和孩子探讨，他怎么看待“复读生”这个词，怎么能够摆脱“复读生”这个词对孩子的影响，怎么给自己一个新的定义。

比较好的一个定义是：我已经度过十八岁，跟很多高中生是一样的、完整的。高中生活了三年，虽然现在对于我来说是第四年，但是，这第四年它不同于过去的生活，因为，我是一个成年人，在做一件成年人要做的事情。

当用一种新的视角，新的命名来给自己这一年做新定义时，会发现，一旦语言定义变了，心态就会变化，眼中看到的世界也会不一样。当然并不是非要让孩子这样定义，也可以自己去定义，和家长一起探讨得出一个定义。

关于高三复读这件事情，本身应做的就是重新去定义和解释自己的身份，重新定义解释高三复读这一年的生活，重新定义、重新解读这一年生活之后，再让他在纸上写出：这一年，我想要怎样度过呢？

当他能够成熟地思考“我如何度过”时，也许这种思维方式对他考试写作文都是有好处的，因为他的视角变了。

因此，有很多工作家长可以做，做的前提是先改变孩子对自己命运的定义和心态。

家长自己也要改变，从改变“复读生”的定义、命名入手。这个定义、命名改变之后，再重新去解读“我这一年复读生生活怎么过”，在解读完之后，写下感想及计划。当这些事情做完之后，另外一些事情就可以做了。

很多家长想做的事情在心里面是有答案的：我想怎么样更好地陪孩子减压，或者找一些有经验的其他人帮助他等等，这些事情都可以做，做的前提是先改变心态。

当改变了心态之后，高三学生用一种成年人的视角，来看待自己，看待自己高三复读生活，这时候家长再和孩子讨论："我知道某一些有权威、有更好学习技巧的人，他们有关于复习方面的资料，我提供给你，你需不需要？"当家长再说这些话时，孩子就不会厌烦了。孩子会觉得我是个成年人，当我需要帮助时，我很乐意得到其他人给我提供的帮助。但当我是一个被动角色时，感到沮丧、失败、心灰意冷时，别人给我帮助时我会理解为，别人对我在某种程度上造成了一些小小的伤害。

有时候家长在这里给予过多的帮助还会让孩子觉得"你对我没有信心"，"你对我不够信任"等想法，然后孩子会产生逆反心理，会把帮助的人推开。

你是在帮助一个独立思考的成年人，还是在帮助一个你认为是个复读生的孩子。两种视角的改变，才是决定家长的帮助是否有效和有价值的关键因素。

三、意义启发

家长还可以在过程中和孩子探讨：如果你没有太多需要我们帮助的，我和你的爸爸（或你的妈妈）这一年想做什么。你可以告诉孩子你们的一些打算，比如，打算出去旅游、单位上做什么事情，或者家长自己想做些什么事情，或家庭的计划等等。

告诉孩子这些计划的目的是让他明白：这些事情是我们一直都想做的，跟你是不是复读生是没有关系的，这是我们家庭的一个计划，免得孩子有时候会因为你的一些做法，产生新的解释。他可能会把有些事情认为是一种压力。比如，爸爸妈妈本来打算旅游，结果不去了，这时候他可能就觉得有压力，觉得焦虑。

当家长把家庭的计划告诉孩子时，代表着给孩子一种不同的能够理解家庭和他关系的视角，让他明白他现在是个成年人了，家长也有自己的生活。

同时家长要告诉他的是：我们不是抛弃你、放下你，而是我们会在你需要帮助时出现，在你不需要帮助时，我们会过我们自己的生活，这样反而让孩子感到轻松愉快。

最后需要做的就是，能够启发孩子去思考这件事情对他意味着什么，这会变为一笔财富。

人生中很难根据眼前做的事情来评估一个人最终是成功还是失败。一个人在一生中唯一能做的事情就是根据眼前发生的某件事情去思考：它对我们意味着什么？

能不能把这件事情转化成一种对我们来说能够产生积极思考、积极效果、积极结果的事情，这是我们能做的。因为谁都不能评估现在发生的某一件事情对未来是积极还是消极的影响，唯一能做的就是在现在怎么把它转化为一种有益的价值，这些都是需要个体重新解释的。

第二十节　陪读的家长

一、小学陪读

1—6年级怎样“陪读”？

陪读是必要的，但也可能陪出一个失败的结果。

不过小学不抓紧，初中不一定徒伤悲。

小学、初中、高中父母陪伴的作用是完全不同的。

下面小明给大家一一展开讲。

为什么要陪读？不陪读行吗？

就目前中国的教育现状而言，小明还是建议陪读的。

原因很简单，我们的受教育人数和老师完全不成比例。西方在小学初中高中阶段的教育，更像是一种精英式的小班教育。中国是大杂烩一锅炖。在这个过程中，有少部分孩子会形成自己的最符合大脑神经认知特点的学习方法，最终培养出自学能力。但大多数孩子在大班教育背景下，都无法真正形成自我教育、自我学习的能力和恰当的学习技能。这种能力在心理学里面叫作元认知[①]能力。

小学阶段如何陪读？

小学阶段孩子的注意力品质不一，男孩和女孩也不一样。

一般而言，女孩儿的持续注意和自律能力都较男孩强。对于注意力品质不好的孩子，父母只需在旁边辅导学习，帮助其维持注意力。

对于注意力不好的孩子，需要进行注意力品质的训练。比如，先测验一下

① 又称反省认知、监控认知、超认知、反审认知等，是指人对自己的认知过程的认知。学习者可以通过元认知来了解、检验、评估和调整自己的认知活动。

孩子的正常注意力维持时间，如果孩子可以维持五分钟，那么家长就每五分钟和孩子一起做一个一分钟的小互动游戏。像拍拍手、闭眼睛、摸耳朵，手指头依次摸鼻尖等等类似的注意力神经训练，通过这种方法持续地提高孩子的注意力维持时间。

这个阶段最糟糕的陪读方法就是负面情绪培育法。

动不动就向孩子发火、责骂，甚至辱骂孩子。不仅让孩子对学习产生了负面的情绪认知，大人在陪读过程中也会持续获得负面的情绪体验。

所以重点要维持孩子对学习的兴趣，启发孩子的思考力。

这个阶段的学习重点并不是记忆任务。背诵类的东西不要太多，可以少而精。

特别注意训练孩子的逻辑能力。中国的教育目前尚未开展逻辑课，西方一般从小学阶段就开始对孩子进行逻辑教育了，所以需要父母自学一些逻辑课程，尝试给孩子做基本的逻辑思维能力教育。比如，做总结的能力，下定义的能力。

这个阶段还需要培育孩子的观察力。观察是一切思维的前提，特别是对细节的观察能力。

总结一点，这个阶段学习的主要方法是学中玩，玩中学。

二、初中陪读

初中阶段对孩子的大脑认知是一个考验。

部分孩子，由于大脑发育不够成熟，不能够完全达到学校教育的要求。比如，空间思维能力，空间计算能力，想象能力等等。这时的孩子无法理解一些符号计算，特别是抽象的符号运算是需要空间想象的，比如物理学学习等。

所以这个阶段，父母陪读时要多借助教学工具，帮助孩子完成从具象思维到抽象思维的转化。

由于中国的教育采用的是苏联教育心理学家维果斯基的最近发展区理论。因此，教育考核的要求往往略高于孩子的大脑智商发育水准。对于部分大脑发育晚于同龄孩子的学生，还有一些上学较早的孩子，如果实在跟不上教育的要求，父母也可以考虑让孩子留级一两年，再进入初中学习。当孩子大脑发育成熟之后学习这些东西就会非常轻松。

初中阶段，陪读孩子最重要的就是教会孩子各种学习技巧，同时包括逻辑学课程的进阶训练。

让孩子学会辨识常见的逻辑思维错误，语言逻辑错误。

帮助孩子找到适合自己的最佳记忆诀窍，摸索出适合自己的快速学习方法，快速阅读方法，解题技巧等。

三、高中陪读

高中阶段父母陪读主要的目的是陪玩。

高中阶段，一般每个孩子都已经有了自己的减压方法。比如，陪同学聊天或者上网打游戏。如果父母能够陪伴孩子进行一些户外活动，减少打游戏时间，甚至在户外游玩的过程中插入学习，就能使得孩子的生活不会是两个极端的放纵：在学校拼命死读书，回到家里要求玩游戏放松。

高中阶段父母需要陪出孩子健康的学习方式，健康的减压方式以及健康的心理调适方式，情绪管理方法等。

所以高中阶段陪读的主要任务是心理陪读。

帮助孩子进行性格培育、心理调适、情绪和压力管理的训练等。

上述三个阶段其实对父母的要求是非常高的，需要父母掌握高水平的心理学和教育学知识。如果父母无法完成，也可以寻求专业人士进行专业的心理陪读。

四、陪读值不值?

父母放下自己的事选择陪读高中三年，这么做值不值得?

问这个问题的父母，你们扪心自问一下。你们今天的成就、收入，你们的大学文凭起了多少作用？对照一下你们的那些同班同学。一本二本三本在你们的人生中起了多大作用？而且这一切还是20年前的中国和世界对文凭的稀缺性的需要。十年后你们的孩子将面临一个什么样的世界？

不过话说回来。家长的确需要给孩子传承一些东西，这些东西一定是要面向未来20年之后的时代。具体说如下：

在《白鹿原》这部小说里，白家和鹿家是两个地主家庭。

鹿家在早年破败之后。有一个人称鹿勺勺的人，出去打工，学习厨艺。为了能够让师傅传授给自己手艺，不惜出卖自己的身体，来交换别人和自己的师徒之名份。之后历经屈辱，忍耐坚持终于学成。最终通过厨艺积累了人生的第一桶金。回到白鹿原上置地成家立业，他回馈了曾经帮助过他的人，但是对于没有帮过他的人，他并不给予施舍。鹿家将这个故事一代代传给自己的子孙的目的是，让子孙从这个家族传记中，继承一种文化。并让这种文化渗入子子孙孙应对生活的策略中。他们的家族文化精神如果浓缩一下，可以总结为以下这句话：不惜代价，不计屈辱，不择手段，计较人情世故，达成目标。

白家在历史上也传承了一个故事。白家也曾在历史中有过破败之景。当时有一位白家后人用一个只能进不能出的钱匣子存钱，一分一厘地存储，最终靠存下的钱购买了一亩二分地。令白鹿原上的人刮目相看。他再用勤俭持家的方法不断地积蓄，最终也创下了家族的财富。对于族人，不论是否曾经帮过他，都给予回馈。如果要把白家的家族传记浓缩成一句话，那就是，否极泰来，勤俭持家，吃尽苦中苦，方为人上人。

那么现在回到我们的主题。我们教育孩子的目标是什么？家长用三年时间陪读的目的是什么？这种行为本身想传承给孩子一个什么样的心理含义呢？

如果浓缩成一句话，这种行为背后的心理含义应该就是读书最重要，上一代人要为下一个人牺牲。除此之外还有什么可以传承的心理学含义吗？那么这就是你想给孩子传承的东西吗？

我们每一个人培养孩子的目标，本质上是为了让孩子具有一种独立生存、应付外在世界和应付未来世界的能力。每个家族都希望自己的子孙代代人才辈出，那么这里面教育培养的核心其实就是独立的能力。

陪读孩子的背后恰恰与独立的能力相反。一个人要应付未来的世界，需要的是独立的自控能力，独立的思维能力，独立的行为能力，独立的觉察能力。

如果你牺牲自己的三年时间去陪读孩子，完成一个这样的心理学含义。倒不如回去整理整理自己的家谱，自己家族的传记故事，寻找其中你最想传递给孩子的那一部分家族传记。然后把它传承给孩子，这才是家族最宝贵的财富。

最后给大家建议一下，大家回去看看世界十大家族传承的家族文化和祖训。这些家族的传记才是保证这些世界最庞大的家族久盛不衰的最主要原因。

第二十一节　小学生喜欢异性同学怎么引导?

我们试着把这个问题换成其他问题，再来看看你对这个问题的反应，就会明白真谛。

第一个问题：小学生喜欢同性同学怎么办?

第二个问题：小学生不喜欢同学怎么办?

第三个问题：小学生不喜欢自己怎么办?

看透了这三个问题，你就会明白你问的这个问题如果是真的，那该是多么幸福啊。

别说引导了，你就天天烧高香，没事偷着乐吧，你还可以逢人便说，你知道吗?我的孩子喜欢异性同学了。

小明做了十多年的临床心理咨询，在小学阶段，父母们会担心孩子喜欢异性同学。

到了中学阶段，父母天天焦虑，孩子会不会早恋。

到了孩子二十八九岁的时候，这一次他们问小明的问题是，我的孩子不喜欢和异性交往怎么办?我的孩子喜欢和同性交往怎么办?我的孩子不想结婚怎么办?我的孩子不喜欢与人交往怎么办?我的孩子不喜欢自己怎么办?

到了这个时候，你才会发现人性的本质，那就是我们的天性本该喜欢一个异性。如果把孩子的天性引导成了非天性的样子，那你的孩子就离变态不远了。

因此，这个问题本身其实根本就不是问题。真正的问题在于父母们为何如此焦虑?他们的焦虑来源到底是什么?他们的焦虑如何影响了孩子的健康成长?

所以孩子喜欢异性同学，就变成了一件极好的事情。同时借这个问题，小明想提醒各位父母，在孩子成长过程中，父母应该帮助孩子在以下三个方面形成健康的性格品质。

一、乐群性

乐群性①是心理学里面用来形容一个人社会化能力的最重要的指标。

在许多心理健康的问卷里都有乐群性这个因子。乐群性，包括一个孩子喜欢与他人交往，具有很强的人际互动能力，能够很好地适应未来的社群生活。

所以我们要鼓励孩子更多地与小伙伴一起交往和游戏。甚至对于乐群性不高的孩子，还要创造更多的与同龄人交往的社交空间。让每个孩子都从小适应团队群体。

二、性别认同

一个孩子认同自己的性别，最开始是通过对异性父母的喜欢来实现的。

进入幼儿园和学校之后，孩子的性别认同②是通过与异性同学的游戏慢慢强化和巩固的。

因此，如果你的孩子喜欢异性同学，这恰恰能够帮助他形成对自己正确的性别认同。

如果一个孩子在十岁之前未形成正确的性别认同，那么父母就要利用青春期的最佳时机，协助孩子通过喜欢异性同学来形成性别认同。

三、自尊

一个人的自尊往往是通过对自我的认同来实现的。

我们既要喜欢他人，还要喜欢自己。有的时候与他人有一个良好的关系，更能够帮助我们增强对自我的认同。这就如同你获得了别人的喜爱，或者你对别人的喜爱获得了积极的回应，这些都能够增强一个人的自尊和对自我的认同。

自尊水平在心理学临床上和一系列的心理疾病中都有着负相关的关系。所以形成良好的自尊，也要通过在人际互动中不断得到确认。

---

① 乐群性是指一个人喜欢和群体在一起生活和工作的个性特征，乐群性的反面是孤独的个性。

② 是对自身性别的正确认识，即掌握自己的性属性或相应的作用。

那么孩子喜欢异性同学需要引导吗?

父母在得知孩子喜欢异性同学时，可以用积极肯定的态度与孩子进行讨论，尽量少地给予孩子大人的观点，尽量多地听孩子自己如何描述和表达自己的感受。

而对于父母所担心的那些问题，无论是学校的管理，还是孩子接受到的社会规则，都已经足够帮助孩子与异性同学产生积极健康的好感和关系了。

而到了青春期的时候，学校教育以及家庭教育，可以增加关于性心理健康、性道德、性责任等相关的知识。可以对孩子明确要求，未成年之前不可以发生性关系。

成年之后的性关系要注意对自我健康的保护和对他人的责任。当孩子有了性困惑的时候，如果父母和学校无法给予恰当的辅导，也可以寻求心理学专业人士进行帮助。

最后提醒家长的是，在教育孩子的过程中，不要把健康的引导成了变态的。

第二十二节　孩子早恋家长应该怎么办?

首先，我们先来看看西方人是怎么处理这个问题的。

西方人会鼓励孩子多和异性交往，如果到了初中、高中，孩子没有一个异性好伙伴，家长都会觉得不太正常。

当然，这是和西方的文化相统一的，我们不可以完全照搬西方的方法。因为这种方法也带来了后续的问题，比如更多的孩子会在很早的时候尝试性行为，导致堕胎这种现象频繁出现。

有时候不恰当的处理方式会把孩子推得更远，甚至会促使孩子更早地去尝试性行为。处理这个问题，我们必须要考虑中国当前背景，这其实是和孩子的自主性、自律性、成熟度相关联的。

换句话来说，如果在孩子小时候没有充分培养他的自主性，等到了青春期，又突然套用西方鼓励的方式去教育，那么孩子会因为自我认识不足，自我管理不强，在面对早恋的问题时，无法掌握尺度，会带来一些严重的后果。

因此在处理这类问题之前，首先评估你的孩子在自主意识、自我保护意识这些方面的认识到了什么样的程度了，也就是思想的成熟度。之后再决定当遇到这种问题，是否应该过多地和孩子进行讨论，是要过多管理，还是要减少这方面的管理，给孩子自主的选择空间。

对于这个问题，没有一刀切的应对方式，因为不同的孩子成熟度不一样，所以选择的应对方法也不一样，具体要怎么做，小明给大家提供三个建议。

一、保持沟通渠道畅通

早恋是孩子不容易说出来的问题，也很难和父母讨论，因此在这件事上，要始终和孩子保持畅通的沟通渠道。

只有这样，家长才能深入了解到底发生了什么事情，如果父母只是指责，一旦和孩子沟通的渠道关闭，也就失去有效影响孩子的途径了。

至少父母双方有一个人能够做到和孩子敞开讨论这个问题。

在敞开讨论的过程中，做到不轻易对孩子说出自己的观点评价，仅仅做到听就够了，能听至少还代表着沟通的渠道是畅通的。

二、形成自己的看法

可以尝试和孩子展开关于这个问题的研究，父母协助孩子研究在这个年龄段外国的孩子谈恋爱的现象有多少，他们的学校是怎么处理的，对比下中国又是怎样的情况，最好能够研究出一篇论文。

在这个过程中，父母只起协助查找资料作用，最重要的是让孩子慢慢形成自己对这个问题的看法。

这点非常重要，其实很多早恋问题，只是模仿现象。

很多孩子在学校观察到同桌、其他朋友早恋，就很容易模仿这种行为。不信可以看看，在大学里面，女生宿舍只要有一个女生或者男生宿舍只要有一个男生谈恋爱，其他的就跟着谈恋爱了。

所以有时候无论父母怎样对孩子进行这方面的引导教育，都不如孩子身边的朋友对他产生的影响大。

从这个角度而言，当我们意识到自己很难把意见强加给孩子的时候，倒不如让孩子通过完整的知识了解，形成对早恋行为正确的看法。那么早恋可能就是让孩子开始了解人和人之间的亲密关系是怎么展开的很好的机会。

三、了解情感背后的原理

家长可以给孩子准备一些书籍，比如关于亲密关系、恋爱关系等等类别的书籍。通过这些书籍的学习，让孩子用心理学理性的视角观察他们身上特有的、出现在青春期的一些情感背后的原理。

利用这个机会学习学习心理学，不是更好吗？

而且这些学到的知识，等到他们成年后，进入到自己的亲密关系时，就有更好的应对的方式策略，因为你在他青春期时就为成年的亲密关系打下了基础。

小明相信，以上三点家长都去展开的话，这个问题可以处理得很有效很有价值。

在这个阶段，父母千万不要把任何问题看作是危机，不能做简单的处理，应该把问题作为孩子成长的一次机遇。

第二十三节　孩子自律性差怎么管?

关于自律性，首先要了解三个心理学的专业观点:

第一，孩子现在的自律性差，不代表未来他的自律性差。

第二，孩子现在的自律性好，不代表未来他的自律性好。

第三，多数孩子和成年人都有自律性好的某个方面，只有极少数人会形成两个极端。那就是对任何事情都缺乏自律性，和对任何事情都有很强的自律性。

明白了上述几点之后，我们就知道该如何培养孩子的自律性。

一、自律和刻板性格

首先，父母们要分清楚自律性和刻板性格的区别。

我们一般培养孩子的自立性，更多的是使用行为主义心理学的原理。

行为主义对孩子的训练的主要方法是正强化和负强化。家长在训练孩子的时候要注意不可过度惩罚，也不可一个巴掌给颗糖，那样会训练出孩子躁狂和抑郁极端两极化和双向性格。

心理学家对狗做过这样的实验:电击狗的同时给狗喂牛肉，最后的结果是狗成了疯癫的状态，实验结束之后一部分狗永远都无法恢复正常。

二、从喜欢的事情入手

培育孩子的自律性首先要从他喜欢的事情入手。

对于喜欢的事情，孩子愿意去做，并且一般会享受其中，不会觉得是一种折磨。所以培养孩子的自律性，首先要从孩子喜欢的事情入手。父母不要选一些自己觉得对的、应该做的事情，比如看书、写作业、背单词等等。这些事情看起来都是正确的、应该做的事情，但是孩子不一定会喜欢。一开始就选择孩子不喜欢的事情让他们去做，很可能会让孩子厌恶，往往适得其反。

家长可以这样做：给孩子设置三件他都喜欢的事情，每件事做半个小时之后，要求换做下一件事情。这叫作阶梯性转移训练自己的自律性。

三、角色互换法

比如，跟孩子签订一个心理契约[①]。要求孩子帮你戒烟，或者帮你完成对自己某个习惯的改变训练。

孩子在训练的过程中就会慢慢形成对自律性的自我意识和新的理解，然后再转移成孩子对自己的要求就更容易了。

除此之外，家长们也可以去主动地发掘孩子不需要训练就自带自律性的领域。然后去放大孩子这个优势面，孩子最终也能够完成自律性的迁移。

---

① 存在于组织和成员之间的一系列无形、内隐、不能书面化的期望，是在组织中各层级间、各成员间任何时候都广泛存在的没有正式书面规定的心理期望。这里可以理解为孩子和大人之间的一种约定。

第二十四节　孩子情绪失控怎么办?

回答这个问题之前，首先说明一点，在父母的眼里，子女无论多大，都是孩子。

所以我们首先需要搞清楚你说的是多大年龄的孩子，不同年龄阶段这个问题的答案完全不同。

我们把孩子大体上分为入托前的孩子，青春期前期的孩子，青春期的孩子三个阶段。

一、入托前的孩子

三岁之前的孩子语言功能发育不全。

总体来说，非语言的表达多于语言表达。所以不管是何种原因，当他们情绪失控时，我们有三种应对方式可以选择。

第一，用非语言的方式给予安抚。

孩子的语言功能还未发展到充分的社交水平时，他们希望父母能有更多的非语言沟通，他们希望父母能够懂得他们的情绪，他们也希望父母能够翻译出他们的情绪。

所以父母可以多给予孩子肢体的安慰，比如拥抱、轻拍、安抚等。

第二，用语言去确认孩子的情绪。

比如可以说：宝宝是肚子疼吗？宝宝想妈妈了吗？宝宝需要玩具吗？尝试用语言去确认孩子的情绪，同时尝试去确认孩子情绪的来源。

第三，父母特别注意协助孩子用语言表达出自己的情绪。

比如可以一边安抚一边让孩子说：告诉妈妈，你怎么啦？目的是为了帮助孩子通过语言来表达自己的各种情绪。情绪能够通过语言得到表达，情绪强度就立即会缓解，孩子的情绪失控就立即会得到缓解。

二、青春期前期

十岁左右的孩子处于青春期前期这个阶段。

这阶段的孩子语言功能十分发达。

他们可以用语言进行各种各样的沟通。这时候也是性格形成的关键时期。所以当这个年龄阶段的孩子情绪失控时，父母需要额外的关注和引导。

如果不加以正确的应对和引导，很可能会培育出性格偏执、情绪功能不良的孩子。

有以下几种方法：

第一，培育孩子的艺术功能。

艺术的功能就是情绪管理功能。但是现在很多父母让孩子学艺术仅仅是为了考级，方向和本质就错了。在日本、我国台湾和西方的小学教育大纲中，明确要求，孩子应该能够通过学习艺术的过程掌握用艺术表达情绪的能力。

第二，父母应该尽量让孩子和同龄人在一起。

孩子和同龄人在一起的时候，他们自然就会发展出各种情绪功能和情商。

孩子和孩子在一起会互相模仿学习，掌握各种情绪自我控制和管理的能力。

如果父母遇到自己的孩子在这个年龄阶段情绪功能不良，可以尝试创造更多的孩子与其他孩子在一起的时间。让孩子在互相的沟通中自然解决情绪功能障碍。

第三，父母学会与孩子正确的沟通方式。

孩子情绪失控，情况和原因复杂，有多种可能。有些是无特殊原因的情绪功能障碍；有些是因特殊事件引起；有些是因为父母应对方式错误。

所以父母应对方式应该根据不同情况来选择。有的时候可以通过冷处理，有的时候父母需要成为孩子的情绪管理榜样。如果夫妻之间经常吵架，或者夫妻自身情绪控制不了，经常情绪失控、发火，那么孩子必然也会习得这一切。

还有的时候需要父母在与孩子沟通时提供多种选择，让孩子有选择，而不是总是刁难孩子。

父母总是让孩子处于两难选择和两难困境。在这种情况下，孩子没有更好的选择，只能用情绪去表达失望和愤怒，这样他们慢慢就成为了一个容易情绪失控的孩子。

三、青春期的孩子

每个孩子青春期持续的时间都不同。中期的跨度大约从十一二岁开始，一直持续到十七八岁都有可能。

青春期阶段，孩子的内分泌系统①容易失调，这个阶段荷尔蒙激素水平和压力激素水平高，情绪失控是一种常态。

不过这个阶段父母特别需要分清楚青春型精神分裂症②早发期的特点。如果发现孩子经常没有缘由地情绪失控，就需要提早看医生。

如果在青春期前期，父母做得恰当，已经打好了性格基础。比如，孩子已经学会了用艺术来表达自己的情绪，孩子有非常好的小伙伴圈子，孩子和父母之间的沟通无障碍。那么个别时候的情绪失控，父母可以不用太在意，不用过于焦虑。随着青春期的结束，孩子自然就会正常。

但是对于有些情绪失控的孩子，父母可以尝试寻求专业的心理咨询师，帮助孩子提高自我情绪的觉察和情绪管理的技能。

总的来说，从三个阶段来看，越是早期基础打得好，后面的情绪失控就会越容易解决。

---

① 内分泌系统是一种整合性的调节机制，通过分泌特殊的化学物质来实现对有机体的控制与调节。内分泌系统（The endocrine system）由内分泌腺和分布于其他器官的内分泌细胞组成。

② 青春型精神分裂症多发于青春期，发病可急可缓。发病年龄较早的，起病一般比较缓慢。发青春型精神分裂症病急骤的，病程发展则较快，短期内即可达到严重的程度。发病后，患者逐渐表现得孤僻、情绪不稳，随着病情的发展，可出现许多心理或精神障碍。

第二十五节　孩子在学校被欺负了

一、避免贴标签

多数人总是解决不好这个问题，小明觉得大家在解决这个问题的时候夹杂了过多的情绪。

当你带有负面情绪的时候，就没有理性，怎么可能解决问题呢？关键是这种消极情感还会给孩子不好的暗示。

先跳出这个问题，小明给大家讲讲心理咨询中的基本原则。比如，我们遇到来访者诉说被人欺负的事情，在这种情况下，心理咨询师是不能用带有消极情感的方式和来访者互动的。

心理咨询师最恰当的态度应该是表示出关心和关切，同时用客观式的语言来询问来访者，最重要的是询问来访者对这件事的感受，万万不可在这个时候对来访者有贴标签式的行为。比如，当来访者还没有说“我感觉到我被伤害了”这句话时，咨询师就不可以提前自己给来访者贴标签，说“你被伤害了”。

这就是小明想告诉大家的第一点，也就是，当妈妈们在遇到这种事情发生的时候，最好的办法是表现出关切和关注，同时问问孩子他的感受，他怎么样评价这件事情，他怎么样说出对这件事情的想法。

切不可在这个过程中，给孩子贴上这样的标签，比如：“你最笨了”“你最懦弱了”“你这样最容易被别人打”之类的话。不可以给孩子贴上这样的标签，甚至还有父母对孩子说“你就是这样胆小”，类似这样的话，在父母和孩子的互动过程中都是错误的。

小明曾经看到有个家庭是这样做的，他们教育孩子去忍，为什么忍呢？因为这对父母是学佛法的。如果孩子在学校身体都受到伤害了，父母还不管，然后还对孩子进行忍让教育，那真的是对佛教的误读。

还有个更极端的例子，家长遇到这样的事情非常生气，内在的自尊心被触动了，好像自己小时候被欺负的感觉全都出来了一样。家长带着被害受害的心态去伸张正义，说是要给孩子讨回公道。

这些极端的解决方法都是错误的。

二、讨论解决办法

除了小明所说的要去关切孩子的感受以外，家长还可以做的是，和孩子讨论这个问题，问孩子他有什么更好的解决方法。如果你尝试开启孩子思考问题的解决办法，你会发现孩子能提出很多，然后再让他去尝试，尝试思考每种办法的利弊，最终这个孩子就能掌握多种处理类似问题的方法。

孩子的问题，尽量交给孩子解决。因为孩子和孩子在互动的过程中，无论是打架还是冲突，并不会对孩子的这一生带来决定性的影响。

人都会在冲突中慢慢长大，关键是要让孩子认识到遇到问题可以有多种解决途径，那么孩子就可以用学习到的思维方式和应对策略，去处理长大将遇到的各种各样的人和人之间复杂的交往问题了。

第二十六节　孩子爱顶嘴怎么破?

孩子爱顶嘴，家长说一句，他顶十句，这样的情况该怎么办呢?

作为心理学家，小明看到这个问题想到的是什么呢?

小明觉得这是个正常的孩子，有能量、有活力。如果一个人，不说话、不出声，那是非常可怕的。很多变态杀手，就是这样的特征。在心理学里面，心理健康重要的标准就是这个人能够表达自己，所以我想和大家说的是以下几点:

一、顶嘴是人性使然

孩子爱顶嘴是人性使然，没有人愿意受到别人的指责、管束。

如果培养出来的孩子是愿意被别人指责的孩子，过于乖巧、顺从，你觉得你的孩子培养成功了吗?对他长大之后真的好吗?

不要想可以培养出十全十美的孩子，因为我们自己都不是十全十美的父母，也就不能保证管束孩子的每句话都是正确的。那为什么不允许孩子反驳我们说的意见呢?为什么不允许孩子顶嘴呢?

二、顶嘴的原因

孩子爱顶嘴，是由哪些因素造成的?

孩子不认同父母的观点，有很多自己的想法，不愿意去接受他人的观念，因为他们渴望自主，渴望自己决定自己的生活。

在多数情况下，这应该算是孩子的优点。

但是光帮着孩子说，不帮着家长说也不对。的确，孩子在未成年之前，有时候对于问题的想法是不成熟的，很多事情需要大人的管束。

在这种情况下，父母可以和孩子商量，让孩子认识到，父母作为他们的监护人，必须要承担的责任，要监护孩子的成长。让孩子认识到这是国家法律规定亲子教育的责任，让孩子能够理解父母做这件事的动机。

三、顶嘴的引导

当孩子顶嘴时，我们要学会正确地与孩子展开讨论。

父母可以把顶嘴转换成和孩子进行辩论，但是要求孩子在辩论的时候，不能简单地只说你不对，我不对，不要这种简单的结论性的语言。要和孩子讨论，有理有据，讲事实，摆道理，做证明。

不能只是简单地争吵，要让孩子在这个过程中学会与成年人沟通，甚至是辩论的技巧。也可以教孩子语言学、逻辑学、辩论法、诡辩术的知识。

儿童时期必须要学逻辑学，但现在教育体系缺乏了这一课，所以可以借由孩子爱顶嘴，来教会孩子逻辑学。

任何问题，都要尝试把它引向妙用的境地。

第二十七节　内向的孩子如何变活泼?

怎样让个性内向的孩子变得勇敢活泼大方?

先不要说人，先来说说动物。

小明在初中的时候曾经养过两只大狼狗，一窝产了九个，当时一个人养不了这么多狗，所以打算留一个，其他的送出去。在挑选的时候我就犯了难，到底该挑一只什么样的狗留下来呢?它们看起来都长得差不多，毛发的颜色也差不多，体型也差不多。这时候，有一个专业养狗的给我想了一个办法，方法如下:

端一盆牛奶放在这九只小狼狗的旁边（那些狼狗太小，甚至还不能吃肉，所以只能用牛奶），然后观察它们的反应。

这些小狼狗闻着味儿，一个个都挤了进去。它们用尽十八般武艺，经过一番混战，有一只小狼狗甚至翻进了牛奶盆里。我们要观察的是什么呢?我们要观察的是，哪一只小狼狗从小就显示出护食的本性。

再接下来观察它们吃奶的样子。当然也是互相拥挤争抢，同样观察哪只小狼狗最懂得护食，有更多的攻击性。

接下来在短短的一个月的时间里，你就会发现，这些小狼狗的体型开始出现差异了。那些懂得护食的小狼狗，体型一般比较大。那些在争抢食物中经常处于下风的，在性格上显示出一些保守回避特性的小狼狗，就显得有些弱不禁风。

当然，最终我留下一只，其他的被别人领养走了。相信那些性格内向、回避保守、攻击性弱、身体稍微弱不禁风的狼狗，也会得到喜爱它们的主人的悉心照顾。没有人和它们竞争了，它们自然也能吃得饱，长得壮。

那么现在开始进入正题。

前面扯了那么多养狗的故事。其实小明想和大家说的就是:

第一，所有的动物生来就有性格的不同。

第二，在长年累月的人生经验中，有部分人会逐渐地朝向另外一个性格维度发生转变。

第三，因材施教，但要注意扬长避短，弥补不足。

一、人人生来不同

无论是对婴儿的研究，还是比较动物学的研究。通过观察就会发现，婴儿出生之后，他们的性格呈现出各种差异性。

甚至有科学家研究发现，出生月份的不同都会影响性格表现。比如，2004年的一项心理学调查发现，年龄在20—45岁之间，出生于冬天这半年（10月到3月）的人性格充满好奇、厌恶单调，因此具有风险性人格的特征。他们不喜欢做平凡的、没有风险的、千篇一律的事情。

而冬天出生的人中，精神分裂症患者的比例更高，好奇心很重。秋天出生的人容易过敏，但是更长寿。夏天出生的孩子更快乐。不论是因为先天基因的原因，还是出生环境，胎儿期母亲激素水平等的影响，婴儿出生之后性格就已经有差异了。

因此，我们首先必须尊重孩子先天性格的不同，尊重其与生俱来的气质[①]类型。

不要在婴幼儿时期过度强迫孩子做与其性格相反的事情，这样不但不能达到效果，反而事与愿违。

有些孩子天生乐群性不高，如果父母强行将他推入群体生活中，他反而会显出更多的防御和回避，性格因此而变得更加退缩与内向。

二、积累成功经验

对于任何生物而言，生命的本质都是一个竞争的过程。

人类文明的很多表象有时候会掩盖这一切，让大家觉得似乎众生平等。但

---

① 表现在心理活动的强度、速度、灵活性与指向性等方面的一种稳定的心理特征。

是人类社会和自然社会相比，野蛮性对生命的直接威胁似乎要文明了许多，但竞争的本质不会改变。

因此每个人的性格都会随着生命中的各种经验而产生变化。

在生活中、人群中竞争成功，持续的成功经验，会促使一个人的性格更加开放。更加有勇气尝试更多的事情，有勇气公开讲话与人商讨，即使自身本来是内向的性格都可能变得外向。

而另外一些孩子也许会因为持续的负面生活经验，不断地受到别人的错误评价、打击、排挤和批评。这些失败的生活事件最终会促使其变得更加保守退缩。即使先天是外向的性格，也有可能由于一系列的打击而变得自我价值感低，习得性无助。

因此，注重孩子成功经验的积累，是改变其性格的最佳方法。

三、因材施教，扬长避短

先天内向性格的人总是避免在群体中公开讨论，不太合群。他们擅长独自思考，独立活动。同时他们安全感不足，总是坐在随时准备撤退的外围。与外向型性格的先开枪再瞄准不同，他们更习惯于三思而后行。一般而言，他们是场独立型人，不太容易受到外界环境的影响。由于他们更多的思考，更多的敏感，更少的行动。因此，他们擅长写作，以及其他的艺术类活动。

父母们首先应该了解孩子的性格倾向性，同时发挥其优势。

对于不太合群的孩子，不需要强行把他推到人群中，他反而会显得尴尬。可以考虑先给他寻找一到两个小伙伴，长期与其玩耍，培养其与个别人相处的能力，再慢慢地改变其性格，慢慢地培养其在个别人面前的自我绽放能力。

随着人生经验的慢慢积累，这种能力也会迁移到其他人身上。

还可以尝试网络交友。内向型的人特别容易结交笔友，进行神交，发展远距离的友谊。这样会让他们感觉更加舒适，无尴尬。现在也可以帮助孩子在网络上开设博客，开设微博等账号。用虚拟平台的方式，与网友建立联系，展现自己，积累正性的社交经验。

总的来说，在网络时代，内向型的人已经不像过去在传统时代一样，必须要面对直面人群的考验。他们可以更多地接触虚拟空间，去展现自己，发展自己的人生。

第二十八节　该不该玩电子游戏?

家长要不要禁止孩子玩电子游戏，电子游戏是不是专注力的最大杀手?

20世纪，电视机刚刚流行的时候，就有专家说看电视对孩子不好。

当时科学界进行了长期的研究。有一些成果认为看电视会诱发孩子的暴力行为，还有些成果认为看电视会引起孩子多动症。当然也有一些相反结论的研究成果出台。不过有些人认为支持这些相反研究的资金往往来自于电视机生产厂家。现在很少再有人去研究电视机对人的影响了。

而对于电子游戏的影响，其实学术界也已经讨论了20年了。基本上在前十多年的时间里面，学术界教育界都是一边倒地批评电子游戏对孩子的负面影响。近几年来，也有部分研究者通过一些来自大脑影像学的研究认为，电子游戏的确会对大脑的脑区产生持续的影响，但是这些影响有不少有益的部分。比如，训练反应能力、反应速度，甚至培育了人类大脑更多的网络联系，促进神经之间的突触联系，甚至可以提高注意力品质等等。

从上面这一系列的历史沿革，我们可以看到，这个问题其实并不是简单的电子游戏是否会对人产生不利的影响，而是科学的发展一直以来都在对人的大脑产生深度的影响。

具体说来主要有以下几个方面:

一、游戏世界的虚拟性

科学技术的发展与人们的焦虑之间是一种恶性循环的关系。无论是对孩子还是对成年人，游戏都会是一种安慰剂，用来逃避现实生活中的诸多苦难和烦恼。

游戏的设计能满足人心理上的多种需要。比如，当现实生活受挫之后，人们可以在游戏世界里面快速得到满足和补偿。在生活竞争中失利之后，人们也可以快速地在游戏中通过打怪升级获得一种等级提高的虚拟满足感。看起来这是一件好事，能够适度地缓解我们生活中所遇到的各种焦虑。

但是，它会导致另外一个恶果，那就是更多地陷入到虚拟的胜利中，而逃避现实生活所带来的一切。容易产生心理学里面所谓的社会退缩、社会回避和社会退行的现象。

因此，越来越多的孩子因为迷恋游戏而不愿意再进入学校生活。

游戏设计者给予人们在游戏中成功的各种规则，往往和现实生活规则有极大的不同。

现实生活的规则往往是真实的努力和付出。游戏世界可以通过打怪升级，可以通过购买装备，可以通过更多的循环实验，死去存盘再来的方式获得胜利。

在真实世界，人们往往没有第二次机会。

因此，多数情况下游戏世界所训练出的大脑思维方式，并不能够帮助我们更好地适应真实的生活。

电子游戏世界给予人的对世界、对他人、对资源的掌控感、操纵感，其实都是一种虚拟的，在真实世界无法获得的东西。而网络游戏则会进一步降低人们对真实世界的兴趣。

二、游戏对生理大脑的影响

最近几年，来自美国的神经心理学的研究和来自德国的一些研究都指向电子游戏会深刻地改变人的大脑生理结构。

电子设备，视频游戏，其实都已经影响了全世界新生代孩子的大脑结构。

在西方，年轻一代人更多更早地接触到电子设备和视频游戏。

比如，德国的小孩儿每天上iPad时间已经超过了睡眠时间，达到了八个小时以上。他们的大脑在额叶区域和上一代人有许多不同，他们更喜欢同时关注好几件事情，而不像上一代人专注一件事情。他们的注意力分配方式永久性地被改变了，他们注意力持续的时间和上代人也不一样。

全人类注意力的持续时间都因受到科技产品影响而大大缩短。最新的研究认为，现在人类注意力持续的时间，已经由过去的十多分钟缩短为五分钟了。

不仅如此，新一代的孩子，他们的大脑生理结构被电子设备影响之后，更引起了他们处理人际关系能力的变化。

由于他们更少地与真实的人进行直接亲密的接触，因此他们识别人们情绪和表情的能力也在下降。它们的大脑情感功能需要更长的时间才能反应出别人为什么会生气。他们与人进行亲密关系和情感联系的能力也在下降。

在心理学里面，我们把这种现象叫作移情能力下降。

在这里小明给大家介绍一种新的职业。可以预测的就是，这种职业在未来的很长时间里面会非常火。

那就是教下一代孩子如何谈恋爱，如何生活，如何与人发生情感联系等等。包括我们心理学家还可能会需要教下一代的孩子如何去抚养他们的孩子，如何与他们的孩子建立真实的情感联系，而不是整天各自拿一个平板上网玩游戏。

三、脑结构的改变

德国有一些神经心理学家研究认为，互联网一代会更加习惯孤独，而不是与人交往。

他们甚至会不习惯与真实的人结婚生子。下一代人许多都会购买橡皮娃娃，或与机器人产生人与物的情感联系。

最可怕的就是你知道这一切的改变，但却无能为力。

因为互联网的发展目前看起来似乎是人类文明选择的一个方向。互联网也是一个拐点，这个拐点将人类文明的发展方向从真实世界突然拐向了虚拟的网络世界。

这意味着未来将有越来越多的孩子被互联网所改变。而对于眼下这一代的孩子而言，那将意味着他们未来的职业更多地与网络有关。也就是说你不想让自己的孩子被网络影响都不行。因为他们未来的职业多数被迫要与网络有关系。

那么怎么办呢？关于这一点，小明认为，在孩子的幼儿阶段，我们应该尽量减少一切电子设备对孩子大脑的生理影响。

在孩子进入到初中和高中阶段之后，我们要让孩子尝试去使用网络，借助网络来查询有效的信息。但是要减少孩子用网络和电子游戏娱乐自己、安慰自己的替代性习惯。

当孩子进入大学之后，他也已经成为了自己决定自己生活的成年人。

他们将会更多地和自己的同学、同龄人一样投入到网络生活中。这点是人类发展的方向，没有人能够改变和阻止。不过，如果你的孩子在成年之前，你更多地带他们去接触真实自然的世界，让他们产生对自然世界的兴趣。那么至少在他们成年之后，会有一部分时间仍然维持着对真实世界的爱好，能够在真实世界和网络世界之间寻找到一种平衡。这种平衡不仅会影响他们的人生，影响他们的职业，甚至会给他们带来更好的创造力，继而也会影响他们未来抚养孩子的时候，与他们的孩子相处的能力和建立真实情感联系的能力。

没有人能够预测未来人类会发展到哪里。也没有人能够预测，我们现在人类发展的方向是否正确。

现在一代的父母，只能尝试给孩子多种发展的可能，尽量平衡他们在真实世界和虚拟世界，真实游戏和电子游戏之间的平衡。

这就是我们现在所能做到的一切。

第二十九节　孩子有攀比意识

一、人人都有攀比意识

首先我们要认识到一点，就是孩子有攀比、有比较是正常的，所有的孩子都会和别人去比较和判别。

当孩子的自我意识到一定程度的时候，就开始有这种攀比和比较的意识了。比如，比较幼小的孩子，他们在和其他孩子比较过程中，发现别人比自己强大（有的时候这种强大可能代表的是个子高或者在某些方面比自己强），这个时候孩子就会产生向强者的认同，他们可能会模仿对方说话的声音、动作、口气。

说明这些孩子已经具有能够分辨出自己和别人不同的这种意识了。

随着孩子再长大一些，你就会发现，有时候孩子可能会告诉家长，“我的同学 ×××，他爸妈开着 ×× 车来接他”，这代表着孩子可以进一步认识到自己和别人在各个方面的不同之处。

这种攀比心理会延伸到孩子生活中的各个角度，比如同学用的是什么样的钢笔，什么样的橡皮擦，什么样的文具盒，什么样的书包，甚至包括穿的是什么样的衣服。

人人都有攀比意识，首先我们要认识这一点。

二、攀比和自尊

有了攀比意识之后如何引导孩子呢?

第一，要认识到攀比的背后其实是自尊的来源。

我们每个人都有自己自尊、自信的来源。如果一个人的自尊、自信的来源是多维度的，是多维度构建起来的体系，那么即使有个别维度你没有别人好，也不会给你人生带来重大的烦恼，也不会给小孩带来心理上的偏差。

但是如果孩子的自尊体系是单一维度的，问题就非常多了。

第二，自尊体系要多维度。

前几天有个朋友给我打电话，说他的孩子只重视学习。

这是为什么？因为父母也只重视孩子学习。

在这样的影响下，这个孩子自信、自尊体系的来源就太单一了。

在这种单一的自信体系下，他就会跟别人比较学习成绩。虽然这有利于他提高自己的学习成绩，但是随着时间推移，假如有一天，比如说到了高中，到了大学之后，他会发现优秀的孩子越来越多，再往上走大家就不太比较成绩了。大学毕业之后，没有人再跟他比较成绩了，那个时候这个孩子的自尊、自信就会失去自己的支撑点，突然崩塌，他的心理就会异常。

你的孩子必然和其他的孩子是不同的。

有的时候的确也是客观条件的限制，比如你的孩子的客观条件也许就是不如他的同学好，人家也许就是开的豪车来接孩子，而你就是没有这样的条件。

在这种情况下并不是简单地告诉孩子说不要去和别人做比较，这样做是没有用的。

我们要做的是让孩子认识到在这个方面那个孩子比你强，他的家庭可能比我们家庭富裕，但是在另外一些方面我们的优势在哪里？让孩子自己主动去思考“我的优势在哪里？”

同时也要帮助孩子培育多维度的自信体系来源。比如学习各种各样不同的爱好，包括体育爱好还有一些艺术爱好，还可以让孩子看更多的课外书，这都可以成为孩子自信的来源。

三、攀比内容单一

攀比并不可怕，可怕的是你比的内容太单一。这才是关键。

我们要和别人从外在的比较慢慢变成内在的比较，当你能够把孩子的攀比引导到这个程度上的时候，孩子就会更加注重自己内在的修为，内在的修养、内在与其他孩子不同而不是外在的，比如说长相、身高、金钱这些类似的东西，当你能够成功地给孩子更多的引导，让孩子发现人和人之间的不同原来并不是一个维度的，而是多维度的，每个维度都可能产生差异，有的时候，你在这方面比他强，有时候那个方面人家比你强，认识到人和人之间的差异是本质，认到这一点的时候，我们可以弥补自己的欠缺，可以学习别人的长处，这样的话攀比意识就有可能是一个好的东西了。

第三十节　初中成绩退步

有的人认为这是因为孩子本身就天资不高，到了初中自然就掉队了。

有的人认为孩子到了青春期逆反心变强，故意和父母或者和老师作对，因此学习成绩下降。

还有的人认为，初中和小学的学习方法不一样，思维方式不一样，教育的内容有很大的差异。初中孩子需要开始慢慢地建立一定的空间思维能力，空间计算、空间想象的能力。靠死记硬背，无法应对初中的学习。

还有的人认为。孩子从小学升到了初中，同学变了，学校有时候也变了，老师、班主任也变了。孩子会产生短时间的不适应，因此造成学习成绩下降。

下面小明教大家一种遇到此类问题思考解决问题的思维模式。以后大家再遇到这几个问题，就知道怎么样去思考如何得到有价值的答案了。

很多父母在教育自己的孩子的时候，他们与孩子在感受上是隔离的。他们往往从外面看，从高处看，从大人的视角看，看问题的视角不同，得到问题的答案自然就不同。

试一试这样去感受：假如你变成你的孩子，你小学还不错，上了初中之后突然掉队了。作为一个孩子你这个时候在想什么呢?

当我这样启发大家去问的时候，大家就会发现该如何更好地应对这个问题了。

一、家长恰当的提示

孩子需要大人恰当的提示。

有些孩子对于成绩下降会显得过度敏感，当然这些往往与父母有关。

有些孩子对成绩下降显得比较迟钝，懵懵懂懂。这个时候就需要大人用一种恰到好处的方法，去引导孩子认知这件事情。

也就是说，让孩子认识到这是一件什么样的事情，它可能意味着什么。

他如何计划度过自己的初中时光？

他将会如何发展？

造成成绩下降的原因可能会有哪些？

孩子现在可以做些什么？

家长适当地提示，让孩子认识到这些事情，让孩子自己去应对。

二、家长要培养耐心

父母不要寻求简单粗暴的解决方案。

孩子的培养是一个慢工出细活的过程，需要持续十多年的时间。

父母需要做到对成绩举重若轻，又要做到对孩子的思维培育举轻若重。

虽然现在全世界的教育都更像是一个工业化的过程。孩子更像是一个原材料，被丢进一个大大的生产线，在生产线上不停地自动滚动到下一个流程和环节，每一个流程与环节都有严格的时间控制，似乎一旦错过就不能再跟上整个生产线。

但是粗暴快速的解决方法就如同为了赶进度，让孩子一直被绑架在生产流水线上，最终出来的产品却可能质量不过关。

当我们遇到问题的时候，最恰当的方式是先停下来，搞清楚状况再往前走不迟。

要给孩子一些时间，要允许孩子的成绩在一定的时间内慢慢地提高。父母在这个时候不妨从课外的学习读物入手，比如课外的语文读物、数学读物等等，再进入到课堂考试和成绩。

三、尊重孩子作为独立个体

从初中开始，家长要慢慢学会尊重孩子作为一个独立的个体存在。

这就意味着孩子将会有自己的思考，自己的兴趣，自己的计划安排。当父母不能正确地尊重孩子的个人自主地位时，孩子就会对大人产生严重的逆反和对抗。这会更进一步地失去学习的兴趣。

父母如何学会尊重孩子的自主性和独立性呢?

在这里，小明教大家最重要的一点，那就是由小学阶段对孩子的管理、指挥、指示、命令转变成讨论、商量、探讨、协商、协助、陪同、授权。

尝试把每一个问题都变成可以跟孩子讨论的并且具有开放性答案的问题。

如果能做好这一点，你自然就会发现学习成了孩子教育中最不重要的问题。而且这个最不重要的问题，孩子也有能力妥善解决。因为你真正培育出来的是孩子的自主能力。而自主能力才是陪伴他这一生最重要的能力。

对于父母所关心的学习而言，你终究会发现孩子学习成绩是否优异，最主要的是孩子是否具有内在的学习驱动力。不论什么样的天资，当学习成为内在的驱动力时，相信小明，孩子学习都不会差到哪去。

永远记住，学习本是孩子的天性。就如同动物世界里面的动物一样，天生就会去学习捕猎，天生就有捕猎的动机和兴趣。

人类进化的1万年时间中，人类的孩子天生就有学习的驱动力。因此，从这个角度而言，不要让孩子失去学习的驱动力更重要。

在小明这十多年做过的心理咨询案例中，小明发现越来越多的青少年在初中、高中的时候就已经完全失去了学习的兴趣。越来越多的孩子最终选择了用消极怠工的方式，或者是彻底拒绝上学的方式，退回到了家庭生活中，或者退到了网络生活中，不再愿意进入到正常的社会生活体系中。

一定要在初中的时候小心地呵护孩子对学习的兴趣。

一定要小心地呵护孩子对学校生活的兴趣。

一定要小心地呵护孩子对社会生活的兴趣。

内在驱动力才是解决这个问题最关键的钥匙。

第三十一节　为什么一学习就想睡觉?

记得小明上中学的时候，一到中午，学生都不想好好睡觉，经常就是玩、踢足球，在学校各种撒野。但下午上课就开始犯困，困的时候，老师又管得严，不敢睡，经常都是假装坐得直直的，眼睛闭上了，头上下点，甚至有的时候眼睛睁开都可以睡着。

后来上了大学，上课睡觉那更是常事。有时候发现，在寝室睡不着，但是一到教室，老师一上课，听着听着就睡着了。一般在老师的讲课声中睡觉，都能睡得比较深，比在寝室里面正儿八经地睡觉，睡眠的深度还要高很多。

等到上了班，发现开会的时候，领导在上面一讲，坐在下面听着听着就睡着了，所以那个时候经常会说“今天下午有会，可以在会上好好睡一觉了”。

随着人的年龄增加，体内的褪黑素的质量会不断下降，就会导致睡眠的质量下降了，睡眠的能力相应也会下降，而睡眠的时间也会缩短，这个时候反而会怀念能睡的时候。

上面举的几个例子是想说明什么呢？当人在学习，或者专注于某件事时容易睡着，有下面三个原因：

一、视觉疲劳

在睡觉之前，很多人会用iPad看电视剧。在灯光暗的时候看强光的iPad，眼睛很容易疲劳，就会开始打架。但是当你把iPad关了，准备好好睡觉的时候，你又会发现困意没有了，因为没有强光的刺激，眼睛的疲劳就缓解了。

当人在学习的时候，眼睛盯着某个地方看久了，容易视觉疲劳，也就容易睡着。

在高速公路上开车尽量要有点弧度也是这个道理，目的就是为了缓解眼部疲劳。

二、注意力变狭窄

当注意力太分散时，人不容易睡着。

过去我们给别人做催眠[①]的时候，有一个要点，就是吸引别人的注意力，让他的注意力变得狭窄，这个人就很容易被催眠。

所以学习既要注意力集中，但又不能过度集中，当注意力过度集中到一点的时候，人们很容易睡着，要把握注意力分散的尺度。

三、身体放松

在学习的时候，专心看书，专心听讲，由于注意力都放在学习材料上，而身体不知不觉会放松下来，当身体放松的时候，人也容易睡着。

以上三点就是我们容易睡着的原因，如果你的目的不是为了睡觉，真的是为了学习点东西，如何避免这种情况呢？小明给大家三点建议：

第一种方式：尝试互动式学习。

比如与另外一个朋友一起学习，相互提问，在互动的过程中，我们的注意力保持在一个恰当的状态，既不会过度集中也不会产生过度的分散，这样学习质量很高，而且也不容易忘记。

这是一个很好的方法，如果你是一个人学习，那么可以不断地切换学习的材料，到其他的书本、网上去查询其他的资料，尽量分散注意力，不要过度集中，这样也就不容易睡觉。

第二种方式：走动式学习，一边走一边看书。

当我们活动的时候，小脑会变得兴奋，而大脑也会跟着产生兴奋，可以不让身体放松，能够让我们更好地处理学习资料。

第三种方式：在学习的时候做其他事情。

在网络时代长大的95后、00后们，就特别适合同时做两件事，比如放点音乐或者放个电视剧，偶尔瞄上两眼，同时学习，就避免学了一会就困的情况了。

---

① 催眠是指催眠师向被试者提供暗示，以唤醒他的某些特殊经历和特定行为。

当然如果有失眠的情况，可以借助学习来帮助我们更好地睡眠，把它当作睡眠的一个秘籍，每天睡觉前问一下自己“今天你学习了吗？”

第九章

案例汇编

案例一　生育二胎的心理准备

案例：第十二届全国人民代表大会常务委员会第十八次会议审议通过了《关于修改〈中华人民共和国人口与计划生育法〉的决定》，决定将第十八条第一款分为两款，作为第一款、第二款，第一款修改为："国家提倡一对夫妻生育两个子女"。

"二胎"政策开放，很多父母开始考虑：要不要再生一个？生二胎是不是好事情？有人会想，政策允许且有经济能力的情况下，四个老人都可以带小孩子，大学扩招之后每个人都能成为大学生，两个小孩长大之后还可以互相帮助，然后等自己老了之后还有两个孩子可以赡养自己，看起来全部都是优点。然而生活不可能尽如人意。因此，生还是不生？生二胎的话又需要有什么样的心理准备？这又是要考虑的问题。

一、生二胎，理性还是感性？

生二胎的问题，不仅仅是个理性思考的问题，还存在感性的判断问题。

2002年的诺贝尔经济学奖获得者丹尼尔发现，人在决策[①]时往往不是通过理性的思考，在决策时还充满着感性的判断。

关于是否生二胎的事情，很多问题都是基于理性的分析，但在感性思维上，或者潜在的思维上是不是也是这样呢？那就不一定了。

生二胎涉及人类学、心理学、社会学等等学科。

从人类学的角度而言，人类在有时候之所以会选择生二胎，和当时的文化背景有关系，人类的文明在不同时间，不同民族，不同地方，是否生二胎选择

① 决策，指决定的策略或办法。是人们为各种事件出主意、做决定的过程。它是一个复杂的思维操作过程，是信息搜集、加工，最后做出判断、得出结论的过程。

是不同的。

比如，当人类觉得有一种非常强烈的想要遗传自己后代的驱力时，就会选择生育更多的孩子，这是一种潜在的驱力。比如，觉得自己的生活环境，有小孩会安全，就要选择生更多的小孩。

从社会学的角度而言，社会大范围的文化对人的安全感产生影响，使得有些人觉得因为不够安全，所以要生更多小孩，而另外一些人觉得因为不够安全，所以觉得不应该生更多小孩。

所以，社会环境对人的影响实际上没有绝对的答案，每个人对安全的评估、所做的应对策略是不一样的。

从心理学角度而言，两个小孩一起成长，心理发育过程要优于一个小孩。

一个小孩在心理发育过程中缺少和其他孩子人际交往的互动过程。例如，两个孩子性别不一样，就会互相更好地理解异性的心理发展，这对于他长大后和异性的人际沟通会有帮助。

两个孩子之间在成长过程中会增进人际的互动，增进人际冲突，解决人际冲突中更多复杂的问题，人际情商也会提高，人际策略也会提高。而独生子女长大过程除了更多的自恋以外，还会有孤独的体验，这种孤独的体验会使得他的人际情商比两个孩子的家庭要差一些。

但是关于一个小孩还是两个小孩不是“我认为”能轻易控制的。

所以，两个小孩或一个小孩不是问题的关键，问题关键是两个小孩要有两个小孩心理教育的方法，一个小孩就要有一个小孩的心理教育方法。

重点在于任何情况下父母都应该且有能力引导孩子人格变得更加健全。

二、一或二，是问题的关键吗？

有些人认为经济条件不够好，对未来期望不是很乐观，出于安全感需要，觉得生一个小孩已经很麻烦了，生两个小孩更加麻烦。

所以安全感不足的人不愿意再生育第二个小孩。

父母不应该把生第二个小孩当作是对第一个小孩有可能发生不测的一种备份。

那样，起始动机就有问题。

有一种观念是有父母担心成为失独家庭会给自己带来创伤，所以想生育两个小孩来备份。

父母可以选择生育两个小孩或生育一个小孩，但是如果起始动机是备份的心理，这就会使得父母在教育小孩和陪伴小孩的过程中有一些不知不觉的影响、暗示，会给小孩心理发育带来负面的、不好的影响。

所以，生育两个小孩或者生育一个小孩不是问题的关键，问题的关键在于生育两个小孩就要有生育两个小孩的生活策略和应对策略，以及为两个小孩的心理发育做好必要的准备。

同样，生育一个小孩也不代表着负担会减轻，也要具备培养独生子女人格发育健全所必需的心理学和教育学的准备。

问题不在于一或二，问题在于无论是一还是二，父母都要有心理学、教育学知识的储备以及父母自己要有健全的人格，这才是问题的关键。

三、带着父母的期许出生好不好?

认可孩子的出生，不应该让他成为另外孩子的备份。

父母要保证的是，孩子的出生应该是一种自然发生的关系。

意思是这个孩子出生是因为父母之间爱的需要，想要养孩子的需要，想要为孩子负责任的努力，这些条件具备之后才应该做生育二胎的准备。

但是有时父母会带有一种期盼、自私的欲望，用这种自私的欲望去让一个小孩的出生为另外一个小孩备份。

第一胎是女孩，第二个想生男孩，或第一胎是男孩，第二个必须想要个女孩。有了类似这种前提的欲望和期望时，假如这个孩子出生后不是期望的性别，父母潜意识就会失望，这种潜意识的失望会在孩子成长中不知不觉流露出来的。这对孩子来说是不公平的。

所以，父母不应该让孩子成为另外一个孩子的备份，或者另外孩子性别的补充。

同时，当准备再生一个孩子时，要考虑的不是生这个孩子能有多少多少好处，还要考虑有没有做好必要的精力、时间和各种各样的责任上准备。

还有的父母会觉得两个孩子长大后会互相帮助，这其实是来自于父母的欲望。

孩子的成长是独立的，他们成长的目标是为了成为独立的人，而不是为了互相帮助。这种想法首先就带有比较强的功利性和目的性，不利于孩子的心理发育。

还有一点更带有父母自私的欲望，认为孩子长大后可以更好地赡养老人，这是特别明显的中国式的文化现象。

父母养育小孩的目的是为了让小孩赡养他们，这种带有很明显的自私的期望，对孩子的成长会产生影响，这对孩子来说也是不公平的。

孩子的出生并不是为了满足父母的私欲，而是意味着父母要承担与这个孩子出生相对应的责任，并且并不打算让这个孩子去补偿另外孩子的缺陷，也不是为了让这个孩子长大后去满足父母自己的某种目标。

这些期许父母不要以为只有自己知道，孩子不知道，其实在孩子受教育和长大的过程中这些期许会不知不觉就渗透出来，最后给这个孩子成长过程带来很大的心理负担和压力。

四、父母陪伴还是老人陪伴？

案例中谈到生育二胎的好处时，反映了中国文化中普遍存在的现象：案例中提到这个孩子出生后有四个老人帮忙带。这时候父母把孩子出生后的责任已经转移给老人了，这是不是有利于这个孩子的心理发育，是需要打个问号的。事实上如果孩子被四个老人带，而父母却没有太多时间陪伴小孩，或者小孩变成像住宿的孩子，对亲子关系的养成是不利的。

所以，要确保孩子出生后，父母有时间陪伴孩子。

关于生育二胎的这些问题，任何孩子都应该是属于他自己的生命而独立的，并不为任何其他人作为一种备份或承担某种功能而出生，他应该属于他自己，应该是独立的。

这样孩子在成长过程中才不会有过多的负担，这样这孩子出生才是轻松愉快和自由的。这也是人最终能达到自性化的目标，最终为了自己人格的自由而成长，父母应该让自己的人格成熟，而不要让自己的人格不成熟转移给下一代。

案例二　孩子一岁半时父母离婚

案例：一对夫妻来咨询，说他们因为一些原因打算离婚，现在孩子一岁半。趁着孩子年龄还小离婚是不是对孩子以后的影响会小一点？如果等到孩子长大一点再离婚孩子就会知道，会对孩子的成长产生影响。

无论什么年龄阶段离婚，对孩子都会有影响。

甚至孩子成年之后父母离婚，仍然会在很长一段时间影响孩子的情绪和孩子的三观。原因非常简单，孩子最终会知道父母离婚了这件事，以及离婚为何物。

从心理学角度看，我们判断一件事情对人心理影响程度的大小，并不是看这件事情的绝对强度，而是看这件事情的相对强度。以美国为例，有越来越多的青少年生活在单亲家庭，离婚与单亲生活在青少年的认知中，是一件非常平常的事情。许多孩子都有继父继母和亲生父母。

同时，西方文化对于个人隐私的暴露程度与我们不同。而且西方的学校和社会都有各种类别的心理服务机构。单亲家庭的孩子，从幼儿开始一直到整个求学阶段甚至进入社会，都有机会得到心理学的辅导与帮助。因此相对来说，能够把父母离婚的影响尽量降低。

在中国高考结束之后会有一个离婚的峰值。原因就是很多父母都通过忍的方式陪伴孩子一直到高考结束，他们认为这样对孩子的影响就达到了最小，高考一结束就开始实施他们压抑了很久的离婚计划了。

现代生活大家都更多地尊重个人的选择，更多的人都会按照个人的兴趣爱好来生活。我们也并不主张用各种道德伦理去绑架一个人的选择。所以离婚或者不离婚不是我们在这里需要讨论的内容。我们需要讨论的是如何减少离婚对孩子的伤害。

小明建议大家做好以下几点：

一、孩子更依赖谁?

一般而言，孩子在进入幼儿园之前，更多地依赖与母亲的关系。

但是每个孩子的认知发展能力不一样，有些孩子在整个幼儿期都与父亲产生更多的依赖和信任。离婚后主要需要观察：你的孩子是对母亲产生更多的依赖还是对父亲产生更多的依赖。

如果你的孩子一直以来都把安全感和依赖感建立在母亲身上，那么在幼儿时期，父亲的突然离开，孩子的关注会小一些。如果你的孩子对父亲有更多的安全感和依赖感，那么离婚之后孩子假如判给了妈妈，在这种情况下，孩子仍然会产生安全感方面的问题。

因此在这种情况下，越是早期的对孩子安全感的伤害，越会对孩子未来的心理产生重大的影响。

由于孩子天性依赖母亲，因此，孩子在七八岁之前应该尽量与母亲生活在一起，度过他人生建立安全与信任感的最重要时期。

当然，还是要根据具体情况来看，对于某些特别依赖父亲的孩子，过早离开父亲的陪伴，也会对孩子产生重大影响。

二、给孩子一个解释

一岁半的孩子已经产生了基本的认知能力。

如果孩子已经意识到了父亲的存在，那么无论是父亲和母亲哪一方将离开孩子，孩子都需要一个解释。

在心理问题的产生中最怕的就是没有解释，没有说法。如果孩子对父母其中一方的离开很好奇，那么我们就需要与孩子更多地进行这方面的互动，让孩子能够暂时得到一个他可以接受的解释。

随着孩子不断长大，孩子会在不同的年龄阶段持续地对这件事产生好奇和认知。

每一次，当孩子再次提到这个事情的时候，父母其中一方都需要非常耐心地与孩子进行互动，不能粗暴简单地抛给孩子一个答案，而不管孩子的感受。

如果父母没有能力提供这方面的辅导，建议在孩子心理发育的各个关键时期都去寻求心理专业人士的帮助。比如，入学、青春期、大学阶段、婚恋时期，都应该寻求心理咨询。

这样能够持续地维护孩子的心理健康。

三、过渡时期的应对

离婚刚刚发生时，如果一方将离开孩子，那么最好能够有家庭成员，比如爷爷奶奶或其他亲戚，能够给孩子提供临时的心理安慰。

当前在世界上比较普遍的做法就是，在这个时期可以尽量做到离婚不离家，或者仍然高频度地保持两个人同时出现在孩子面前。在孩子逐渐长大的过程中，原生父母仍然需要不定期地组织与孩子的一些活动。

最后强调一点，离婚对孩子的影响，需要社会、家庭、学校多维度对孩子的帮助。

家庭成员之间对于离婚这件事的口径应尽量统一。在中国文化下，爷爷奶奶多会照顾孩子很长时间，所以你需要和双方的父母讨论好这件事情，统一口径，避免孩子在混淆、混沌、矛盾、冲突的认知中长大。

一般而言，我们建议父母应该在离婚前和离婚后也持续地接受心理学的帮助。

不管离婚的父母有多么怨恨对方，都不要把这种怨恨留给孩子，或者借助孩子来实现对另外一方的报复。

抚养一个身体健康、心理健康的孩子，直到他长大，是我们每个人都必须遵从的社会公德。

案例三　幼儿园家长微信群炫富

案例：一对年轻的父母加了幼儿园家长的微信群，群里有一些家长经常发红包、晒名牌、晒豪车、晒豪宅，这让年轻的父母很有压力，担心因为自己家里不够富裕，使孩子丢脸。

在幼儿园里面炫富的父母，他们有三个特点：不成熟、不懂心理学、想用炫富满足自己。

一、炫富是不成熟的表现

从安全的角度而言，为了你的孩子也不要在微信群里炫富，让别人都知道你家有钱。就不怕群里面有人把你炫富的照片发到外面，给不法分子机会？

这对你家孩子而言是一件非常危险的事。

二、炫富带来满足感

人总是在比较中产生心理落差，觉得不舒服。这就是为什么这对年轻的父母感觉心里痒痒的，因为在比较中，他们感到了心理上的失衡。而炫富的人在比较中获得满足，这是他们获得心理安慰的方法。

炫富可以给人带来一种满足感。

如果你觉得别人炫富影响你的心理感受，你就要思考一下，为什么我们对钱和炫富这么敏感。

炫富对孩子而言是一件坏事。

所以看看就好，他们这一代人有钱，必然有有钱的道理，羡慕也于事无补，还不如把自己的孩子养好。

三、炫富意义不大

为什么说炫富的父母不懂心理学呢？

如果真的想让自己的孩子在幼儿园中获得优势的话，用炫富的方式意义真不大，为什么呢？

因为对于还在幼儿园的孩子，他的认知水平还无法理解人和人之间金钱身份地位的差异。无论用多贵的装备，穿着多贵的衣服，甚至包括出国玩等等，这些并不能让这个阶段的孩子理解到其中的差距。

幼儿园的孩子需要的是父母陪着做游戏，哪怕是去外面滚滚铁环、玩玩泥巴、玩玩水，这些都比想方设法炫富有意义得多。

那是不是孩子到了小学阶段或者初中阶段，父母就到了可以炫富的最佳时期了？

的确，孩子在这个年纪可以感受到家庭财产身份在同学间的等级，而且他们也会在学校进行各种比较。所以在这个阶段，无论是有钱的家庭还是没钱的家庭，都要正确引导孩子认识家庭的财富。

没有钱的家庭，要引导孩子认识到人性上会因为别人有钱给我们带来心理上的自卑。你必须要让孩子认识到这点，不然就像电视剧《白鹿原》里的黑娃一样，黑娃比起白嘉轩的两个儿子，明显有因为社会地位带来的自卑，而他的爸爸鹿三不能很好地教育他，因此导致了黑娃心理上产生的失衡，甚至产生了报复的心理。

富裕的家庭同样如此，也要引导孩子正确地认识家庭财富能给他带来的优势以及会给他带来的负面效应。

进入到中小学之后，孩子会越来越多地认识到家庭财富意味着什么，这个时候家长一定要引导孩子建立正确的财富观、金钱观，并且教孩子如何理解钱的本质意义。很多父母都需要补上这堂课，不要让孩子因为家庭贫穷从小产生自卑，影响他人格的发育，也不要让孩子因为家庭富裕而产生对自己能力和人生道路的误判。

说到底都是一句话：人最重要的是挣钱的能力，这才是人一生最有价值的财富，而不是现在家里有多少钱。

最重要的不是让孩子认识到家里有多少钱，而是他有多少挣钱的能力，以及心理和身体的健康，这三样东西才是最宝贵的财富。

案例四　小孩爱看动画片

案例：欣欣今年4岁，每天放学回来之后，她都在家里看动画片，一看就是很久。欣欣的父母担心这样对她眼睛伤害比较大，每次禁止欣欣看的时候，她都会一直哭闹，父母没办法，就只好让她继续看。久而久之，父母几乎已经完全没有办法制止欣欣看动画片了。

一、符号游戏与真实游戏

现在孩子所面临的环境刺激很多，比如有动画片、电视剧、综艺节目等。在神经心理学里面这些统称为视频刺激，意思是它在很短的时间内会对人的大脑产生一种过量的信息刺激，这种信息刺激对人大脑是有伤害的。特别是一些紧凑的，在短时间里必须要演出来视频，比如广告，一些大片里面的部分镜头，在很短时间内，镜头的刺激切换都是我们平常生活中看不到的。

看视频时，大脑在短时间内接受的刺激量实在是太大了。这种刺激量直接导致的结果就是对小孩子的额叶带来损伤，这种额叶损伤所带来的结果就是彻底改变一代小孩的大脑结构，这种大脑结构的改变，使得小孩以后的工作方式变成了喜欢同时处理好几件事情。

而且额叶的这种损伤使得移情能力、注意力、认知都会有一定的影响。

这就是为什么说，过去没有电视时，一个自然成长的小孩实际上并没有受到外界环境对他的不利影响，但现在的孩子反而变得更加麻烦了，而且缺少的东西还更多。

符号游戏替代了自然游戏，比如，过去的小孩子第一次认识白菜，认识小狗，认识所有的东西，他都是实实在在看到摸到的，不是从符号中了解这一切的。而现在城市里长大的小孩，当他长到十来岁时，他所看到的这个世界上绝大多数东西都是符号的。

符号的东西跟实际的东西有什么区别呢？比如，你看到一张猪的图片，你知道这是猪，但是你没有看到真实的猪，你没有闻到它身上的味道，你没有抚摸它，你没有一种触觉、味觉、嗅觉，没有各种各样综合性的对这个事物的感知，你只有简单的一张卡片。

这样大量的信息被屏蔽掉了，所以对任何事情的理解都变成对符号的理解了，符号的理解使得人的创造力下降。

小时候多和自然界在一起，打下大脑神经活动的基石，这一点非常重要。

二、恐龙人格

现在的小孩子缺少什么呢？

现在城市的孩子基本上都生活在楼房里，因为危险，每一家都是把自己封闭起来的，所以孩子缺少接触同龄人的时间。而过去的小孩，每个单位都是大杂院、大家属院，他每天都是在大家属院里面和其他人在一起玩。而现在呢，家长害怕孩子被拐卖走，所以孩子都被封闭在一个地方，所以他又失去能够和同伴在一起玩的能力。

有一个关于恐龙人格形成的解释：大家看到电影《侏罗纪公园》里，一个恐龙当它没有同伴，当它从小缺乏亲缘关系，当它没有亲密关系，甚至它在镜子里面看不到自己的镜像时，培养出来的东西实际上就是个变态杀手。

当然，小孩至少有父母，至少还有镜子能看到镜像，但是他同样缺少一些成长必要的东西，就是同伴游戏不足，自然界游戏不足。

这两样东西缺少后，对孩子后天的影响就比较大。

第一，缺少创造力，大脑的活化程度不够，移情能力下降，额叶系统受损，大脑专注力、注意力下降。所以现在小孩注意力缺陷障碍的问题越来越多。

第二，缺少合作的能力，缺少与同辈同伴在一起工作的能力，缺少与人打交道的人际技巧。

所以，问题不是简单的看动画片的问题，问题实际上是你如何在孩子大脑发育最佳的年龄阶段，抓住机会，让他的大脑更好地得到必要的训练。

这一切带来的结果，不是一个简单的看不看动画片的结果，而是小孩人格塑造和小孩心理发育，如何在未来的时间为自己应对复杂的社会生活准备好大脑基础的问题。

大脑基础准备好了，这个孩子后天的生活都是轻松的，如果大脑基石没有准备好，小孩未来生活会遇到人际生活中的障碍，工作中缺少创造力。

给他未来生活带来的麻烦，那才是长远的。

案例五　老师说不管自家孩子了

案例：有家长咨询，说老师告诉他不想管自己孩子了。

“再不管你的孩子了，该咋地咋地”，家长很担心，怕自己孩子被孤立，也担心老师不管孩子之后孩子的成绩会下降，同时害怕老师背地里给孩子使绊子。

如果“再不管我的孩子了，该咋地咋地”是老师的原话，从语言上判断，这位老师是非常直爽的人。不管是老师是这样直爽的人，还是作为父母的话是直爽的，我都想谈论一个问题：我们成年人的情商问题。其实处理这样的事情，有好几个层次。

一、处理好与老师的关系

老师在教育孩子的时候，一方面是因为生孩子的气，另一方面再加上他自己的问题等等多方面因素，就会说出这种话。

这位家长可以想一想，如果暂时地把老师当作是你的铁哥们或者是你的闺密，听到发了这么一句牢骚，你会说些什么呢？

试试在大脑中构建这么一个场景，哥们闺密说了这么一句话，我们会拍拍他的肩膀说，熊孩子就是这样的，咱们别管他了，走，今天晚上哥们带你去喝喝酒撸撸串，哥俩好久没有好好聊聊天了，别为了孩子把咱们的情绪搞坏了，身体好情绪好最重要，孩子的事过段时间再说。

其实如果老师真是你的好朋友，会有更多类似的对白浮现在你的大脑里，这样极具有生活场景的对白其实对我们的情绪具有很强的安慰作用。

如果父母能够和老师用具有情商的方式去沟通，会减少因私人情绪而产生的误判，进而避免行为上的不恰当表现。

所以我给这位家长的第一点建议就是：遇到老师说这样的话，先试试举重若轻，孩子的培养不是一天的事，放一段时间也不会耽误什么，先拿出这些年混江湖的情商，去处理好和老师的关系。

二、和孩子保持沟通

有些父母一听到老师说这样的话，回来之后就转述给自己的孩子，然后对孩子进行一顿打骂，这种方式是极其错误的。

父母和孩子之间的关系处理，也要做到举重若轻，在任何情况下，父母和孩子最重要的是要保持沟通渠道顺畅。

如果父母对孩子过度批评，那孩子以后就不敢和父母说什么了。所以首先要能够和孩子说话，心平气和地问孩子发生了什么，了解事情的前因后果，同时降低孩子的心理负担。

三、教孩子与成年人打交道

教孩子通过这件事学习如何和父母之外的成年人打交道，这是孩子进入到社会前最重要的一堂课。

让孩子从这里慢慢认识到，和学校的老师、同学打交道，方式会有所不同。不仅如此，还要让他认识到，父母以外的成年人，他们有不同的感受，他们和自己父母不一样，要注意和他们打交道的方式，还可以引导孩子学习查阅各种各样的生活中发生的事情，以及对应的多种应对策略。

借这件事让孩子认识到人际关系是怎么回事，让孩子把这件事当成是一次学习如何和大人打交道的机会。

而父母可以通过辅导协助孩子一起讨论，遇到这种情况可以做些什么。比如，老师情绪不良的时候，可以应对的语言有哪些，可以应对的行为有什么，然后让孩子学习并且去选择他想要采取的方式。

不管孩子最终选择了哪种应对的方式，都要尊重孩子的选择，但是一定要让孩子认识到，遇到这样的事情有多种方案可以去应对。

这样的话，我们就借由这件事，提高了孩子的社交水平，这才是教育的魅力所在。

案例六　孩子该不该从小学习奥数?

案例：有家长说在书上看到了一篇文章，说孩子很小的时候就应该学习数学、学奥数。

孩子很小就被送去学奥数，靠不靠谱？如果不送的话会不会让孩子的一些天赋不能被发现？毕竟不能让孩子输在起跑线上。

一、原型大脑

从儿童心理发展角度而言，儿童在刚刚出生一个月的时候，大脑神经突触的联系是非常丰富的网状联系。

这种网状联系的特点就是留下了一切的可能，所以，在一个月的时间里，把它叫作“原型大脑”。这个时候，大脑受到哪些方面的刺激，大脑就会留下这一部分突出的联结。到一个月之后，大脑的发育将会进行一场优胜劣汰的竞争，这个时候，没有被刺激到的部分，神经突触联结就开始自然地断开。于是，大脑就慢慢地被教育塑造成在某些地方有更好的发展机会，而某些地方由于刺激变少，就慢慢地不再具有过多的储藏潜能。

所以，如果要对孩子进行各种各样的教育，最佳的时期实际上是出生后一个月的时间。

在一个月的时间里难道要教小孩子数学吗?

不是!

在这一个月的时间，孩子最需要的是感知觉、触觉、味觉、嗅觉、听觉。

这个时候要给这些方面一个良好的刺激，刺激也不能过强，过强之后也会带来损伤，最重要的是要听到各种各样最美的声音。

经常有父母带孩子去学习钢琴，其实学习钢琴、学习音乐和培养他们奥数的目标是统一的，是一种非常功利性的目标。

而真正想让孩子发展出一个艺术的大脑，最重要的是让孩子能够听到各种各样的、全世界的、不同民族的最美的音乐，留下对美的原型的一种感知能力。

这种对美的原型的感知能力，让孩子长大以后，会在各种各样对美的感知上有一种直觉，这种直觉会帮助他做服装设计、艺术、音乐等等。

会让孩子在艺术上有一种天分。

二、伤仲永

数学本质上教的是两个能力：一个是抽象思维能力，一个是符号计算能力，也就是逻辑思维能力。

如果对一个孩子过早地训练抽象思维能力和逻辑思维能力，有可能吗？

不可能的！

因为孩子的逻辑思维能力和抽象思维能力，不到一定的年龄是不会发育出来的、不会发展出来的。

这个时候进行的早期的数学教育实际上是无效的，它反而有可能会使大脑在某些方面受到过度强化之后，产生一种叫作“僵尸体”的现象，最终会培养出古文中所说的仲永一样的孩子。

三、遵循生理发展规律

人最高级的智慧能力应该是在大脑的皮层—额叶区域，而最高的一种智慧就是对未来的预测能力。

有人对婴幼儿进行过摸白球黑球的实验，他们在一个袋子里装上不同的黑球和白球，按照规律给孩子一次性拿出黑球或者白球，最后，让婴幼儿来进行选择，下一个球可能是黑球还是白球。结果发现，婴幼儿可以通过贝叶斯定理对下一个球进行预测和推理，而贝叶斯定理[①]是心理学和统计学里面最重要的定理。

---

① 假设 H[,1],H[,2]…互斥且构成一个完全事件，已知它们的概率 P（H[,i],i=1,2,…，现观察到某事件 A 与 H[,1],H[,2]…相伴随而出现，且已知条件概率 P（A/H[,i]），求 P（H[,i]/A）。

所以，每个孩子正常情况下都有他大脑的基本储备能力。

如果从培养孩子角度而言，在孩子成长的过程中，大脑没有足够成熟之前，最好的方法就是循序渐进地让孩子先从真实的感觉入手，然后，再慢慢地过渡到对符号的掌握能力，而数学实际上是一种符号计算的能力。

太早把孩子赶进奥数的课堂，对他还没有产生出的逻辑思维和符号抽象的能力进行强化训练，其实是让孩子做一种强制性的记忆、背诵。

孩子强行记住了一些解题的方法，并不意味着他真正具备了抽象思维加工的能力。这些孩子长大后会没有创新能力，他只会做别人告诉他的、按照固定流程做的事情。

怎么样来培养自己的孩子？最好的方法是让孩子在大自然里面接触一切可以真实感觉到、触摸到的自然的生命。

在这个过程中，促进孩子的大脑发育，和其他孩子游戏，这些方法都可以促进孩子大脑成熟。当孩子大脑成熟到一定程度之后，他自然而然就具有了逻辑加工能力。

所以，培育孩子最重要的，是通过非电子类游戏、通过真实游戏、通过与大自然的亲密接触来促进大脑的成熟。

有些家长可能担心，这样做会不会错过孩子的一些天赋？

其实不用担心，如果孩子真的在语言或者数学、艺术等某个领域有天赋的话，就会在正常的学校教育中表现出来。当他表现出来之后，不用培育，就会发现他在这一方面已经有了突出的表现。那时，家长再去考虑对他某一方面能力进行针对性的训练。

在现有的教育制度情况下，本来孩子在学校里学到的很多东西都是记忆性的、固化的思维方式，下课后又把他带进了奥数的课堂，那孩子还有他的生活吗？他的大脑只会被固化地训练出一堆堆的僵尸体而已。

在家长无法改变现有的教学方法、教育制度以及中小学教育内容的前提下，最好的方法就是下课之后，让孩子回归自然吧！

案例七　12岁出国女生被骚扰

案例：一个十一二岁的女孩，被送到国外学习，有人对她进行性骚扰，引起了一大堆的问题，最后这个小女孩被警察保护。小孩身心受到了惊吓，这些问题该怎么处理?

一、提供安全感

首先，在当前情况下，这孩子首先最需要的是安全感。

如果孩子是寄养到别人家的，这个孩子只能依靠她认为最亲的人。任何孩子受到伤害之后，她的第一反应都是要寻找一个能够让她产生安全感的重要他人。假如她不能找到这样的人，那么对小孩来说，对这个事情只能采用一种压抑的方式来处理。

如果当地的部门能够给她提供一定的心理咨询服务，可能会有效地帮助这孩子把自己压抑的一部分问题，通过一种方式得到一部分解决。

二、分阶段改变认知

孩子在每个阶段可能都会对这个事情有一个认知上的理解，不同年龄段认知理解会不一样。

所以我们通过一种紧急的方式，给这个孩子提供一种安全的保障，可以让她暂时性地安全下来。通过事后心理咨询的方法让孩子对于当前的这件事情在认知上能够有一个理解，然后再通过家庭成员中的重要他人，提供一个安抚，那么孩子对这件事情就会有一个比较好的解决方法。

但是，事隔几年之后这个事情仍然需要再度处理。原因就是每个年龄阶段孩子对事情的理解会有变化，而每当她到了人生的下个阶段时，她都有可能对这事进行重新理解，每当需要重新理解的时候，最好都能够通过心理咨询的方式在认知、情感、情绪上对这个事情进行再认知，对记忆进行重新组织，对情感功能重新提升，这是一个必要措施。

在她人生发展的几个重要阶段，比如说当前是一个阶段，青春期是一个阶段，婚姻之前是一个阶段，婚姻之后是一个阶段。通过这样的方式进行心理咨询的延续性帮助，让这件事情最终在一定程度上得到解决。

一般来说，一件事情发生之后多多少少都会给人留下一些东西。留下的东西，能够影响这个孩子对世界的理解，以及她以后对世界的认知。

这种影响是积极的，还是消极的，或者说对她来说是增加了她自我保护的认知，还是让她感到世界是危险的，不可信的，这是一个需要心理咨询的多次阶段性的帮助，才可能解决的问题。这不是一件简单的事情，也不是能一次性解决的事情，是一件需要时间慢慢分阶段解决的事情。

现实中，很多女孩成长过程中都会多多少少经历过性骚扰的情况，而很多女孩在被性骚扰后，没有进行任何处理。在人生发育的重要年龄阶段，也没有进行有效的处理，始终都用一种压抑的方式应对，甚至对这件事产生一种错误的认知。

当前中国的很多家长都会采取的一种方法就是，倾向于把孩子送到国外去学习，其实这个问题需要一分为二地看，不能简单地评判为好事情或者坏事情。

送到国外，如果有一个必备的关于孩子成长的环境，可以认为是件好事。比如，家长在身旁，有很好的经济条件，孩子能够很好地适应从国内环境到国外环境的过渡。但假如没有一些必备的条件，而仅仅是因为我们有机会把孩子送出国，却不能给他提供亲缘、经济以及情感上的一些长期有效的帮助，那么这件事情就不是简单的好事情了，它可能会对孩子产生一些其他方面的影响。

一个孩子的成长需要的东西是多方面的，教育是其中一个重要因素，但并不是一个唯一的因素。孩子的身心健康也是一个重要因素，包括孩子未来如何去适应两种不同的国家制度或者生活制度。

三、父母的处理方式

回到那个12岁被骚扰的女孩问题上，这件事情该如何解决呢?

首先，家长在这个时候，可以选择去国外跟孩子在一起。

去跟孩子在一起并不是只为了和孩子讨论关于骚扰的事情，而是跟孩子讨论她在异乡生活过程中所有的事情，以妈妈的形象出现，而不要过度地强化自己的事情。孩子也得在这个过程中和妈妈进行更多的互动，让妈妈了解自己的学习生活。孩子也可以告诉妈妈很多其他的事情，这可以帮助孩子回到和妈妈在一起的那种感受之中，这对她处理当前的这种情绪状态是有好处的。

其次，心理咨询一定要跟上，它可以帮助孩子在当前处理跟此事有关的所有应激状态。

家长要找正规机构寻求咨询师的帮助，并且劝说孩子自愿接受心理咨询，解释清楚心理咨询的目的，避免孩子产生误解，甚至对心理咨询产生抵触情绪。

接着，父母对这件事情，需要再提高知识水平。过去没有这种事发生，父母可能不需要具备相关知识。但是事情发生之后，父母就需要学习更多的心理学知识，更多地了解与此有关的心理学常识，知道孩子在什么样的成长阶段。当父母观察到孩子有一些表现时，可以提醒孩子，也许这个时候还需要心理咨询师的援助。

父母也可以知道怎么样识别孩子的不同时候，不同年龄，不同阶段的身心状态，这些都需要更多的心理学知识。

所以，这是一个促进父母更好地学习心理学的机遇。如果父母不断地学习心理学，不但对孩子有帮助，也能提高父母的人格水平。这些东西都得到提高之后，事情总会有个好结果。

最后提醒的是，无论家长还是心理咨询师，或是她的监护人，现阶段不要和孩子直接谈论“怎么了？”“你怎么啦？”“你怕不怕？”等，不要直接去问孩子这件事情，这会让孩子感到恐慌的。

可以用哪些方式开头说话呢？可以告诉她：“你很勇敢，你用了一种正确的方式保护了自己”，然后跟孩子谈论她这里的生活、学习等更多的问题，再从这里开展进行下去。

当见到孩子时，千万不要用一种苦大仇深的哭泣的表情和孩子接触。这种初次见面的表情，一瞬间的东西，很可能会让孩子记住很多年。也可能使得孩子为当前发生的骚扰事件赋予一个含义，因为表情说明了一切，家长的表情似乎告诉了孩子这件事情是什么。

关于孩子的创伤以及她被骚扰的事则应该交给专业人士来解决。

案例八　关于恋童癖

案例：奥斯卡著名影星，凯文·史派西，被指控有恋童癖[①]。因为这项指控，他宣布自己出柜了，结果《纸牌屋》这部电视剧停工。

小明最早看到他的电影就是《美国丽人》，在那部片子里他扮演一个与同性恋有关的角色。在那部电影里，他的演技真的非常好，在《纸牌屋》里面也是一样。

单纯从演技上看这个人的水平很高，不过恋童癖和他的性照被曝光以后，与他有关的电影都停了，而且还有一部电影立即更换了他所有的镜头，好莱坞的很多影星都站出来指责他。

从这件事大家可以看出，恋童癖这件事情在全世界各个文明里面，大家都是无法去忍受的。不管这件事情的当事人多么出名，人们都不能容忍这种现象。

一、病理性偏好

恋童癖是一种病理性的偏好，美国版的精神病防治手册（第四版），把恋童癖定为一种精神计划里面的病理性的偏好。

有一些数据只是恋童癖中受害的男孩比例和女孩比例，男孩更容易在这个过程中被侵害。我们在互联网时代经常流行的一个词叫作萝莉控，其实也和恋童癖有某种词源上的联系。

虽然恋童本身是一种精神的病理性现象，但是一旦它实施之后，这种行为就会变成性犯罪。

人们之所以对这种现象不能容忍，是因为儿童时期如果人们受到恋童方面的伤害，这种伤害对儿童精神和人格的影响是会持续一生的。比如，著名的摇

① “恋童癖”是以未成年人为对象获得性满足的一种病理性性偏好。

滚乐队麦克学摇滚里面的主唱，他最终自杀了。他曾经说过小时候受过这方面的伤害。

二、恋童癖的成因

恋童癖形成的原因其实有多种。

有的人是因为对成年人的恐惧，他无法和正常的同龄的成年人产生任何亲密关系，于是把自己的社交对象、性欲的对象转化为孩子。

有的人在成长过程中受到过创伤、挫折，甚至被打击了自信，变得自卑。然后他在比他年龄低很多的孩子身上，寻找到自己的尊严，寻找到自己自我强大的证据，继而产生与恋童有关的一系列的犯罪行为。

还有一些人是因为他的情感状态固着在了童年时代，他虽然生理上成年了，但他在情感上仍然习惯于和孩子打交道，于是最终变成了一个恋童癖的患者。

三、恋童癖的预防

对于恋童癖要从两个方面来预防：

第一，在法律层面上要严厉打击这种对孩子的伤害行为；

第二，在心理上要给予这些人心理学的长期的辅导和矫正，用心理学的方法来帮助他们。

案例九　七岁孩子的理想是当网红主播

案例：有老师说，最近她组织班上的同学写了一次作文，作文的题目是：我的理想。她说她的孩子的作文题目居然是：我的理想是做网红。这让她非常失望，她一直非常注重孩子的培养，为什么孩子没有在她的培养下说理想是当科学家呢？

一、父母的欲望 VS 孩子的理想

其实社会文化的心理塑造了父母的欲望，而父母的欲望塑造了孩子的理想。

拉康的精神分析里面说到，其实孩子的大脑里面装的是父母的欲望，他们珍视的东西才是孩子重视的东西。

而父母在意识里面或者在外面表现出的或者有意培养给孩子的东西，孩子往往并不一定会认同。比如你给孩子报了很多的培训班，但是你自己并不一定是一个爱科学的人，你也不喜欢机器人，你也从来不去看有关科学家、科学研究的新闻报道。

其实孩子在无意识中知道父母真正喜欢的是什么。

这让我想到一个例子，在我读研究生的时候，我一个同宿舍的同学，他说他这一生最大的愿望就是去当兵。他记得小时候有一次他妈妈带他去照相馆照相，这个时候正好进来一些军人也在照相，然后他妈妈和他说，你看这些当兵的多么气宇轩昂，每个人都显得那么精神，军装真好看。

母亲喜欢当兵的样子，牢牢地记在了他的脑海中，所以他研究生毕业之后，就选择去当兵了。

还有一个例子也特别有意思，有孩子写作文的时候写到他的理想是要当警察。当警察是很好的，但是孩子在作文中写到的要当警察的原因却让人大吃一惊。

他的父母在城里面开了一家专门卖菜的小店。大家都知道菜市场有的时候比较乱，也不注重卫生，经常会有一些管理人员来进行管理，甚至还会罚款。所以这个孩子就有了这样的愿望，长大之后要当警察。

有时候孩子的理想不一定是他们真正的理想，孩子的理想可能是父母欲望的体现。

二、置换理论

小明接触过一个大学生，他说他不知道自己将来想做什么，感到非常迷茫，他每天不停地玩手机。

他说在他小的时候，父母的收入不高，所以他的父母非常非常节约，因此他也养成了节约用钱的好习惯。但是另一方面，他的家庭生活始终充满了一种紧张的气氛，父母根本停不下来，只想怎么样攒更多的钱供他读书，上一个好的学校。

但是他高考没有考好，原因也很简单，就是因为他那个时候压力太大了。他考试的时候感到很焦虑，结果他只考了一个三本。上了大学之后，他突然发现也许他再也无法实现父母的愿望了，他的欲望和现实差异很大，所以这个孩子就充满了焦虑，但是他又不知道自己该忙些什么，因此心中充满焦虑。

所以这个孩子就养成了一种习惯，每当他焦虑的时候，他就会不停地玩手机、刷新闻、看微博、看朋友圈等等。

他关心世界上一切大事，对政局变动、世界战争、美国大选都特别关心。

这就是我们在心理学上要教大家的原理，叫作置换的理论，是弗洛伊德提出的一种潜意识的思维模式。

有的时候，当我们在现实生活中无法达成某种愿望的时候，我们就会把这种愿望置换成另外一种东西去实现。比如这个大学生，当他无法实现父母想要发财挣钱的这种欲望的时候，他就把他的焦虑感置换成了对世界大局、对世界战争、对美国大选的关心。

他用这种关心，来缓解自己事业和人生的焦虑感。

讲到这里，大家应该就可以知道了，为什么这个七岁的孩子理想是当网红而不是当科学家。

因为当社会文化和家庭文化中没有一种崇尚科学的气氛，在父母的眼里面世界充满娱乐信息的时候，孩子就不会把当科学家作为自己一生的愿望了。

案例十　让孩子接触富人的人脉圈值不值？

案例：很多年前我应邀在某电台做一档心理类节目，曾经有这样一个真实的故事：有一个播音员，她虽然收入不高，但是她在城里的一个高档的别墅小区租了一套别墅，每天只要没有工作，她就牵着一只狗在院子里遛弯儿，期待着和小区里的其他大款富翁们假装偶遇，结果没想到真让她达成所愿了，半年之后我们就听说她结婚了。

大家怎么看这个真实的故事呢？是狗血剧情还是激情励志呢？

我们先不要简单去说它好还是坏，先不要简单地用价值观去衡量它。我们先从心理学角度分析它，看透它，再决定你用不用它。

一、精英思维

其实所谓的精英思维有很多种，其中有一些还是挺有借鉴价值的。比如，超常的、超前的计划与安排，圈子思维等等。而倾其所有买富人区的房子，让自己的孩子与富二代们做小伙伴，这的确是某种精英思维的视角。

从心理学的角度看，它折射出父母们对于社会阶层固化的焦虑，对于孩子成功的焦虑，以及急于改变家族命运的焦虑。

什么是圈层呢？

就是一类人群具有相似的生活形态、艺术品位，很自然就会产生更多联系。这种圈层化和圈层运动的最初大概源于欧洲近代产生的“文化沙龙”。

因此让自己的孩子上贵族学校，住富人小区大概都是为了这个目的吧。

但是圈层并非简单地把一群人聚集在一起，它是以各种内在的精神契合（如价值观、生活观等）作为纽带，将人与人联系在一起的平台。

不同社会阶层不同社会经济地位的孩子从小在一起做朋友，长大后，他们是否可以真的达成父母们的所愿呢？

其实这个问题就是儿童时期的关系是否能持续一生？那么我们从孩子成长的心理角度来做一些分析。

二、两小无猜

从小就结成的友谊，互相信任，彼此拥有共同的儿时记忆，分享着童年最快乐的一些时光等，的确非常有价值。

我们认为，儿童时期是人形成人格的关键时期，这个时期儿童与他人的亲密关系会留下深深的烙印。

有些事情永远都不会忘记，它会构成人们最初的一些对他人的信任。

从这个角度而言，童年期所产生的信任程度和信任纽带是很强的。

三、现实原则

不管我们小时候经历过什么，我们的性格如何不同。不管我们的贫富贵贱差距有多大，也不管我们小时候是多么亲近，随着年龄渐长，到了成年之后，我们的现实原则会在生活策略中占据越来越主要的地位。

我们会依据当下生活的需要结成新的朋友圈子，或者选择社交对象和社交的频率。我们更容易依据就近原则，比如当前离我最近的物理距离、职场距离等等来发展生活中的人际关系。

我们也会依据现实原则来优先发展当前生活中的人际关系。

童年的记忆，也许我们会永远珍藏在内心，同时永远保持着那一份纯真。

但是在重大问题上，我们还是会采取现实原则。

四、正确引导

其实孩子很早就会形成对金钱的观念，他们很早就会敏感地意识到自己和他人的差距。

我们人最早时候的自卑、自恋等等核心的心理特质往往会在童年时期塑造。如果孩子在和别人的比较中发现较大的差异，同时家庭教育不能给予恰当的金钱观教育和价值观教育。那么孩子很可能会在这个比较的过程中形成对于金钱、身份、地位和财富的自卑。

如果为了孩子能够结交一些富人的小伙伴，却损失了孩子最重要的自尊与健康的心态，那就是真正的，也是最大的得不偿失。

因为自尊会影响一个人后天所有的职场生活、家庭生活和幸福感等。

总结一下，父母对孩子进行精英教育，按照精英的原则对孩子进行培育和训练，以及对他的人生轨迹进行设计都是无可厚非的。

但是在这个过程中要特别注意孩子的人格发育和心理健康的培育，要对孩子进行有效的、成功的关于价值观、金钱观等的教育和培育。在这种前提下对孩子的人生进行一定的设计也是可以理解的。

其实所有的孩子在成长过程中都会逐渐与其他小伙伴进行各种各样的比较。学习的比较，性别的比较，财富的比较，身高的比较，长相的比较，父母的比较等等。最重要的就是家长能否引导孩子在比较中获得健康的和正确的认知。

为了帮助大家学会教育自己的孩子在比较中引导认知，小明给大家设计了一些问题，大家可以引导自己的孩子去提高认知水平。

比如，我们可以问孩子，他怎么看班里谁富谁穷。

然后再问孩子，他认为自己是富裕的孩子还是贫穷的孩子？

然后再引导孩子认识到富裕应该建立在哪些基础之上？

还可以问孩子，你自认为自己穷的是哪些地方？自己富裕的又是哪些地方？

我们可以让孩子去与一个比自己更穷的孩子比较，别人比自己富裕的地方是什么？

再让孩子去与一个比自己富裕的孩子比较，但要说出别人比自己贫穷的地方是什么？

再引导孩子认识到最值钱的不是金钱本身，而是能够挣钱生存的能力。

可以从小多安排孩子进行一定的经济活动实践，比如出售自己不需要的某些玩具、书籍，理解财富创造的过程。

等孩子再大一些之后，比如十多岁的时候，可以给孩子做一定的生存训练，比如给他一百元，让他尝试在一个陌生的城市，从事一种职业生存下来。并且让他经过生存训练之后再思考，当下每天的生活，他可以有意识地选择学习什么，如何去培育训练自己生存所必备的一些技能。如何培养自己终生稳定的生存能力，赚钱能力，和用于傍身的技能。

有了以上的认知引导教育和对孩子心灵人格的塑造与培育，相信住在什么小区都不再是核心的问题。

相反，如果没有这些恰当的教育。那么住在什么样的小区可能都会有问题。因为孩子与孩子在各个层面上的比较，很早就已经开始了。学校里也总会有更富裕的孩子，随着年龄越来越大，这种比较会持续一生。

因此，有意识地提前做好孩子正确的三观教育，人格塑造，才是解决问题的关键。

案例十一　孩子成绩不差，要不要上辅导班？

案例：一位妈妈问我，她家孩子要不要去上辅导班？

她说她的孩子现在上五年级，成绩很好。但是他们班很多孩子都在上辅导班，这位妈妈担心，如果她家孩子不上辅导班的话，很快就会被别的孩子超越。

听到这个问题，小明的想法是，应该去办辅导班，为什么呢？可以看到现在培训行业是最好赚钱的行业了。其实小明在很多城市上课的时候，就发现了一件事，很多城市辅导班的开办者都已经成了上市企业老总了，所以如果你打算办辅导班，小明是支持你的，但是如果你打算让你的孩子去上辅导班，又如何呢？小明给你提供三个建议。

一、终身学习时代

现在这个时代孩子应该寻求终身的学习发展。

时代的变化这么快，未来什么职业最终能幸存我们都不知道，在这种情况下，只有保持终身学习的能力，才是未来不会失业饿死的前提。

如果这么早就让孩子去加油加力冲刺，比如上过多的辅导班，挤占了孩子玩耍的时间，会给孩子带来不少压力，这是很有风险的做法。因为要想保持终身学习的能力，最重要的一点就是保持孩子对学习的兴趣。

从小明亲身的经历来说，记得刚上大学时，周围不少同学都说："终于可以不用再学习了。"小明的一个同学甚至在毕业的时候发誓十年不再学习，不再看书。

当然，不可否认还有一些同学上了大学后会继续努力，坚持上晚自习，周末的时候也会坚持学习，他们想要考研。但是等他们顺利地考上研究生，再去观察他们，他们也不愿意继续学习了。

换句话说，其实他们抱着的想法就是：把学习一次性学够了，以后就再也不学了。

这种想法是非常幼稚的，而且很明显人生的损失也最大。原因就是，在这样快速发展的时代，除了不停更新已有的知识，保持不断学习的状态，再也没有其他途径，通过一次学什么能保证二三十年都够用！

那么如何能始终保持学习的状态呢？

千万不要在早期的时候磨灭孩子喜欢学习的天性，孩子本来就有探索学习的欲望。当我们给孩子过多的教育的时候，孩子就过早地丧失了对学习的兴趣，虽然孩子此时的学习成绩提高了，但是对他这辈子来说却是件坏事。

二、以孩子为主

如果非要让孩子上学习班，不是不可以，但应该以孩子为主，让孩子去选择他想学习的东西，这种学习不是以考试为目的、功利性的学习。

家长给孩子最重要的辅导是什么呢？

如果真的要辅导，就要教思维，让孩子学习各种各样的逻辑学知识，因为这些知识是中国小学、初中、高中教育中没有的，甚至在大学阶段也没有。

当然父母们没有能力做到这点的话，可以请能够提高孩子思维能力的家教。

三、学习之外的事情

可以尝试问问孩子，除了学习知识以外还可以学点什么。

家长尝试把自己的思维打开，你的孩子觉得有时间，家里也有一定的经济能力，而且孩子的学习似乎也不错。但是你看到其他的父母带着孩子拼命地参加各种各样的辅导，你就各种焦虑、着急，不做点什么心里又不安，这种情况下，你还可以尝试带着孩子去做点什么呢？

父母可以尝试和孩子沟通，除了学习课本知识之外，他们还对什么感兴趣呢？除了学习课本知识、学习艺术、学习技能，还有什么是他们想做的，或者好奇的。

小明在中学的时候，家里养了很多动物，养了两只狼狗，还有小兔子、小鸟，家里的池子还有贝壳。而饲养小动物的过程使得我对自然世界始终抱有浓厚的兴趣，这点很重要，因为这培养了我观察事物的能力，对后来小明学习心理学的用处很大。

举这个例子是想告诉家长，除了学习以外，除了报辅导班以外，孩子在其他很多地方也是在不断学习的。不要仅仅局限于课本。最后小明想强调一点，父母千万不要因为自己过多的焦虑而损伤孩子的天性和天赋。

案例十二　孩子买Q币花了6000块钱

案例：有家长咨询，说她姐姐的儿子小鑫，今年刚上初中，特别叛逆。喜欢打游戏，不爱和爸爸妈妈交流。回到家后，经常是一个人在屋里玩游戏。小鑫和爸爸妈妈的话不多，这可能和她姐姐、姐夫经常忙工作、生意，一直以来和孩子交流少有关。她的姐姐、姐夫，为了给孩子提供更好的生活条件，夫妻俩长期在外打拼，小鑫经常住在爷爷奶奶家。小鑫一个月和他们也说不了几句话。他们心里很爱小鑫，于是就拼命赚钱，想给小鑫更好的生活条件。自从小鑫上初中后，小鑫1周的零花钱有500块。妈妈还专门把自己的一个存有20000元钱的信用卡给了小鑫，并告诉他：这个钱是妈妈给你的，但不要乱花。

最近他们发现小鑫把他们给的钱都用来充值Q币了，已经花了6000多块钱。这让她姐姐、姐夫非常生气，但是又不知道该怎么办。爷爷奶奶也管不住小鑫。

一、抛开钱的视角

首先，不要从钱的视角去看一件事，你就会看到一件事情的真相。

脱离了钱来看这件事，把这6000块钱当作是6块钱来看，你觉得这是一件什么事?

孩子买了Q币，很明显孩子对网络有需要。孩子为什么对网络有需要呢?要和孩子去讨论、去问孩子的需要，了解孩子的需要非常重要。

大家记住，在处理孩子的各种问题时，切记孩子眼中的金钱和大人眼中的金钱概念是不一样的，所以不要轻易用大人的金钱知觉去理解孩子的动机，把钱和事情分开和孩子讨论。

二、和孩子讨论

讨论金钱的含义，我觉得这是需要和孩子讨论的问题。

6000块钱对有些家庭一定是一大笔钱，也许对于富二代而言不代表什么。但是对于富二代而言，也要对钱这件事情脱敏，即既不要把钱当回事，也不要把钱不当回事。

我想到了我之前经历的一件事，初中时，我开始对抽烟这件事产生了浓厚的兴趣，就把我爸爸的烟偷偷地拿出去抽。我躲在一个房间里面，一根烟抽一点之后扔掉，然后又换一根，体验不同的味道。

后来我妈看到了，我把烟头快速扔到床底下去，还是被我妈发现了。然后我妈并没有说什么话，她把这个留着，等我爸回来解决问题。

我当时在想，我爸回来肯定是一大堆的教育教训甚至大骂。没想到他只是正常地吃饭，然后问我偷偷抽烟是一种什么感觉。

结果这件事反而使得我对抽烟这件事没有好奇了，同时呢，我妈又由这件事说到我爸抽烟影响到了我，我爸就开始戒烟了。

从这件事情的处理方法，我学到了很多东西，结果造成了我这一生都不抽烟。因为我觉得那没意思，没趣味。

我想通过这个故事告诉大家，对于有些事情的处理，不仅仅是知识的问题，还是文化的传承，是家族处理事情的风格。

处理小鑫这件事情，家长应该和孩子讨论钱是怎么回事，还要和孩子讨论钱的意义。父母应该让孩子明白挣钱的不容易，以及家里的经济状况，让他懂得金钱的价值。

三、培养正确的金钱观念

一个孩子突然花6000块钱买Q币，而且这个钱还不是自己的，这个钱如果是自己挣的，他应该就不会轻易花。

所以孩子的金钱观念是从小培养的，应该从小培养孩子通过劳动积攒自己的零花钱，让他能够知道金钱为何物，他才能够拥有控制自己的钱、花销自己的钱的能力。

一个人这一生一定要对三个东西脱敏：对钱要脱敏、对权力要脱敏、对权威要脱敏。

因为很多时候人们在面对这三个问题时都会失去理性。比如说认识了一个权威，就忘记了凭借基本的逻辑认知去判断权威的可靠性。遇到了钱，就失去了理智的思考。遇到了有权的人，立即又会失去自己的自尊。这就是人生要戒的三个东西，这也是在教育孩子的时候要帮他脱敏的三个问题。

无论一个人的一生有多么成功，如果不解决好这三个问题，就会在这三个问题中的任何一个问题上摔大跟头。这三个东西不脱敏，这一生注定命运坎坷。

案例十三　初中生在校被人勒索

案例：小刚，中专生，整天沉迷于网络游戏。小刚家里是单亲家庭，他跟父亲在一起。小刚在学校的人际关系不太好，每天去学校，同学都跟他借钱，之后也不还给他，他也不敢跟别人要。后来小刚甚至被学校的人勒索，但是他不敢告诉老师和家长，为了避免这样的情况，他干脆不去学校。

很多时候，我们对孩子在学校的生活的重视度是不够的。我们误以为孩子没有长大，他的生活环境是简单的。

恰恰相反，无论是幼儿园的生活，还是学校的生活，对于一个孩子的应激程度不亚于我们成人在社会生活中，甚至比成人社会生活中的应激程度还要强烈。

大家想想，孩子首次去幼儿园时，他的情绪是什么呢？对不少孩子那简直是一种生离死别。孩子初到幼儿园，突然发现父母不在身边，所有人都不认识，无论做什么都有人对他下命令，他完全是茫然的。还有时候当他看到一个玩具想要玩时，突然就有孩子将他撞到边上，把他拿到的玩具抢走，这完全是野蛮的动物丛林法则，他时时刻刻都面临各种危机，他不知道该怎么办。

家长老师不能用大人的眼光来看孩子的生活，每一个孩子在成长的阶段所面临的情景都是非常复杂的。

同理，小学初中学校里的这种欺凌现象也是非常严重的。

女孩面对的更多的是相互的争吵，男孩面临各种比他力量更强的人对他的威胁。

很多孩子在这种时候，根本就没有防范能力，他既不敢告诉家长，也不敢告诉学校。

他们每天都要忍受这种强烈的恐惧。

家长作为成年人千万不要把这种事看成是小的问题，校园欺凌很严重，有时候对孩子来讲甚至是死亡的威胁。

而这个年龄的孩子往往会选择不告诉父母，可能是怕父母会过度关注这个事情，会使得他在学校更没法混，因为他不知道该怎么面对这些。

孩子要应付的这个社会非常复杂，家长在看这个问题时，千万不要简单地认为孩子在逃避。它意味着如果在家庭的系统里面，学校的系统不能对孩子产生任何的帮助，孩子只能采取逃避的方式。

在处理这个问题时，一方面做系统工作，一方面做提供情感和认知上的帮助。

一方面让孩子认识到，他可以做什么样的选择，他有一些什么样的资源可以启用，他如何更好地处理这些问题。

另一方面父母给予一定的技能知识的帮助，学校也给予帮助，完善学校的管理制度，老师也要给予关心，这些全方位的系统支持会让孩子的环境有一定的改善，孩子便愿意去学校。

有时候，孩子会因为这个而拒绝去学校。

这个问题不能简单地看作是心理现象，这固然和孩子处理复杂情景的能力，人际沟通的能力有关系，但也隐约能看到孩子在心理品质上，人格上有一定的懦弱。

有时我们需要通过心理咨询的帮助，与之建立信任感，增强他的信心，孩子有信心之后，便会减少别人对他的欺凌。

案例十四　19岁男孩的初恋

案例：男生，19岁，在日本准备参加留学考试，这个期间爱上了一位女生。他认为这个女生各方面都非常优秀，在这种力量的支持下，他认真地学习，想追上她。这个男生对女生献殷勤，但那个女生对他忽冷忽热，让他感到没有希望追上她。他感到非常矛盾。怎么样能够追上这个女生呢？

男生的母亲非常担心，因为她觉得儿子无论如何都追不上，担心他为了这个事情而耽误学习，或者追求这个女生失败后情感会受到打击。

像这样的问题如果直接出主意，有时候是不太负责任的行为，因为信息不完整，如果仓促地建议或者决定可能会带来负面的影响。

但是，可以把它当作一个案例来讨论和分析，尝试用心理学去解释背后的东西。

一、β 毒素

一个人对另一个人产生强烈的感情，这在青春期是非常正常的。

特别是情窦初开时，对他来说，这段感情是非常真实，非常强烈的。

对他来说，似乎这个时候是人生最重要的时刻。

每个人的第一次婚姻大都如此。每个人的首次婚恋，首次爱情往往是受原生家庭的影响，即在和母亲分离之后的那种缺乏所带来的所有对于异性的综合性感受。

这种欲望似乎在第一次有一个机会去实现，也正是因为有个机会去实现这些欲望，所以对于每个人来说都显得格外强烈。

所以第一次是所有人都要经历的一个过程，但是同样存在差异。

绝大多数人的第一次感情都很强烈，但是有一部分人在强烈之余，仍然会产生一些过度的反应。

这种反应的强度和烈度如果超出了大众，就说明他早年在生活中可能会有一些影响和创伤，这种影响和创伤不管是什么样的，都代表他在婚恋、爱情方面，受到早年毒性的影响过强了。

这种毒素在比昂的精神分析里面我们把它叫作 β 毒素，意思就是由于早年影响过于强烈，使得孩子在第一次产生恋爱行为时，他心里面藏着很多很多的毒素。而这种毒素在第一次时，会用一种方法释放出来。当他第一次去释放这种毒素时，就会遇到疑问，如果对方就是他追求的那个对方，他就会有一个很好的消化毒素的功能，在比昂精神分析里面就是阿尔法功能。阿尔法功能的意思就是净化不良情绪功能，如果有这种功能的话，那么当我们把毒素消耗殆尽时，我们就会表现出更多的对爱情美好的、真善美的一些体验。

但是有些人由于人格上有缺陷，或者其他原因，他的毒素并不会释放完，他会反复在一个人身上验证，但由于初恋时间往往又不够长，要想把毒素完全消耗完，需要好几年的稳定的感情关系。

所以初恋往往不能承担这么一个功能，对方不能像一个优秀的心理咨询师一样，长期消化你内在的毒素，往往最终的结果就是这个人早年毒素没有消耗完，结果又在初次的爱情中受到挫折，造成毒素反而叠加了。

然后这个毒素就可能转移到他下一次的爱情里面去。这种源于早年的影响一次次地强化着，始终都不能得到缓解。而这样的一些人最终往往也会走向心理咨询，或者走向宗教，心灵的一些慰藉场所，去寻求慰藉。

这一部分人，实际上是应该来接受心理辅导的。

二、人格关系

为什么初次的恋爱，对于十九岁的男孩子影响很大呢？

原因在于，初次和一个人发展恋爱关系时，往往会动用人格模式，即会和对方建立人格关系，而不是简单的人际关系。

因此当一个男孩儿刚刚开始和另外一个女孩儿在一起时，他只是刚刚开始呈现出人际关系，并且这个时候呈现出来的往往都是自己比较美好的一面，二人之间的关系是正常的。但随着关系的深入，如果其中一方人格上有问题，他就可能用自己人格上的一些要素尝试与对方产生人格上的一种关系，这时往往会呈现出控制、操纵、迎合、依赖、过多的情欲等关系。

这种关系下，另外一方可能会承载不了。

有一种例外，就是另外一方自己本身也有一种人格障碍[①]，他们两个互相移情配对成功了。

但大多数情况下这种配对并不容易产生，所以另外一方可能招架不住。招架不住后，可能关系就开始往出推。当他（无法承载方）把关系往出推时，另外一个人人格上的那种模型再度被激活，因为他害怕这种失败和受挫的经验。所以他的这种人格上的模型行为在对方身上就会表现得更频繁、更强大，最后造成的结果一定就是关系的破裂。

被激活的人格关系在首次受挫之后，这个人又会产生一个强烈的愿望，想要找另外一个人重新演一遍。有一部分人受挫几次之后，可能就会把自己的力比多收向了内部，即放弃了自己与外界建立的努力，会更多退回到内部世界，这时就会产生一种力比多的内投。退回到内部世界之后，他就不太相信能够和外在的人建立起治疗他的人格关系，这种情况下，最好是接受心理咨询的辅导。

因此在这个案例中，对于这个十九岁的男孩子来说，这是他的初次恋爱经历，可能带来的影响和恋爱的强烈程度都不是一个妈妈或者一个外人能够想象的。

因为往往双方都是人格关系上的一种试探，双方都在试探，试一下你是不是我人格上可以匹配的那个人。

---

① 指明显偏离正常且根深蒂固的行为方式，具有适应不良的性质，其人格在内容上、质上或整个人格方面异常，由于这个原因，病人遭受痛苦和/或使他人遭受痛苦，或给个人或社会带来不良影响。

三、观察人格

一般来说，初次恋爱，人们都在试图与他人建立一种人格关系，而非普通的人际关系，因此，初次恋爱的经历对于人的影响是非常巨大的。

首次恋爱经历实际上就变成了一个非常好的用于观察这个人是否在人格上有不足的机会。

父母也好，其他人也好，包括自己也好，都可以来观察一下。当我们首次和别人发生一种恋爱关系时，我们呈现出来的模型到底是哪一种呢？过度依赖的？过度迎合的？过度情欲的？过度控制的？过度操纵的？过度施虐的？还是过度受虐的？

如果激活了这里面一些过度的东西，那就代表着我们可能有种人格上需要处理的问题。

当然有很多人，特别是正常人，他们在首次恋爱中也会尝试激活这一部分。但是如果自己没有什么大的人格问题，他们的内部的毒素可能刚开始偶尔会出现一下，但是很快，毒素就消化完了，他们就能够和别人用一种理性的方式来进行沟通，进行情感交流。

关于这个十九岁男孩子的情感问题，可以看一下他是不是有一种能力，在他前期 β 毒素释放完之后，比如对别人爱的依赖、爱的控制释放完之后，是不是可以很快用一种理性的方法来对待自己的情感，知道自己在这个时候可以做什么、能做什么。虽然放弃之后会很痛苦，失恋一段时间也会很难过，但是仍然可以找到自己这个年龄阶段可以做的事情，如果是这样的话就可以知道，这个人并没有大的人格问题。

所以这是一个试金石，利用初次的婚恋关系，让每个人可以看看自己，父母也可以看看孩子，在这方面是否有类似的情况。

假如说看到这个孩子有这方面的情况，其实更应该做的事是接受正规的心理咨询辅导，通过心理咨询，重新调整孩子内部的人格结构，重新调整他荷尔蒙的组织方式。

最后总结即如果孩子没有人格问题，父母是不用太操心和太担心他的。如果他没有人格上的问题，我们应该鼓励这样健康的情感，鼓励他去体验他的第一次，无论体验的结果是失败的还是成功的，只要他的人格上没有大问题，对他就不会带来真正意义上的伤害。哪怕是苦涩的，哪怕是酸的，这种酸的感觉，苦涩的感觉，仍然会成为他以后回味人生经验的一部分，所以在这种情况下父母是不需要多虑的，也不需要过多干涉。

关于孩子问父母能出什么主意时，父母要鼓励孩子自己去探索，去享受，自己去承担自己人生中的第一次。

当然，对于男孩女孩来说，因为中国特别要强调这一点，即父母提醒孩子在第一次的恋受过程中，注意如何避免由于性关系不当所带来的怀孕的情况，这一点，是需要父母提醒的。

除此之外，一个正常有情感需求的人，父母可以允许他这次失败，而且允许他去承担这个失败。因为只要这个人的人格基本框架是健康的、正常的，失败对他来说不是坏事情，可以让他更好地知道自己经历过什么，现在需要做什么，以后他还将想要追求什么，所以从这个角度而言，一切都不用太过虑。

如果孩子情感反应过于强烈，家长恰好通过这个事情知道孩子在人格模型上需要做一些调整，在他首次恋受的过程中辅导他，让他能够慢慢地更好地思考自己人生中关于恋爱和婚姻的命题。

案例十五　如何填报高考志愿?

案例：高考结束，成绩出来之后，小玲一家人却仍旧没能松一口气。因为接下来，还要填报志愿。小玲想报考的专业家长不是很喜欢，他们想让小玲报考师范专业，觉得女孩子以后做教师体面，而且工作有保证。但是小玲对此十分抗拒，为此和父母争吵。最后一气之下，志愿随便填了一个。

一、学校的意义

填高考志愿对于家长和孩子来说都是非常重要的一件事情，那么，高考志愿到底该如何填报？要说到高考志愿的选择，我们要先谈谈学校的目标和它的意义到底是什么？

首先谈谈中国古代的教育。中国古代主要是私塾教育。私塾教育的意义就是科举的预备队。培养这些科举预备队的原因又是什么呢？就是为了能够保护地主的私有财产。所以当时很多农村里面的地主都会举办私塾，因为它具有一定的经济价值。

而在西方，我们在英语里面学到的单词school，可以解释为高中，中学学校。这实际上是当时普鲁士为给军队培养人才而进行的特有的技能化的一些训练。后来有人说德国在一战、二战时的军队都很强大，就是因为高中办得相当成功。

大学在英语中是college，它是英格兰的一种贵族传统。贵族为了学会更好地管理自己的私有财产，会进入大学学习。

再高一层次的学习就是graduate school，也就是研究生院。这个单词来自于古希腊贵族。它是贵族为了追求精神上更高的享受而产生的一种事物。这是过去的教育，不是世俗的教育，不是以特别明显的功利作为目标的。

大学教育很多时候产生的是一种精神的追求，而不是价值的实现。

二、价值观的指引

在进行高考志愿选择时，应该考虑的是，孩子的出发点是价值的实现，还是孩子个人精神的一种追求？这就完全不一样了。所以一定要弄清楚孩子的目标和价值观。

儒家文化中一个学子要去参加科举，要入世，其实那个时候他是有价值观的。那时候价值观是功利的吗？也不是。他的价值观仍然是指向理想的，而这个理想往往是指向我们说的报答国家和自我实现的价值。

所以，在高考填报志愿选择专业时，首先应该考虑的是理想。

有了理想在前面，作为一个欲望去指引，这是非常重要的。如果有理想在前面牵引自己，那么，就会有很长时间的驱动力。读大学时才不会荒废时间，才会不断学习。

三、兴趣的激励

很多人上大学之后第一件事就是玩，因为他觉得自己学出头了，他对自己所学的专业没有任何兴趣。

因为没有兴趣，所以他绝不会在学生上面花时间和精力，都是在考试前临时抱佛脚，强化一下就行了。

但其实这是荒废时间，如果选择的专业是自己感兴趣的，就会在上面花时间，愿意去钻研，多多少少会有一些收获。

四、自我实现的欲望

有了理想有了兴趣之后，第三个是什么呢？就是非常强烈的自我实现[①]的欲望。

自我实现可能是三个当中唯一一点点与利有关系的。但不是简单地把它翻

① 个体的各种才能和潜能在适宜的社会环境中得以充分发挥，实现个人理想和抱负的过程。亦指个体身心潜能得到充分发挥的境界。美国心理学家马斯洛认为这是个体对追求未来最高成就的人格倾向性，是人的最高层次的需要。

译成毕业之后找工作挣钱那样的世俗。

有了这三点，当孩子考上大学之后，他的人生方向人生道路即使会调整，他也会有很长时间的驱动，这个驱动终究会使他走向成功。

所以他的人生不需要你担忧。你现在给他选的这个专业，毕业之后你会发现互联网时代变化这么快，所学的东西不适合了。他就开始找不到工作，家长又开始为他担心。工作之后上了班。上了几年，职业又没有了，工作又消失了。家长又开始为他担心。

这是很多中国父母一辈子在为孩子担心的最主要的原因，家长从一开始出发点就是世俗化的、功利化的，家长当然会担心一辈子。

最后，读书的目的真的不是为了钱，人这一生有很多东西一定要让钱买不到，你的人生才具有意义。

读书的目的是我们让自己从一个世俗化的世界进入到另外一个世界。因为读书本身就是这个世界上非常具有价值，具有想象力的事情。

案例十六　考上普通大学的孩子怎么读？

案例：小张高考成绩一般，最后被一所普通院校录取。进入大学之后，他想，反正是一所烂学校，随便混混就毕业了。大学期间他除了打游戏就是睡觉，期末随便复习一下也就过了。毕业以后，小张身无一技之长，学校又很普通，很多企业不要。因此找不到工作，小张把这个归结为学校烂。

像小张一样，很多普通大学和大专学校的学生在学校里不好好学习，有一种悲观失望的情绪。普通大学的孩子是不是以后一定没有出路？

一、自我预期

这个问题其实和心理学有很多关系。

其中很重要的一点就是一个人去做事情时的预期。比如，一个人到北大清华这些一流大学时，他在内心里面有一个对未来的预期，这个预期多数情况下都是一种积极的预期。

在职场里，只要一个人被单位公开奖励过一次，就会出现一种现象，他会觉得自己在这个单位里处于一个前列的水平。当他一旦认为自己排在前面，就会付出与这个预期相对应的努力，而一个人愿意拿出多少潜能用于他的生活、工作其实就取决于他对自己的预期。

所以从这个角度而言，普通大学或者大专学校的学生这样做实际上是合情合理的。

但是生活还有另外一面，有些孩子能够看到，有些孩子看不到。比如，有些孩子一旦发现自己在目前的环境中不能得到一个积极预期时，就会采用其他途径找出路。而其他孩子就会沉浸在这种不太好的预期里面，而不再愿意去努力了。

那么怎么样才能给这些学生一个引导是非常重要的，如果这些大专学校和普通院校的心理老师们或者校长们能够在开学时就给他们做一些认知上的调整，就能够在一开始把他们的认知和预期调到一个最佳的状态。这些孩子就会付出加倍的努力，挖掘自己的潜能。

每一个人都有自己的潜能，但是如果这些潜能没有被挖掘出来，他们注定就会平庸一生。一旦一个人愿意把自己的潜能挖掘出来，就会发现所谓的普通和一流之间的差异立即就被抹平了。

二、我是谁?

首先这些学生应该思考一个问题：我是谁?

在大学的心理健康教育里面有些团体辅导，老师就会让大学生去做关于我是谁的团体辅导或者认知游戏。

“我是谁？”不是简单地介绍自己的名字、性别、家庭住址等基本信息。更重要的是，自己对自己的认识，关于自己的性格、优缺点、目标、价值观等，是一个全面的认识。

一般来说，在大学里面可以寻求专业的心理老师帮助，或者参加团体辅导来不断确立对自我的认知。

三、为什么学习?

中国学生从小开始学习，但是始终没有解决好“我学习的目的是什么，我到底为什么学习”这个问题。

这个问题需要进行深入的一个探讨，有时还需要通过苏格拉底式的打破砂锅问到底的方法来把这个问题搞清楚。

认知调整除了这种方法以外，还有就是大学生在这个年龄段，会受到外界英雄或成功人士对他们的积极影响，所以说在这种情况下，学校如果能够带他们去见一见他们心目中的英雄，比如他们知道的某些行业的领袖或某些知名人士，让这些英雄人物给他们讲人生的奋斗历程，学生们也会受到很大的积极影响，在认知上就可能会更容易调整过来。

四、发现自己

上述这些事情做完，第三件事就是要发现自己，发现自己擅长什么，发现自己的兴趣点在哪里，发现自己如何度过在学校里的三年或者四年时间。

这个时候挖掘自己的潜能，发挥自己的长处和对自己的人生规划就要紧密地结合在一起了。

其实任何时候困住一个人的都是一个人对自己的评估，对自己现状的评价。而生活本身是不可能困住我们的，只要我们的心理预期没有被困住，那么生活一定会为你打开很多意想不到的机会。

案例十七　全职妈妈带出来的孩子差？

案例：一名老师说，她发现全职妈妈带出来的孩子确实比双职工的孩子差，你怎么看？

一、以己度人有偏差

关于这个问题，小明想说的第一点就是，很多人学习心理学最容易产生一个错误，也是大多数人在生活中犯的错误，那就是假相关，我们常常把自己的经验，假想成是别人的经验，把自己个案的某个例子，当成是大多数人的例子。

以自己去推测他人，认为自己是这样的，别人也是这样的，我看到身边的某个人是这样的，那么绝大多数也是这样的，这个也叫以己度人。

小明经常在课堂上做一个实验，问我的学员：这里有三张照片，分别是裸体男性，裸体女性，母婴合影，你们猜男生看到哪张照片瞳孔会最大，女生看到哪张照片，瞳孔又会最大呢？

你就会发现，当问男生的时候，男生就会说，当然是裸体女人的照片会让我瞳孔最大。然后小明接着就问，那你们觉得女性看到哪张照片瞳孔会最大？他们就会说，那当然就是裸体男性啰。这就是小明所说的以自己的经验去揣测别人，这是心理学里最常见的错误。

前段时间心理圈有本书特别火，但是也引起了很多的争议，因为作者写作最大的特点就是：把自己家庭中发生的事情说成是全中国人都有的，把自己观察到的某些个案推测成全中国人都是这样的，妄称中国人99%都是巨婴，这也是假相关的心理学谬误。

所以案例中这个老师只是把自己看到的一些经验总结起来，然后就推广到了所有全职妈妈的身上。这样的看法是片面的，不合理的。

二、硬币的正反面

在生活中的多数情况下，特别是涉及心理学的问题，一定都是各有利弊的，就像硬币的正反面，全职妈妈和双职工带出来的孩子是不是都有利弊呢?

一定是的，如果从时间的分配角度而言，全职妈妈会有更多的时间，双职工的家庭在时间的分配上要少些，因此全职妈妈会有更多的时间陪孩子，这是件好事；而双职工的妈妈陪孩子会少些，这是弊端。

但是整天陪孩子的全职妈妈，由于她们陪伴孩子的时间过多了，反而没有给孩子独立成长的空间，或者在陪伴的过程中，把自己的焦虑传递给了孩子。

也许双职工的家庭父母也是焦虑的，不过他们与孩子待的时间比较短，孩子更多的时间是和学校里的其他孩子、老师，或者和爷爷奶奶在一起，受到父母双方焦虑的影响相对来说就会少一些。

这就是我们所说的，不能简单地判断，全职妈妈带出来的孩子就更差，这种看法就带有偏见了。

所以决定性因素是你是否用了恰当的方式和孩子互动，而不是错误地使用道听途说的知识来养育孩子。

换句话说，是否能够正确地使用心理学，使用教育的理论来培养孩子才是问题的关键，而不是在于是不是全职妈妈。

三、孩子是怎么想的?

现在儿童教育最大的错误就是，我们从来都是自己在这里想，父母在这里想，专家们在这里想，但是从来没有弄清孩子是怎么想的，受教育的主体既然是孩子，为什么不问问孩子是怎么想的呢?

如果脱离了孩子的感受和想法，就是我们在这里胡乱编造亲子关系的模型，然后教给父母，这是对孩子不负责任，对父母不负责任。

所以我们都应该去问问孩子，他们在全职妈妈这里感受到了什么，他们在双职工妈妈那里，又感受到了什么。

如果具体到你的孩子，倒不如和孩子商量商量，互动互动，问问孩子，妈妈有这么多时间陪伴你，哪些地方你觉得好，哪些地方你觉得需要改善？

如果是双职工的家庭，妈妈没有这么多的时间陪伴你，你有什么需要，你是怎么想的，需要爸爸和妈妈为你做些什么改变，才能有助于你的成长？

我们应该把这些问题交给孩子，听听孩子是怎么说的，因为他们才是受教育的主体。

小明想强调的就是，永远不要用上帝视角来从事亲子教育和儿童心理培育，学会视角平等，学会俯下身，用小孩的视角来观察大人编造的理论。

案例十八　互联网时代的孩子怎么教育?

案例：有记者就一个新闻事件采访小明：一个十三岁的小姑娘和妈妈吵架，吵架的原因是考试成绩不理想，吵了几句之后，这个小姑娘就离家出走了，惊动了许多人满城寻找，引起了媒体的关注。

记者想问，孩子的逆反期，家长应该怎样教育？这个新闻事件之外还有一个事情，某城市有两个小女孩失踪了，家长也是满城去找，结果没有找到，最后发现是邻居把她们杀害了，这引起全社会对孩子安全的极度恐惧。

一、信息的传播和解读

这两件事情为什么要放在一起呢？我想让大家看到，父母的焦虑和孩子的自我意识往往是冲突的，当你站在不同的立场的时候，你必然就会有不同的选择和不同的观点。很多时候我们轻易地说出一件事和对一件事的看法的时候，首先就要考虑立场问题。

把这两个新闻事件放在一起，我相信很多父母一定在想，当父母的一定要对孩子多管教管教，现在这个社会太危险了。有的时候可能不得已会对孩子做一些比较粗暴的、简单的管教，这也是情有可原的，

如果我们从第二个新闻事件去想，我们就会想，现在的父母不懂怎么教育孩子，孩子在青春期逆反，离家出走，结果孩子遇到危险，这件事情好像是父母的错。

父母不管教有错，管教多了也有错。孩子对于被父母管教似乎也有委屈。

所以不同的立场看问题就会有不同的选择。

每代孩子面对的世界、环境都是不同的，孩子的成熟度也和上一代不同。

我们现在这个世界是一个互联网的世界，互联网世界最大的特点就是信息

传播和传递比过去快得多，过去的某个新闻事件，没有人知道，只在某个地域发生，而现在是满城皆知。

所以从这个角度来讲：互联网时代的信息传播增加了父母的焦虑，因为会听到更多的来自不同城市的敏感信息。在世界上每时每刻都会发生很多事情，但是父母会挑出自己最敏感的部分去加以解读，所以最终解读的结果一定是他担心的结果，那就是一定要把孩子管住，因为社会不安全，一定要把孩子管住，因为孩子不懂事。

父母对信息的解读，只是事情的一个方面。

事情的另外一个方面是什么呢？

大家观察一下，没进入互联网时代以前，孩子们的信息是从哪里得到的呢？老师、家长和同学，他们得到的信息是非常有限的。

但是在互联网时代，很多孩子得到的信息量突然倍增了，他们的自我意识增强。一个孩子离家出走除了和父母的冲突，还有一个可能就是他得到过类似的信息，这些信息可能离他很远，但是因为互联网的传播，大家可以更快地得到这些信息。

现在的孩子得到的信息量和信息的广度都和过去大大不同。

换句话说，现在的孩子自我意识的觉醒时间提前，同时他们面对选择、应对烦恼的方式也更大更多。其中有一些选择很明显对他们影响很大，但是因为他们的认知能力的局限，他们还不足以去应对这个冲突，所以他们面对很多选择，会简单地加以应用。

就像前段时间传播的蓝鲸游戏①。

这个游戏是在国外传播的，但是因为在互联网时代，传播速度快、传播范围广，这些游戏的传播，就使得孩子了解到自杀信息的时间提前了。

---

① 是一款俄罗斯死亡游戏，游戏的参与者在10–14岁之间，完全顺从游戏组织者的摆布与威胁，凡是参与的没有人能够活下来，已经有数百名俄罗斯青少年自杀了，而且这个游戏还在向世界扩张。

就像案例中提到的孩子离家出走这件事情，他们可能也得到更多的其他孩子，甚至其他城市、其他国家的孩子的应对策略和风格。这些复杂的信息更早地装进了孩子的脑中，这就是这个时代的孩子和过去的孩子的不同。

现在的父母是传统时代的父母，现在的孩子是互联网时代的孩子，现在的父母在多数情况下都找不到对在互联网时代长大的孩子的教育方式。

我们在说到教育，以及教育该怎么选择时，往往都比较极端。

孩子应该管教，孩子应该放开快乐地学习，这些都是极端的选择，但是父母在面对这些思潮的时候，往往不知道哪种更恰当，以及在具体的教育中掌握一个怎么样的尺度，这点对父母非常难。

二、互联网时代的影响

互联网时代的孩子产生的问题，不仅仅是中国独有的，西方也面临同样的问题。

有一部美剧描写的就是一个中学生转学到了新的学校，然后和新的学校的同学发生了各种各样的故事，最终这个孩子选择了自杀。这个故事为什么有互联网时代的背景呢？这个时代每个人都有手机，手机上传播了这个孩子的一些不好的照片。

可以看到，这个时代的信息传播对孩子的影响超过了上一代人，所以我们现在面对的情况，不是中国才有的，这个全世界的难题就是上一代的家长对于互联网时代长大的孩子缺少一些应对的策略。

这应该是全世界都面临的问题。

过去传统时代的教育方式正在失效，这个失效的原因有一个重大的原理，这个原理是什么呢？

一个孩子会被谁影响？

过去的人，受到的最大影响一定来自自己的养育者——父母，然后到了学校，最大的影响者应该是老师，接下来影响比较大的人是他的同班同学。

这是过去一个孩子成长的传统流程。

互联网时代使得孩子在被父母影响的同时还一直在被互联网影响。他们甚至在进入幼儿园的时候，就已经开始接受互联网时代的影响，比如，互联网时代，某一个信息突然开始全世界传播，他们就开始受到影响，幼儿园老师给他们播放一个歌曲，可能就是全世界的孩子都会唱的一首歌。

他们这代人在人格还没有成熟之前，在父母们还没有把自己的想法、自己的价值观装进孩子的大脑之前，在老师还没有把学校应该教的东西装进孩子的脑袋之前，互联网流行的信息已经开始进入他们的大脑了。

就像我们前面提到的蓝鲸游戏在全世界引起了震动一样。

互联网时代的孩子受到的影响正在从过去的父母影响变成群体影响，而这是互联网时代的群体信息、群体思维对孩子的三观的影响。

三、社会系统整体的方式

解决这件事情，我认为单单靠父母不太容易。

我认为在互联网时代要解决这个问题需依靠社会系统整体的方式，这个社会整体的系统分别是国家社会层面、学校层面和家长层面。

国家和社会层面需要做什么呢?

国家需要组织互联网专家、心理专家专门研究互联网时代的孩子的特点，并且针对互联网时代的特点，编撰一些能让他们更早地应对复杂世界的漫画书、动画片、儿童读物，用这些信息占据孩子的大脑，让他们有更多的应对复杂世界的策略。

学校层面，需要加强心理学在学校的应用。

学校不仅要配心理学老师，学校的老师也必须掌握新时代的孩子的心理特点，把心理学变成他职业技能的组成部分，然后在学校开展多种形式的心理课。这些心理课的目的是为了完善学生的性格，健全学生的人格。

家长层面，家长不能再简单地用上一代人的视角和方法来应对互联网时代的孩子。

家长应该重新学习如何做父母。

重新学习如何做父母要面对的一个难题就是：社会没有提供非常好的素材，关于这点也需要从国家层面给予父母这方面的帮助，包括由国家组织必要的父母课堂，给父母传递科学的、靠谱的、专业的应对孩子的教育方式和教育理念。父母也不要在互联网各种冲突的信息中自己去学习，因为有的时候可能找到一个错误的答案。

所以建议父母要多学习，遇到和孩子的矛盾的时候，不要首先就想到去惩罚孩子，这样反而增加冲突。可以考虑求助专业人士，比如寻求专业心理咨询师的帮助，包括对孩子也包括对父母。

总结一点：只有多维度、多系统，整个国家、社会、学校、家长共同努力，我们才能够帮助孩子成长，帮助孩子发挥潜能，帮助孩子走好新时代的人生轨迹。

第十章

儿童成熟的标志

第三代儿童心理教育关心孩子全方位的成熟，这点与第二代儿童教育有很大的区别。第二代儿童教育经常会出现这样的情况，孩子身体看起来是长大了，成熟了，但其性格不完善，认知模式还不够全面，自我引导自己成长的力量不足，很多人不具备终生学习的能力，换句话说，就是在未成年期没有得到足够的赋能。

第三代儿童心理教育强调培育出真正的德智体美劳全面发展的孩子，主要有以下几个方面：

第一节　大脑的成熟

一个成熟的大脑到底有什么样的标志？

首先，从生理上讲，大概到25岁之后，大脑在生理上才慢慢成熟。

生理大脑成熟代表什么呢？代表大脑的最关键的一些区域成熟了。但这并不意味着到了25岁，大脑就全部成熟，它指的是有些阶段性的已经成熟，而有的可能就终身不再改变或者很难改变。

25岁之后大脑面对的事情反而更麻烦，那就是大脑脑容量[①]的流失。男女脑容量的流失速度不一样，男性流失速度要比女性快。在人的一生中，大脑的成熟可能使大脑在短暂的一段时间内处于最佳状态，而早期过多的强化学习或过多的心理创伤又会影响大脑的神经网络结构。如果不注意对大脑的训练，不注意对大脑功能的开发，大脑会很快丧失25岁时最顶峰的黄金时期。

所以，人的一生真的是要修大脑的。

我们常说“修心”“修身”，说到底，心就是大脑的功能。我们要修的是大脑的状态。身体是灵魂的载体，只有身体好，我们才有维持并发展大脑的功能。

大脑持续地发展自己，并不是一种自然而然的现象。

有些人的大脑通过系统性的训练，其大脑的层次的确会不断提高，而大多数人的大脑发展实际上是按照人生的节律性、生命的周期性在发展。这就不一

① 脑容量也称“颅容量”。颅骨内腔容量大小，即大家所说的脑容量，以毫升为单位。从颅腔的容积上看，人的颅腔容积可达1500ml左右。

定是发展，有可能到了20多岁后就开始逐渐退化。所以，如果不能对大脑的功能进行开发、管理、训练，进行层次的提高，那么成熟大脑就是一句空话。

了解大脑成熟的标志，就能够有意识地对大脑的功能，对大脑生理上的特点，对自己作为一个男性或女性，以及对于自己作为男性中某个特殊个体或女性中某个特殊个体，在大脑功能上的差异性进行有目的性、针对性、补偿性的训练。

拥有一个成熟的大脑意味着你要学会管理大脑，训练大脑，开发大脑，并且有目的地针对大脑个体的差异性有针对性地进行补偿性训练，以保持你的大脑在从小到老的整个过程中都能有效率地工作，受年龄的影响比较小，能够应付你复杂的日常生活的需要。

成熟大脑第一个最主要的标志，就是在生理上你懂得你是谁，在生理上知道你大脑功能与别人的不同，长处是什么，缺陷是什么，每个人都会有不一样。

一、大脑功能的差异

大脑功能上的差异包括很多方面，比如左右脑功能的差异、精细化操作、语言的差异等。从功能的角度出发寻找自己和他人的不同，了解自己的优势和缺陷才能够“对症下药”，进行针对性的训练。

大脑的左右半球，分别控制着身体的不同区域，因此造成了两者在功能上的差异。大脑是功能偏侧化的器官，变现在现实中就是左利手和右利手的差异，即常说的左撇子和右撇子。

例如小明自己是右撇子，作为右利手我又需要做什么样的训练补偿呢？我从小学弹吉他，可以进行一些左手的训练，包括弹吉他用两只手，而且左手负责的功能比较多，因为左手要负责按键，按键对大脑来说是一个精细操作。在吉他的琴键上爬格子，要很精确，这个过程也训练了大脑的空间计算能力。

我们的大脑功能除了左右脑的差异，还有精细化操作能力的差异。精细化操作能力的差异可以通过写字表现出来。生活中，有的人写字比较大，有的人写字比较小。一般来说，字写得很小，并且也很整齐，结构并不受影响，这说明他的大脑功能在精细化操作上可能有一定的优势。

精细化操作可以通过做一些非常精细的手工补偿，比如穿针引线、雕刻、做手工。

大脑功能上的差异还表现在语言上。从心理学角度看，我们可以把智商分为多个维度，其中就包括语言智商，空间计算智商，运动智商等等，每种智商都不一样。

所以，对自己生理大脑的了解还包括对大脑功能差异的了解，你知道你大脑哪一块处于优势，哪一块处于劣势吗？

二、大脑运转的速度

每个神经突触和下一个神经突触[①]之间的距离，在个体上是有差异性的。有些人的距离远一些，有些人的稍微近一点。距离近的人和距离远的人在传导速度上就会有差异，但是传导速度并不代表一切，最重要的是记忆力。

很多时候考试主要考的其实就是人的记忆力，记忆力不好，学习就受到限制。用俗话说就是拥有“劣势大脑”。

有的人在应试教育背景下就是拥有“劣势大脑”，他们死记硬背的能力很差，这代表着神经网络在形成长期记忆的关键能力上处于劣势。这方面的能力较差，也许是生理上的缺陷，也许是营养上的一些原因，这都有可能。但是，无论何种原因，都可以进行强化训练。比如可以学习将自己的大脑训练成网状联系。

男女大脑有很大功能上的差异，男人大脑网状联系更多是单侧网状联系，左右的单侧内部联系很丰富，女性的则是两半球之间的内部联系很丰富。

进行网状联系训练就是学会如何把一个知识点变成全脑激活，即每学一个知识点，都要保证让自己的大脑能产生网络联系，就像互联网一样，一个神经

① 突触是一个神经元的冲动传到另一个神经元或传到另一细胞间的相互接触的结构。突触是神经元之间在功能上发生联系的部位，也是信息传递的关键部位。

元就是一台计算机。

要做网状训练最主要的是进行联网记忆的训练。例如背单词，如果想要产生网络联系，最好的方法就是每记一个单词，最好查十个以上与它相关的单词，查单词的目的就是为了让大脑训练这种网状联系思维模式和思维方式。迁移到专业知识学习上，每学一个知识点就要做大量的相关联系，想到别的知识点。这种联系在一开始肯定会消耗大量时间和精力，实际上你也可以认为这是一种很笨的学习方法，但是这种方法却可以改善你大脑在记忆上的缺陷，并且随之而来的附加价值就是你的大脑的网状联系在接下来的学习工作中会突飞猛进，它从开始的小网络到大网络到后来一个支点会产生全脑的联系，这种全脑联系会在你工作学习中起到重要作用。

三、注意力训练

训练注意力、专注力有很多方法。

我上大学的时候，注意力只能算是一般般。因此，我有意进行了这方面的训练。比如，能看多长时间的书而不走神。我开始有意识地计算时间：我看一本书，多长时间可以出现一个念头，就像大家现在做的正念、冥想、打禅。我一边看书一边计算，发现刚开始十多分钟就会分一次神。然后我开始针对性地进行训练，分神之后把念头转向与学习有关的事实、材料，这样把分神的念头又和学习进行了网状联系的结合，同时检查自己的注意力可以坚持多长时间。

经过这样大量的训练之后，同时又增强自己的专注能力，后来的结果就是我真的在大学自习室里大概可以坐一个小时专注学习。

与注意力相关的一个能力就是阅读速度。有的人阅读速度比较慢，这就影响了他的语文和英语考试。

阅读速度训练实际上是通过眼动来训练的。即一边看东西，一边提高眼动速度。可以观察并尝试一下，在正常情况下看一本书的眼动速度是比较慢的。但是为了提高阅读速度就要反过来做：让眼睛先快速动起来，然后就会发现自己的眼动速度突然成倍提高了。有意识让自己眼动速度加快，你的阅读速度也会提高。这样进一步提高了你的大脑的加工处理能力。

第二节　人格的成熟

人的大脑有两大功能，一块是硬件组织，一块是软件组织。硬件谈完之后，就要谈软件如何改造和升级了。

软件结构的第一个、也是成熟大脑的第二个标志就是人格[①]成熟，人格不固化。

一、僵尸系统

一般来说，弗洛伊德式的或者说精神分析流派对于人格的塑造，更多看到的是在早年的人际互动中，母婴关系中等等所形成的一种人格的强迫性重复，一种固化、固着，力比多[②]固着的现象。

但这是一种形成上的论述，它一直缺少神经心理学对它形而下的证据和证明，我的新精神分析就想解决这个问题，所以我要提出一个词语："僵尸系统"。

人的大脑有时会形成一些僵尸系统。按照正常来说，我们的大脑里面有很多很多功能结构元，也有很多很多游散的神经元，这些神经元会因为某些大脑的某一项任务而被召集在一起去完成大脑所需要的任务。在完成这个任务的过程中，如果我们的大脑受到某种特异性的训练，这些神经元就会经常聚集在一起，或者经常受到某一种功能要素的要求，它会形成一种固化的功能系统，我们简称它为僵尸系统，这是个比喻的说法。

---

① 人格也称个性，这个概念源于希腊语 Persona，原来主要是指演员在舞台上戴的面具，类似于中国京剧中的脸谱，后来心理学借用这个术语用来说明：在人生的大舞台上，人也会根据社会角色的不同来换面具，这些面具就是人格的外在表现。面具后面还有一个实实在在的真我，即真实的自我，它可能和外在的面具截然不同。

② 比多（libido）即性力。这里的性不是指生殖意义上的性，它被称为"力比多"（libido），泛指一切身体器官的快感，包括性倒错者和儿童的性生活。精神分析学认为，力比多是一种本能，是一种力量，是人的心理现象发生的驱动力。

当然，在神经心理学里面，有些书上也会提到这个词，同样也是类比的说法，倒不是科学上的常用词。

比如说你的应对风格，有些人的应对风格是固化的，意思就是用一种固定的、僵化的态度对待别人。试想一下，一个人在早年时期（我们匹配精神分析的说法看），会和重要他人，比如跟不同年龄阶段的母亲、父亲，形成一种互动方式，如果这些人在跟他的人际互动中，有一些对他的特殊性的人际训练，那么他的大脑里面就会有专门针对妈妈的僵尸系统、专门针对爸爸的僵尸系统、专门针对不同年龄的妈妈的僵尸系统，甚至还有针对自己的僵尸系统，自体心理学说的镜像这部分的僵尸系统。

它就代表你的大脑在这块有一些固定的应对风格，应对问题的能力，这种能力在早年的时候帮助了你更好地应付当时的养育环境。但是成年后，如果你的应对风格还是固化的，那么你就会用早年的应对模型来应对二十多岁后的人际关系，包括你的家庭生活，这个时候就会出问题。

所以成熟大脑的第二个特点就是：人格的成熟，最主要就是非固化的特征。

人格成熟的大脑有过多的僵尸系统，这指的是什么呢？比如说，他在早年的时候有过多的不需要的人进入到他的人格内部，在精神分析里，这代表着不同的被分裂的个体，不同的被分裂的妈妈的表象，父亲的表象，自体的表象。这些被分裂的人格表象越多，人就会在大脑里面对应性地建立越多的僵尸系统。

如果大脑里面僵尸系统过多，在今后与人交往过程中，就会不可避免地把早年的某一个僵尸系统应对人际的风格用来应对眼前这一个跟你不相干的人。用精神分析的话来说就是对这个人产生了移情[①]，移情为过去的某一个人。

但是显然，你用过去对待某个人的态度来对待现在的某个人，这对于现在的这个人来说是不公平的。不过这对于你来说，你会觉得这就是你唯一会的东

① 移情一词来源于精神分析学说，是精神分析的一个用语。来访者的移情是指在以催眠疗法和自由联想法为主体的精神分析过程中，来访者对分析者产生的一种强烈的情感。是来访者将自己过去对生活中某些重要人物的情感投射到分析者身上的过程。

西。因为你的应对方式一直都是如此的。这种风格在精神分析里叫作力比多的偏执的一种投注风格。

在这种情况下，说得轻一点，是移情、投射，说得严重一点儿，就会产生一种幻想、妄想。也就是说，你会把眼前这个不相干的人妄想成早年跟你有关系的那个人，用对待那个人的方式来对待眼前这个人，同时还会对这个人与你的关系进行过度的联系。

偏执也好，妄想也好，过度联系也好，最典型的特征就是他并不会根据眼前这个人的性格特征随时随地来调整跟这个人的人际模型、应对风格。所以说他其实不具备与一个人打交道的现实检验能力，和根据不同人的不同特征来调整自己的人际互动模型，调整自己应对风格的能力。

这种能力在非精神分析流派里面一般被认为和情商①有关。可以发现，在现实生活中，情商高的人与人打交道是根据眼前这个人的特征来私人订制、量身定做一种人际互动模式。所以这种人际互动模式的水平当然非常高了，这个人也是高情商的。

高情商之下，还有一种模型，就是人际互动模型。有些人的人际模型达不到高情商，只能达到第二个层次。就是他与人打交道总是用一种我们社会生活文化中习惯性的一种人际互动模式与人打交道，也就是传统客套、给面子这些比较简单的人际互动模型。

用这种模型和人打交道的时候就会觉得大家都在用一种礼仪性的、礼节性的风格去交流，但是对方并不会因为你的这种互动风格而被你打动。所以这种人际互动风格是不具备人际影响力的。不过第二个维度也算是健康和正常的，它也能够帮助一个人在正常的日常生活工作中应付一些基本的情况。

第三种是完全使用僵尸系统来与人打交道，这种打交道的方式是比较糟糕的。

完全使用过去的某种固化的应对人际风格与人打交道，这种方式根本谈不

① 情商（Emotional Quotient）通常是指情绪商数，简称EQ，主要是指人在情绪、意志、耐受挫折等方面的品质，其包括导商（LQ）等。

上高情商，也谈不上人际模型。实际上就是一种人格互动模型，他们与人打交道是人格互动，而不是正常的人际互动。

所以我的观点是一个人与他人打交道分为三种模式，即高情商的模式、普通人际互动模式以及人格模式。

二、人格灵活

人格成熟也会存在差异性。有些人的人格成熟度比较高，有些人的人格就不够成熟。

有些心理咨询师，在生活中无论是面对来访者，还是面对普通陌生人，还是面对他的老师，或是他的同行，他都使用一种方法跟人打交道。他只会用一种心理学的理论分析问题。他的所有人际模型都是一种类型的。那这代表什么呢？代表这个心理工作者在人格这个维度上是不成熟的、僵化的，他不具有现实检验能力。在遇到不同的人时，他的人格模式太单一。比如在上课时，他学会了精神分析中的攻击性，然后他就会用攻击性来分析生活中遇到的一切。又比如他学会了俄狄浦斯情结[①]，他又会用俄狄浦斯情结来分析生活中的一切。或是他又学会了移情、投射这样的概念，于是就开始用移情、投射来面对他的父母、小孩儿、同事、老师、来访者，任何人他都会用这个维度去考虑。

这就说明他的人际互动模型从精神分析形而上的角度来说，他的利比多的投注方式是偏执的。从神经心理学的角度而言，这代表着他大脑中的僵尸系统是固化的。他没有处于一个灵活的状态。

一个心理咨询师如果成功完成了别人对他的个人治疗，他最典型的状态就是灵活、灵活、再灵活。灵活到什么程度？就是他能分析出一个人当下的人格模型，并且有针对性地使用相匹配的互动模式。而且这种互动模式还会根据这个人的状态在不同的时候、不同的场合下发生变化。

所以，人格成熟的状态是，具有极强的当下收集资料的能力。这样的一种

① 恋母情结（Oedipus complex），通俗地讲是指人的一种心理倾向，喜欢和母亲在一起的感觉。恋母情结并非爱情，而大多产生于对母亲的一种欣赏敬仰。

大脑模型从神经心理学角度而言，人格的特征代表着他的大脑的工作方式是用下脑收集资料，经过分析后提供给上脑，然后由上脑对分析后的情况做出决策。

而有一些僵化的人格模型是，他并不使用下脑去收集资料，而是使用投射。把自己想象中的东西投射到别人身上，然后再用上脑对别人做一个简单粗暴的、没有任何实际依据的分析、判断、感知，然后决定自己与别人打交道的方式。而这种情况下常常都是错误的。所以影响了他的工作、婚姻、爱情、亲子关系、生活质量等。

训练人格成熟有很多种方法，最主要的训练和弥补的方法就是接受个人治疗，还包括能更好地觉察自己的能力，提高自己心智化的能力。比如说我的心理分析就是从2006年开始的，先后经历了荣格派的、拉康派的，直到今天我做精神分析已经接近十个年头了。那么在长达十年的被治疗的过程中，我觉得最主要的收获就是非僵化的、非偏执的、非过度的。而是更多地使用下脑去收集资料的、去感知别人的、而非投射性的。并且能够根据每个人的不同特征，采取订制式的与人打交道的方式，这是根据不同人的不同情况采取的一种更恰当的打交道的方式。

所以关于成熟大脑在人格成熟上的标志，如果总结一点的话就是，心无所驻，灵活。在精神分析中被治疗好的一个特征就是人格的灵活。

第三节 情感的成熟

一、积极情感

情感成熟最基本最核心的特征，就是你的情感状态永远处于积极情感状态。

有一部电影叫作《解救吾先生》，是刘德华主演的。在这个电影里面，绑架刘德华的绑匪对刘德华说：你看问题总是看积极面，就是好的。实际上这里面说到的一点就是，你是不是在用一种积极情感看待生活中的各种事件。

以积极情感看待问题和以消积情感看待问题，区别很大。

山东一个远洋船运公司，有三十多个船员到智利那边去打渔。结果回来的路上有二十二个船员被杀死。

他们是怎么被杀死的呢？是被其余十一个船员合伙杀死的。

最后剩下的所有船员都犯了罪，都被关了监狱。最主要的是，这些船员出海的时候，绝大部分并不是犯罪分子，这里面只有一两个人曾经有过轻度犯罪的经历。这些人，才刚刚出狱，他们对未来的憧憬还是很积极很阳光的，本来处于积极的情感状态中。但是这些人里面有一个人，对待这里面的每一个人都是消极情感，他就是造成这一切原因的罪魁祸首。

消极情感在正常情况下也许不会发作，但是当一个人遇到刺激事件时，他的消极情感就会被放大。

在这件事情中，刺激事件是什么呢？就是有一天他们在打渔的时候，受到了公司对他们的不公正对待。公司让他们超额劳动，并且还威胁他们说，你们是黑工，如果把你们扔在这里，也没有人管你们。

在受到刺激的情况下，这个人首先启动了消极情感，消极情感启动的一个最主要特征就是被害的妄想，他要先下手为强。所以这个时候，他就怂恿几个人跟他一起，把这条船上的几个领导绑架了，并且还杀死了其中几个人。在接下来的过程中，其他船员都开始恐慌，每个人都害怕被杀死。然后在这个过程中又产生了多次内部的冲突、矛盾、斗争，结果又把一部分人杀死了。

这些人里面有一个挺年轻的小伙子，他一直都没有参与，因为他知道参与就完蛋了。所以快到最后的时候，他一直在说我没有沾血，我没有沾血，意思是他手上没有沾血，他就会回去，也不会受到法律制裁。但当船快到中国的时候，在最后一次杀人事件中，他被迫性地参与了。

所以有消极情感的人在受刺激的情况下，首先启动一种非常强烈的为了保护自己而先下手为强的坏的应对风格。但是其他一些有积极情感的人，同样在这个事件中，慢慢地形成了一种越来越消极的情感模型，甚至为了保护自己，在恐惧的情绪成为主导因素的时候，每一个人都开始产生防御。这种防御的特征就是，我要先杀死别人，结果到最后，剩下的十一个人全部变成了罪犯。

所以如果一个人的情感是成熟的，他就会始终保持着一种积极情感，而不是让自己处于一种消极防御的状态；或者当他被恐惧影响了理性判断时，他也不会在消极情感状态下，做出冲动、犯罪等不理性行为。

回顾曾经发生过的几次重大杀人事件，比如药家鑫事件，马加爵杀人案等，这些事件最大的特征就是他们在遇到恐惧或者威胁的时候，在某一种应激情况下，他们的消极情感占据了全部心灵。

消极情感使个体用一种防御式的方式来对待别人，而这种防御式的方式，主要就是用攻击的方式来对待别人，用伤害的方式对待别人，结果最后自己犯下了罪行，影响了自己一生。

所以，情感成熟最重要的一个标志，就是能否始终保持着积极情感，避免被消极情感所吞噬，这是非常重要的。

存在主义[①]的创始人弗兰克尔，在被关到德军集中营里的时候发现，最后幸存下来的人最大的一个特征就是，他们并不是身体最好的人。很多刚开始进入到集中营身体最好的人，他们的情感如果很快转化为消极情感，首先损伤的是他们的免疫系统，他们会最快地在食物不足、身体生病的情况下死亡。而有些看起来病快快的、身体并不好的人，如果他们的情感特征是积极情感，他们反而能够在集中营里幸存到最后。

所以，心灵的成熟才是一个人最厉害的武器。如果你的心灵非常强大，身体再弱都没有人能够战胜你。无论他在身体上怎样欺负你，只要你心灵强大，他仍然没法战胜你。很多人和另外一个人打架，互相伤害身体，他们的最核心的目的其实非常简单，就是想要在心理上让对方屈服。所以如果一个人在心灵上是强大的，任何人都不可能强迫他做什么事情。

处于积极的情感状态中，拥有强大的心灵，就没有人可以摧毁你。

儿童在童年期，我们大人能给他们最大的礼物，就是积极的情感模型。

二、移情能力

情感成熟的大脑第二个特征就是它具有移情能力。

移情指的是具有投入情感的能力。比如看电影，能够让自己的情感投入进去，可以感受电影的悲喜，在看完电影后，你的情感随着电影的过程，就产生了一次治愈性的效果。这就叫作投入情感能力，而有些投入情感能力差的人，无论面对什么样的艺术作品，看过之后没有任何感觉。实际上没有感觉的原因是他不能投入其中。

而我们经常会说，它本身就不好玩、不好看，其实不是这样的。有的人有

---

① 存在主义（Existentialism），当代西方哲学主要流派之一。这一名词最早由法国天主教哲学家加布里埃尔·马塞尔提出。存在主义是一个很广泛的哲学流派，主要包括神论的存在主义、无神论的存在主义和人道主义的存在主义三大类，它可以指任何以孤立个人的非理性意识活动当作最真实存在的人本主义学说。存在主义以人为中心、尊重人的个性和自由。人在无意义的宇宙中生活，人的存在本身也没有意义，但人可以在原有存在的基础上自我造就，活得精彩。

经常去看艺术展、画展的习惯，那么你去看画展的时候，如果你具有情感投入能力，你就能够从那些绘画里看出一些东西来，能够感受到对方的情感。但是如果你不具备这种能力，看一个绘画展就会觉得毫无趣味，实在不知道画的是什么意思，不能体会绘画传递的情感。

所以，要常去看各种各样艺术家的作品，包括很多行为艺术，看的目的，不是为了好奇，而是为了感受作者想传递一种什么样的情感，这种情感是可以捕捉到的，可以感受的，如果能经常锻炼自己的这种能力，你的移情能力就会提高。当你需要把你的情感投入其中去感受它的时候，你就能够轻而易举地调动情感去感受。这样的人生的特点就是，一个人是以充满情感的状态去生活的，而不是以隔离的方式去生活。

拍照片也是一样。如果你喜欢拿手机拍照片，你要在生活中发现那种触动你的东西，当你发现一点点，一下让你的情感有所触动，就代表着你可能突然在一瞬间，把自己的情感拿出来放到了一朵花上面，放到了你看到的夕阳上面，放到了你看到的一片绿叶上面。这个时候，这张照片拍出来是带有情感的，带有情感拍照片和不带有情感拍照片区别是很大的，经常有人说拍照片要有技术，其实技术并不重要。记住，如果你可以拍出技术上很美的照片，但是别人却感受不到你的照片中传递的情感的话，它就是没有艺术价值的。

艺术价值，代表什么呢？它代表的就是我们在借用一种载体来进行情绪的宣泄、情绪的移情、甚至情绪的治愈。所以能够移情的人，才有机会借助自然界的万物随时去管理、理解、增强、加工自己的情感。没有这种移情能力的人，自然对他来说就是隔离的。

所以自然界对他来说就是冰冷的，他从来都不能从自然生活中感受到任何情感，当然这种生活也不会有幸福感。所谓的幸不幸福，其中一定会有的一项是：具不具备一种情感能力。

移情能力还包括什么呢？

给大家举个例子。有一次我遇到一个案例，一个孩子辍学了，经常在床上生活。他的妈妈带他去见了很多个心理咨询大师，这些大师都毫无例外地指出，这个孩子的状况是装的、假的，这是一种防御机制。他并没有任何病，他就是不想上学，不想进入社会。实际上，如果我们用拉康[1]的精神分析来分析的话，这是拒绝阉割的一种标志。

这个孩子在面对我的时候，突然说他感到有点晕了。这时候，我首先就要做到去感受他的这种情感，感受、感应、移情于这个来访者。当我这样做的时候，我就用我感觉到的东西去和他沟通，而这个时候，他突然就觉得我理解他了。

所以，一个不具有移情于来访者能力的咨询师，纵有再多的理论都是没有价值的。因为我们并不需要分辨他是装的，还是真的。即使他是装的，他装的背后的精神状态也是真实的。

在心理学里，一个有幻觉的人，你认为是装的，还是真的呢？如果非要分真假，那所有的幻觉都是假的。但是体验到幻觉的人，他的情感是真实的！他的状态是真实的！他真的能够用大脑的投影去看到或听到一个让他恐惧的东西，这是毫无例外的。所以，重点不是让我们去分辨真假，而是让我们去感受他的情感状态。

弗洛伊德当年提出了潜意识[2]编码，潜意识编码是用来干什么的？潜意识编码就是用来翻译来访者的潜意识的。如果能够熟练地使用弗洛伊德的这几个潜意识编码，就会发现，如果你不能很准确地翻译来访者的潜意识，精神分析就是一句空谈。所以，精神分析后面纵使有大量新的发展，新的理论书，理论层出不穷，但是对潜意识理解最基本的原则是最重要的，是重中之重。不把根基搞清楚，去寻求精神分析枝叶的知识，即使它再茂盛，也是无本之木。如果你连潜意识都翻译不清的话，精神分析又怎么进行呢？

可以看到，精神分析的各个流派，实际上最后都在强调一点，就是如何恰

---

① 雅克·拉康（Jacques Lacan，公元1901年4月13日—公元1981年9月9日），法国哲学家、精神分析学家，也被认为是结构主义者。

② 潜意识，心理学术语。是指人类心理活动中，不能认知或没有认知到的部分，是人们“已经发生但并未达到意识状态的心理活动过程”。

当地、正确地去理解来访者。而这些能力的基本就在于增强移情感受能力。这种移情感受能力，甚至包括一个心理咨询师感受别人，并且还能感受自己的反移情能力。

今天的神经心理学家也开始使用移情这个术语。他们提到现在低情商的人，以及一些80后90后，由于过多的视频刺激，受到的一个最主要的影响就是额叶[①]功能下降。额叶功能下降会有什么影响呢？用神经心理学家的话说就是，新时代的人移情能力下降了。这个移情指的就是一个人并不具备能够感受他人情感的能力。

心理学家问了一些青少年，问他们老一代人轻而易举地能感觉到的跟情感有关的一些问题，结果发现他们的反应时间比过去延长了。这代表什么？移情能力下降了。所以移情能力降低这种现象，在网络化时代变得极其严重。与移情能力相反的一个概念就是情感淡漠。这是当前青少年精神状态的一种普遍现象。

① 额叶：是大脑发育中最高级的部分，它包括初级运动区、前运动区和前额叶。位于中央沟以前。额叶在有组织、有方向的活动中，有使活动服从于坚定意图和动机的作用。

第四节　思维的成熟

第三代儿童教育的最终目标不在于知识在孩子大脑中的累积，而在于认知模式的提升。

一个高层次的思维能力，代表大脑在思维层次上是成熟的。成熟的思维大脑，具有什么特点呢？

一、思维层次

首先，思维层次比较低的人思维方式的特点是点状思维。比点状思维能力好点的，就是线性思维，但是这仍然不是正常世界的组织方式。

世界是一个什么样的组织方式呢？是点状的还是线状的呢？都不是，世界是多维度的。正因为如此，我们的思维层次也得和世界的层次是一致的。如果在学校的教育当中，学到的思维层次是点状的或者是线状的会如何呢？

举个例子来说，蚂蚁在一张纸上爬行，假设这张纸是A4纸，只是一个平面。这个平面只是二维的，这个蚂蚁只能在这张纸上爬,但它没法爬下去。因为在二维层次上，在平面爬行的蚂蚁，不会拥有我们人类的视角，它只能看到一个平面。而我们人能看到什么呢？我们可以看到三维的视角，所以我们就可以看到，蚂蚁只要爬到其他地方就可以逃离这张纸了。可是我们能看到的逃离方法，蚂蚁是看不到的。所以要有一个多维的视角，从综合的角度多方面看待问题。

人处于三维空间，但是有些人的思维层次可能像蚂蚁一样处于二维空间。如果是点状思维的话，他可能更不如蚂蚁，只能在一个点上转。爱因斯坦在发现相对论的时候，实际上是进入了四维空间。正因为他进入了四维空间，所以他看到了人们看不到的角度，他的思维层次更高了一个维度。

《三体》里面提到了一种星际大战的武器，是一种终极武器，这种终极武器的视角就是降维打击，如果你是七维的我就降为六维打击你。六维世界的人无法和七维世界的人来进行一场战争，就是这个道理。

就像蚂蚁和人类无法打仗一样，如果它是二维我们是三维。爱因斯坦在想象中看到了我们在三维看不到的东西，获得了诺贝尔奖。那么什么叫作四维视角呢？

四维视角就是增加了时间的维度，在四维视角里时间是可以流动的、是可以变化的、是有长短的。

在三维的空间里我们似乎感觉不到，时间怎么会有快慢呢？时间应该是恒速的，到了四维空间，时间就有了变化。

其次，思维成熟的人善于使用辩证思维去看待问题。

中国老祖宗在这方面很值得骄傲。我们的太极图，阴阳哲学，都是辩证思维。辩证思维用不好的话就会成为极化思维，即两极化看问题。但阴阳图可不是教我们简单两极化的，阴阳图最核心的内容是告诉我们两极是可以转化的，这点才更了不起。意思就是不要只看到黑白。你有没有看到白中有黑，黑中有白呢？这才是太极图想告诉我们的东西。

所以辩证思维是一种层次非常高的思维模型。这就是有的时候你看到左派又看到右派，然后你有了自己的一个立场，但是你却没有想到，左派和右派都是极化思维，它们两个其实才是好哥们，它们更接近。

如果再往其他地方延伸一下，我们的思维层次还能走到什么地方去呢？

在辩证思维之外，还有一种不同的思维模式，这种思维模式对我们的思维也是很有意义的补充。那是一种像拉康的精神分析思维，研究主体和自己欲望的关系，在这种情况下，它与客体关系流派的研究就不一样了。因为客体关系有具体对象，它指的是我们对客体的关系，拉康把它变成了没有客体只有人和自己欲望的关系。这就是一个更高层次的哲学层次。而庄子是走到了这里的。

这种虚实的哲学代表着我们不再从一种实际的角度去看问题，而是能够从虚的角度来看问题。

举个例子，有一次我去法门寺看佛珠舍利，释迦牟尼的舍利和其他几个当时的高僧舍利放在一起，这里面就有一个问题，哪个是真的释迦牟尼的舍利呢?

佛教里面不允许说真假，说这里面不存在真假，里面都是真的舍利，那为什么不准说真假呢？只说真身和影子的关系。这实际上代表着佛教在这个思维上比普通人的思维要高一个层次。因为佛教认为并不存在真和假，只有自己和影子的关系，这已经是一种类似于研究自己和欲望关系的思维层次了。

所以很多人在学佛学的时候，要记住不是死读经书，而是要从里面看到一些更高层次的思维。这才是我们真正该获益的东西，这才代表着你的思维层次在逐渐成熟。

人的一生，不管你活100年，还是怎么样。在漫长的岁月里，有些人的思维层次始终没有提高，但有些人思维层次逐渐在提高。有些人可能终其一生思维还是跟小时候一样，有些人短短几年思维层次就有了巨大的变化。

培育儿童思维某种程度上讲，受限于他的养育者的思维成熟程度，所以我曾经上过一个课，叫作“和妈妈一起学逻辑”，目的就是不仅要教育孩子，更要提升大人的思维层次。

二、象思维与逻辑思维

人与人的区别看外在是长相的区别，看内在不仅是性格不同，还有一个更主要的不同，就是认知模式的不同。什么叫认知模式不同？就是人对信息的获取、处理的模式的不同，也就是俗话说的这个人看问题的角度比常人高明。这里看问题的角度其实就是我们心理学里所说的认知模式不同。我们经常说这个孩子学习好、聪明，其实一个人的聪明主要是先天的，但决定他未来成就的主要在于其认知模式。考试主要考查两件事，一个是知识的储存能力，另一个是知识的提取加工能力，而这些都与认知模式有关。未来考试改革的方向是与第三代教育的方向一致的，那就是将减少记忆性考题，增加对认知能力的考查。人类进行认知的两个主要工具，一个是符号——比如语言，另一个就是意象。

逻辑思维主要采用语言和概念来作为载体进行推理，而儿童天生就更善于使用意象来进行认知加工。中国人的思维方式受《易经》的影响巨大，中国人认知事物与西方人是不同的。人类的思维方式包括线性思维方式与非线性思维方式两大类型。形式逻辑就是线性思维方式。逻辑学是联合国教科文组织确定的七门基础学科之一。中国人更习惯辩证思维的认知模式，西方人更习惯逻辑思维的认知模式。在我国，直到大学才有极少数专业开设了逻辑学相关课程，但在欧美，儿童自小学就有逻辑学的学习和训练。所以我们强调中国当代的孩子必须更早地全面接受逻辑思维的训练。但是目前儿童教育市场上缺少专门针对儿童的逻辑学教育，关于这部分我们认为也是中国孩子第三代教育的一个重点。因此，我们专门根据少年儿童的认知特点，设计了一个“小明教你神逻辑”的课程，并会将其中的内容整理成书出版发行。

中国人从《易经》中获得的不仅是与西方不同的辩证思维，还有一点区别，中国文字的本质是象形文字，文字对人认知模式的影响是巨大的。中国人从《周易》中还获取了另一种不同于逻辑思维的认知加工方式，这种方式就是起源于太极图的意象认知加工模式。小明用“象思维”来定义这种认知模式。

象思维与逻辑思维是东西方文明精髓中的秘笈。

人与人的比较其实就是思维能力的比较，尤其是认知能力的比较；东西方文明的竞争其实是不同思维模式的竞争。

西方人的整体思维方式是建立在符号逻辑推理的基础上的，中国人的思维模式更多地受到由象形文字所产生的象思维的影响。学术界研究认为，中国人认知事物更多倾向于从整体认知，继而整个中华文明大厦全部建立在这个根基之上，并影响了东亚多个国家。比如，中国人都耳熟能详的“美帝国主义是纸老虎”“星星之火可以燎原”，这些经典名言就是使用了整体和全局的象思维的认知加工方式。

西方的符号式语言逻辑思维是整个西方文明的基石。也正是因为这个基石，西方快速地进入了工业革命和基础科学的快车道。

当下网民在网上的评论、辩论很多都违反逻辑学的要求。如果不按照逻辑学的要求进行语言沟通，那么，其结果就是牛头不对马嘴。

但是逻辑学也有它的不足，特别是进行复杂问题的决策时，如果事物呈现出多因多果的关系，由于人大脑的认知有限，我们就很难仅通过线性逻辑推理对事物的整体进行一个把握。特别是当我们每个人都站在自己的立场来说话，并从自己的观点出发做出合乎逻辑的推理时，这些逻辑看起来也是合理的。但是，当我们在做一个决策时，如果遇到几个不同立场的逻辑推理同时出现，而且看起来它们也似乎都合理，该怎么办呢?

所以西方政治制度、法律制度往往最终采用的决策方式就是以表决赞同的人数多少作为准则，就像陪审团制度和投票选举制度。西方文明有一个基本的假设是让各种符合逻辑学的推理都呈现出来，让事实和真理自然呈现。

这种做法表面看来是对的，也非常好，但由此也会产生群体的被操纵。通过有目的地操纵群体来诱导出有利于自己的投票结果或某种意向、决策。目前互联网上大众每天接受、传播信息的背后其实都有传播者的刻意为之。换句话说有人在操盘，而绝大多数人都在被裹挟，替别人传递信息。

与西方的符号逻辑推理相比，中国传统的象思维主要使用大脑的想象功能来形成一个象。一般而言，语言逻辑的思考速度不如画面式思考的速度快，这是由大脑的特点决定的。当然也不排除某些人对大脑不同区域进行训练而形成大脑功能差异，从而也使得不同思维方式的速度产生差异。

相当于对某一个当下情形的横断切片，多个点连成线，多条线组合成一个象，所以比线性逻辑包含的信息量要更多一些。如果再把一个静态的象变成一个动态的象，那么它就不再是一个横断切片，而是变成了一个对局势、趋势的全景扫描。这就是象思维最高明的地方。中国传统的象思维并不是打比方或者做个比喻那么简单。象思维是对当下情景的一个画面进行抽象的认知加工，将其进一步抽象成原型的过程。

中国近百年来开始接受西方文化，大多数学子在学习到西方符号逻辑的推理之后会产生对中国文明基石的反思，认为中国的整个哲学系统和文化最大的弊病就在于始终使用非线性思考，始终采用模糊理论的方式来呈现和辅助决策，所以基本没有教学的精准的可操作性，完全靠悟也不便传承。

不过，西方和中国历史上的伟人却各有千秋，谁也不占有压倒性的优势。这说明不同思维方式的训练最终所达成的思维高度是一致的。

另一方面，象思维与符号式逻辑推理思维又是相互最重要的补充，所以这两种思维模式都得学习。不过符号式逻辑学较易学，而象思维难学。

遗憾的是，当前我们国内无论是学校教育还是家庭教育，对这两种人类最重要的思维能力的学习、训练几乎都缺席了。

在国外，小学就要开设西方逻辑学课程，而我们一直到大学都极少开设这门课程。这就是当前中国家庭教育和学校教育最大的缺陷。

有不少家长说，现在奥数里面有很多逻辑学推理题目。其实数理逻辑训练和语言逻辑训练是不能互相替代的。符号式语言逻辑相关的学习和训练只在公务员考试时考到，但是在常规教学中涉及极少。

现在全世界通用的西方智力测验效度并不高，原因在于西方设计的智力测验主要测试的是逻辑推理能力，而并没有象思维能力的测试。

智力测验里面的图形推理本质上仍然是把图形作为符号，而不是象。这个区分很重要，大家一定要清楚。因为只有能区分这一点，才能明白象思维是如何一点点从符号式思维中分离出来，并且慢慢变成自己思维的最主要的一种常用的大脑工作路径的。

符号式逻辑思维推理最大的问题在于它始终是线性逻辑，而世界发展的本质常常不是线性的。这就是西方经济学的预测经常会失败的原因所在。正如索罗斯的一句名言：“世界经济史是一部基于假象和谎言的连续剧，要获得财富，做法就是认清其假象并投入其中，然后在假象被公众认知之前退出游戏。”

正如中国的园林不同于西方的庭院，我们的园林目的在于呈象，而西方庭院的目的是呈现直达的路径。

所以，学习西方的同时切记要同时抓住中华文明的精髓，但是简单地背诵国学经典著作，并不是培养孩子的最佳路径。

三、象思维的魅力

1. 何为象思维？

象思维，是我国传统思维中最原始的一种思维方法。

甲骨文中谓：初升朝阳为“旦”，上向太阳，下大地晋。可见，中国最早的文字中就体现了“象”的思维方式，以“象”表思维。

《老子》云：“道可道非常道，名可名非常名”，庄子在《天道篇》中说：“语有贵也，语之所以贵者意也，意有所随，意有所随者，不可以言随也”，在《秋水篇》又云：“可以言论者，物之粗也，可以意致者，物之精焉”。老子所言与庄子在这个问题上反复强调的都是“言不能尽意”的问题。

《易传》云：“子曰：书不尽言，言不尽意。然则圣人之意，其不可见乎？子曰：圣人立象以尽意，设卦以尽情伪，系辞焉以尽其言，变而通之以尽利，鼓之舞之以尽神，”其中的观点就是“言不尽意”“立象以尽意”，这是对《老子》“道可道非常道，名可名非常名”的思想深度探讨与思维价值的诠释。可见，象思维有时是对语言符号的修正。

从我国文字的最初创造以及我国的传统经传中不难得知，象形与表意，是象思维的两大特征。

再比如，李白的《宣州谢朓楼饯别校书叔云》中“抽刀断水水更流，举杯消愁愁更愁”就是借用了象的思维方式来表达内心愁之无穷之意。

中国古代从《周易》到诗词歌赋，其实都是对中国人象思维的一种训练过程。我们要学国学，必须要抓住中国传统国学的精髓引导孩子去学习，而不是简单背诵经典。

2. 象思维是我国传统的思维模型

有些人说话喜欢用类比，这的确是一种比较好的演讲方法。因为类比可以简化思考，同时可以诱发对方的大脑产生想象，容易产生跨大脑的沟通。这些都是类比的优点。但是类比不当的缺点同样显而易见。当我们错误地使用类比的时候，不但不能简化思考，反而会产生误导。所以有的时候使用类比方法进行商务谈判和讨论就成为诡辩的最好方式。

有些人认为中国人传统的思维方式就是类比思维，由此得出中国人思维有漏洞的结论，因为类比思维没有西方的语言逻辑推理严密，其实这种观点也是一个错误。

有不少人没有学到中国传统思维方式的精髓，也没有受过西方语言符号逻辑推理的训练，所以在思维方式上，在辩论中尽显歪曲、诡辩与谬误。

中国人传统的思维方式并不是简单的类比思维，而是以象思维为基础。象思维和类比思维有些时候很接近，看起来也很像，但是实质却不同。

中国汉字最初的创造就是以取象为基础，后在此基础上产生了会意、形声等其他造字方法，而不是简单的类比。

中国哲学最基本的起点是《周易》和太极图。太极图也不是简单的类比，也是对自然界的取象。

取象和类比到底有什么区别呢?

类比是由a推导成b，是简单的两点之间的线性思维，而取象是从原型意象到原型的过程，是从表象到本质属性的过程。

3. 如何取象?

使用象思维时最难的在于取象，也很容易错误地使用比喻和类比取象。取象并不是简单地把a比成b，或推导成b，而是抓住其本质属性从表象到原型的过程。中国传统文化中的太极图、象形文字就是一种对自然界的取象过程。

古人有时用烧龟甲来取象，现在有一些农村跳大神的会通过烧香来取象，民间还有很多简易的取象法。风水就是通过山川河流来取象。

其实培养心理咨询师和培养儿童的认知模式在本质上是非常像的，为什么这么说呢？心理咨询师的工作是一个文理兼修的工作。临床的心理工作既需要具备自然科学属性——建立在对人身体和客观心理的基础上的理论修养，又需要具有社会科学的属性——需要从哲学和艺术的角度理解人性。

提高儿童的认知模式同样需要兼顾两种思维能力。一种是西方经典的逻辑演绎思维能力，另一种是中国人擅长的辩证思维能力。辩证思维本质上并不属于逻辑思维，它的好处其实是告诉大家事物没有绝对的，一切都属于相对。而逻辑思维的好处是告诉大家世界上一定有确定性的东西，这就是西方逻辑演绎思维适合自然科学的原因。

中国的传统思维擅长对当下发生的事情用形象思维来取象，再运用取象的结果来分析事物发展的规律。传统取象的方法最经典的就是太极图取象。这种取象的方法就是把世界上所有的事情都看作具有阴和阳两种相反的属性。但是阴中含有阳，阳中也含有阴。然后在阴阳的分界线的交点上选一个太极点。这个太极点其实就是我们站在哪一个角度来观察事物。

看待任何问题就如同取象的时候使用太极点，就意味着，你站在不同的中心点，看到的真相就不一样，因为你的立场不一样，对错也在发生着改变。这种思想应用在哲学、文化、艺术、外交、政治等领域，都是非常有道理的。但是科学研究却需要绝对主义而要尽量减少相对主义，科学研究讲究的是确定性。所以逻辑思维就是要不断地通过限定条件来找到在某种具体条件下的一个确定性的结论。也就是要找事物的充分且必要的条件。

自从清末我们被西方国家敲开国门之后，中国就开始了向西方学习的过程，所谓的中西贯通，学贯中西，最主要的就是两种不同的思维方式，在自己大脑里面通透融合，合理应用。区分不同的场合，不同的事物，使用不同的思维方式。未来的科学发展趋势一定是融合。我们从小就对孩子进行思维方式和认知模式的训练，如果兼顾中西方两种优秀的文明成果，那么就会给孩子未来的发展预备了更多的可能。

那么具体来说，训练孩子学习中国传统取象的方法步骤有哪些呢？以成语取象举例：

第一，准备一本成语词典，放在旁边备用。

第二，提出一个具体问题，父母可以具体描述一个当前需要解决的问题。比方说孩子喜欢玩，但是每天都有作业需要完成，时间分配不够，问问孩子听到这里，大脑里面出现了什么画面。

第三，让孩子把大脑出现的画面变成简略图画在纸上。变成简略图非常重要，这个过程主要是训练孩子将一个包含有复杂形象的思维信息，通过抽象加工的过程，浓缩成一个简略图。如果图画不够简略，可以反复进行简化和抽象加工。最终形成的简略图往往是具有隐喻能力原型意象。如果孩子在这个步骤感到难以完成，可以让孩子为自己的丰富绘画匹配一个合适的成语，借助成语来简化信息，完成形象思维的抽象过程。我们把第三步的简略图叫作原型简略图。

第四，原型简略图完成后，让孩子仔细观察这个图，借助形象思维寻找有哪些方法可以解决当前的困境。假如孩子借助画地为牢这个成语形成了简略图，那么再引导孩子从这个成语的具象化简略图中观察，寻找解决问题的途径。这个时候要注意尽量减少使用逻辑思维去分析问题，有一些年龄大的孩子已经习惯于用逻辑分析推理判断，他们的形象思维能力反而会下降。

第五，让孩子把通过形象思维找到的解决问题的方法用简略图具体呈现出来。

第六，可以对孩子进行进阶训练，辅导孩子尝试对原型简略图进行各种转换，比如，这个原型简略图还可以用其他的什么成语来呈现。这个时候会用到类比思维。

在进阶训练的转换过程中可以设计多种转换方法来训练象思维，比如，如果让你选择站在这个原型简略图上，你在什么位置上？站在这个位置上你看到的是什么？如果改变所站的位置，又会有什么不同？站在某一个位置时，你能否区分出至少两种完全相反的力量？

其实上面的进阶训练就是中国传统思维中取太极点的方法，而两种完全相反的力量就是阴阳力量的对比转换过程。

象思维会帮助我们解决生活中的多种问题。无论是对于管理者，还是对于儿童的思维训练，或是对于心理咨询师的思维训练都是非常有价值的。

训练孩子的象思维能力最重要的起点就是取象的训练。中国传统的圣贤常常借助周易六十四卦来取象思维，比如使用阴阳五行取象。我们培育孩子的思维习惯时，可以借助围棋、借助成语、借助中国的诗词歌赋来训练孩子的想象力，并由想象力引导其形象思维的加工习惯，这种习惯一旦养成，孩子就会产生一种借助想象和形象来抽象加工认知事物的大脑工作路径。这就是取象的思维训练。

4. 两种思维方式决定孩子的认知力

从心理学角度讲，培养孩子不是简单地让孩子大脑里积累知识，而是认知能力的培养。特别是在互联网时代，知识在百度基本能搜索到。

小明认为思维方式是构成认知能力的主要基础。爱因斯坦是一个具有极其深刻的逻辑思维能力的大师，但他却反对把逻辑方法视为唯一的科学方法，他十分善于发挥形象思维的自由创造力。

由于中国教育从小学到大学，系统化的逻辑学教育基本是缺席的，特别是演绎逻辑推理。我们学习了西方的文化，却漏掉了其最重要的基石。

以心理学为例，西方心理学的最重要的基础学科中有生理心理学、西方哲学和语言逻辑学。

目前我国心理咨询师的培训只重点学了西方的心理学理论与技术，却缺少上面三大基础学科，不可能真的学懂，也不可能真的会用。

有些人说中国的教育一直在培养逻辑思维力，特别是数学。中国孩子的数学成绩在世界上都领先。

很多父母在这里都有一个误识，其实数理逻辑和语言逻辑是完全不同的。中国当前的教育体制基本没有语言逻辑教育，即使是大学生也只有极个别学科才学习逻辑学。

培养孩子的关键点不在于知识的累积，而是在于思维能力的训练，特别是认知能力的训练。

在思维能力训练方面，我们的学校教育进行的最主要的训练就是归纳法，而归纳法却是最容易产生谬误的一种推理方法。我们经常看到国内心灵鸡汤盛行，养生保健传销盛行，经常感到国人很容易上当受骗，却不明白原因在哪儿。原因就在于多数人认知世界时对归纳法的错误运用。比如在中国盛行的一个心理谬误“中国人都是巨婴”就是对归纳法的错误运用。

中国的孩子们最需要学习的两大思维方法总是缺席。一种是西方传统的演绎逻辑推理，另外一种是中国传统的象思维。这些都可以减少归纳法的错误。

我们在上学的时候，经常会有总结中心思想的试题。这就是一种归纳法的训练。

归纳法的错误运用会忽悠别人，但要真实地认知世界就需要另外两种思维能力的帮助。

《周易》是中国传统四书五经的重要组成部分，现在不少国学老师也会给一些家长、孩子传授此书。但是更多的人对《周易》有极大的误读。如果简单地把《周易》看作是一种算命术就太肤浅了。

《周易》整本书都在训练我们一个最重要的思维能力：反复地教你学会如何在符号与象思维之间进行切换。这个真相却总是被大多数阅读《周易》的人所忽视。

由《周易》的八卦符号启发了计算机的二进制，这就是符号逻辑推理。《周易》最重要的是启发我们的象思维，但是，如前文关于象思维的叙述，它不是简单地等于想象，也不简单地等同于形象思维。

弗洛伊德的大弟子荣格学习了中国道家的秘笈之后，创立了分析心理学框架。荣格是学中国象思维学得不错的人，他创造出了“原型意象”与“原型”两个概念，就是为了暗示象思维与想象的不同。但是，中国传统象思维要比这些深奥得多。

中国很多心理咨询师最喜欢学习沙盘游戏治疗，但沙盘游戏治疗不是那样教，也不是那样学，更不是那样用的。

用沙盘游戏做咨询，最重要的就是启发来访者的象思维，而要做到这一点又必须要懂得从无形到有形，从气到象，从象再化为无的过程。因为人的心理本是无形的，而心理疾病和外显行为却是有形的。

形象思维和逻辑思维是我们最常用的两种思维方式。而象思维更多地借用形象帮助思考，同时也会使用逻辑思维帮助推理。

掌握了象思维和符号逻辑思维，能使我们的认知能力更加全面。这一点无论是对小学生的训练，还是对管理者的训练，或是对心理咨询师的训练都是非常重要的。因为在心理治疗里面，艺术治疗的各种疗法，无论是沙盘游戏治疗，还是绘画治疗、舞蹈治疗，其根本都在于从表象取其本质属性到原型的过程。

如果一个事情只有一个因一个果，那么很适合通过线性逻辑思维推理来得到答案。如果这个事情是多因多果，逻辑关系互相交叉，那么用线性逻辑推理就分析不出来。这就是逻辑思维在分析复杂问题时会遇到的麻烦，所以我们才要借助象的思维使得问题具象化，同时也能简化思考。

象的思维相当于对某一个当下情形的横断切片。它是多个点连成线，多条线组合成的一个象。所以它比线性逻辑包含的信息量要更大一些。如果把一个静态的象变成一个动态的象，那么它就不再是一个横断的切片，而是变成了一个对局势、趋势的完整的全景扫描。这就是象思维最高明的地方。

当然，由于人脑的认知能力有限，所以有时更为复杂的多因多果，非线性问题的逻辑分析需要借助计算机才能进行。

心理咨询师在学习沙盘游戏治疗或者其他的艺术治疗方式时，只有借助象思维才能把握治疗的根本。在心理治疗过程中要注意去启发来访者的象思维，使他能够对自己当前的境遇有一个全局的把握。

同理，启用象思维，不等于不需要逻辑推理。认知一个抽象的事物，有时并非单纯的象思维就能完成，这时就需要符号逻辑的推理思维，比如，数学逻辑的推理，语言逻辑的推理。

象思维与逻辑思维这两种思维能力决定一个人的认知能力，两者相得益彰，缺一不可。

四、了解象思维的历史渊源，帮助孩子从自然界中建立象思维习惯

象思维的第一个发展阶段是中国古人将世界上的万物进行心理加工与抽象化。这个抽象化过程并不是形成了一个无意义的符号，而是最终抽象化为一种原型意象再抽象化为原型。始终没有脱离其形象思维的本质。

比如说太极图的原型。后来这种原型思维被弗洛伊德的大弟子荣格借鉴过去，变成了荣格分析心理学的基础以及沙盘游戏治疗的基础。

象思维发展的第二个阶段是以《周易》为基础延伸出三大古代预测术。因为对于古人而言，没有掌握先进的工业文明，对于自然界更多的是敬畏和趋吉避凶，所以预测成为古人最重要的一项工作。而这个预测包括政治军事和老百姓日常农作的主要内容。

由此所产生的三大预测手段有太乙神术、奇门遁甲术、大六壬等等。其中大六壬又发展出八字学说。

进入到第二个阶段之后，八卦算命成为当时民间走江湖的一项谋生手段。当时有很多失去生产劳动能力的人，比如盲人，他们摆摊算命混口吃的，非常不容易。由于眼睛看不见，再加上人的大脑认知容量有限，所以无法对八字的各种复杂的相生相克关系进行细致的逻辑推理与演算。在这种情况下，他们就开始使用各种断语。于是盲派算命将各种算命断语，一代一代传承了下来。

其中辅助盲人进行八字推理的最好方法就是他们在大脑里面对一个人的八字，进行了象思维分析。这种思维包括四柱中每一柱干支的成象，包括宫位相、十神象、神煞象、纳音成象。

他们对八字的各个部分分别成象之后，再将八字整体呈象，把八字整个看成是一个生产流通加工线，就像现代化的流水作业线一样。这个生产平台，所产生的各种流通关系，最终流向日干也就是代表本人。这样就呈现出了对八字整体平台的一个象。

象思维的第三个阶段主要是奇门遁甲与大六壬在预测军事、政治、商业等重大事件中，由于复杂现象无法通过简单的线性逻辑推理分析，再加上人的大脑认知有限，当因素繁杂时人就很难进行各种因素的权重与加权分析了，在这种情况下预测术应用到军事、政治领域，也会使用成象的方法来简化思考。这种成象思考的方法慢慢也成为中国不少圣贤、精英在判断事物过程中的一种思维方式。

中国古代的诗词歌赋里面就有大量的象思维应用。

象思维是中华文明哲学思维的起点，经由走江湖的盲人算命术士与中国各代文人、圣贤、精英的具体实践使用，慢慢变成了非常具有中国特点的一种思维方式。

对于儿童教育而言，现代化技术的使用将孩子过早地与自然世界割裂开来进入到符号世界，比如很多孩子认识自然界的万物，不是通过直接从自然界中获取信息，而是通过一种文字符号了解到。文字符号相比自然界的原始物而言已经损耗了大量的有效信息。当孩子学习白菜这个词的时候，他应该能够触摸到白菜的质感，闻到白菜的气息，看到白菜的纹理。这些自然物原始的、丰富的信息，能够帮助孩子在大脑里建立起对世界更完整的信息加工。

如果一个孩子经常观察植物的茎叶，自然就会产生何谓平衡，何谓枝干的象思维，并且自动就会把这种形象化的思考运用到他平时分析判断事物中。

所以小明建议，儿童教育千万不要割裂孩子和自然世界的联系，一定要让小孩更多地从自然界中去获得一种思维方式的加工习惯。

那么作为本书强调的第三代儿童教育中最重要的儿童认知模式训练的核心，我们的设计是围绕着儿童认知加工模式的训练去寻找各种教育的载体，儿童认知模式训练的两大内容就是逻辑思维加工和象思维加工训练。无论教育的场景在课堂还是户外，无论教育的载体是传统国学还是英国文学、或是物理学，无论是教孩子学毛笔字还是教孩子学围棋，教师最终都要引导到孩子认知模式的提高上，而最终的教育成果就是以逻辑思维的成果和象思维的成果体现出来的。

在第三代儿童教育里甚至电子游戏也会成为一种很好的认知提升载体。但是并不是简单地刷游戏。而是需要在思维模式上借助游戏来得到提升。这个就需要老师来解释游戏为何物。

在现在这个时代，每天都有无数的人消耗时间去刷游戏，他们想探索这个时代的新的生命规则和升级打怪的玩法套路，那么我们在这些游戏中进行认知模式的提高有两个途径。一个就是，通过反复试错，用时间的累积来实验出程序设计员的赋值规律，这是一种线性逻辑推理的方法；另一种就是，通过直觉思维，对游戏世界的设计进行抽象加工，最终形成原形象的过程。其实无论是哪一种途径，都需要一个优秀的老师对孩子们进行以游戏为载体的认知模式提升训练。其中借用象思维来搞清楚新的游戏世界的规律性，在这个过程中要更省时间一些。

写在最后：未来的孩子应该具备的能力

互联网时代到底对人类意味着什么？

在互联网运动的早期，当时出现了一种现象，由于输入错误，造出了一些错误的词语，无论是拼音还是语音，还是五笔。这些错误并不会被修改，反而作为一个流行词被传播了出来。比如，不扶墙就服你等等，在这里小明就不用举例了，这种例子很多。到了互联网运动的中期，这种现象就变得更加普遍。很多在互联网上传播的词语都不再有人去有意修改了。似乎任何因输入法导致的错误的词语在互联网上都是可以被接受的。这种现象并不是简单的文字错误，但是其背后的原因，其实很深刻。它反映出人们从真实世界进入到虚拟世界之后，整个游戏规则的改变。真实世界在人的心里面并不是借助语言符号来进行表征的。真实世界，更多地借助人们五官对一个信息的获取。比如说我们要分辨大葱、蒜苗、韭菜之间的区别，在真实世界这三样东西是绝不可能混淆的，因为从五官中获取的信息来自于多个维度，有视觉信息、触觉信息、嗅觉信息等等。但是当这些真实世界的东西进入到虚拟世界之后，它们就仅仅是一个符号。它们的信息量大大衰减。那么大家再进一步想象一下，假如说你是一个游戏设计程序员，你设计的每一个游戏中的符号物品，它们在终端的表征，其实都是不同的符号。这些符号，如何被错误混淆使用，都是无关紧要的事。而最重要的是你在编程序的时候，你在后台上对这些不同符号的赋值。如果它们赋值相同，那么白菜和葱就没有区别，韭菜和蒜苗也没有区别。正是因为互联网运动，最终改变的其实是人类的整个认知模式。改变的是什么认知模式呢？是人类从真实世界的认知模式，进入到符号世界的认知模式，并且继而进入到计算机程序的认知模式。

现在大家明白，为什么每天有那么多人不知疲惫地刷游戏。这其实是一种集体无意识的现象。也就是说大众在无意识中察觉到了世界模式的改变，于是就把更多的时间精力分配给了新的认知载体。这个认知载体就是互联网的各种虚拟产品。而人们孜孜不倦地刷游戏的目的，是想搞清楚它的游戏规则。虽然这一切是一种集体无意识，但是这种游戏思维的方式已经开始影响人们在生活中的对其他方面的感知。比如说人们对生命的感知，渐渐地不会再认为生命是一次性的。人们会在认知上最终演变为相信，游戏是可以死去后从头重来的。比如说人们对婚姻的感知，也会以游戏思维进行新的演绎。演绎的结果相比于过去人们对婚姻和爱情的态度是完全颠覆的。大家可以用心观察一下周围的年轻一代人，在他们眼中男女的性别差异已经变得不再重要了。因为在网络上，我们一起玩游戏的时候，我更关心的是你是“猪队友”还是“神助攻”。所以，无论是同性别还是异性，衡量我们之间关系最重要的标准是我们是否为一个战队。建立在计算机思维基础上的互联网运动对人类的改变不仅仅是认知模式上的。更可怕的，是对人情感模式的改变。

人类的情感模式是近1万年，通过进化一点点积累出来的，一种大脑神经突触的习惯工作路径。比如说，我们的情感触发会由于身体的触碰，而分泌催产素，继而激活我们更多的神经区域。但是，建立在计算机思维上的互联网人际模式，使得真实世界人与人的触碰变得越来越少。所以互联网基础上的人与人的情感强度在大大衰减。这一点在互联网上每一天都在发生。人们对各种各样的，能够使人激动的事情越来越无感。最终的对人类情感模式的改变，很可能是人们将渐渐地不能自发地生产情感。而必须借助外在。这代人普遍情感淡漠，他们更多地依靠外界特别是互联网替他们生产情绪，激活他们的内在情感。

这些心理学是人类过去历史上从没有产生过的。这些心理学的知识，在人类过去的任何一本书上都没有过提及。过去人类的心理学成果主要集中在个体心理学研究领域。无论是弗洛伊德还是其后继者，其研究的全部精华，都在于个体的情感模型。但是这一切知识在互联网时代，都正在失效中。心理学完全赶不上新的时代人类的改变。所以在这个时代，过去传统的心理学家，根本就不懂这个时代的人类心理特征。

这个时代，每天都在对人类心理特征进行揣摩的反而是互联网行业的操盘手。但是他们往往通过各自的领域，来描述其中一个维度的人类新变化。他们无法建立起对这个时代，对人类特征更深刻的理解和全景的描绘。小明对互联网时代的人的心理改变，做过一些尝试性的探索。这些内容都收录在小明的一本书《互联网心理学》里面。

但是互联网时代的革命步伐从来未停止。新的心理学，必须每天修正，力图赶上这个时代的特征。但是这个时代最让人感到担心的是，我们这么多人活在地球上，但是我们彼此之间确实没有生活在同一个时代。认知模式和价值观的鸿沟，也发生在年龄相同的一代人之中。由于价值观的不同，都隔离在大大小小的不同社群。除了个别游离态的粉丝还没有确定自己的归属之外，每一个人，都只在自己的小圈子里面生活着。人和人之间的沟通变得更加不可能，包括父母和孩子之间的沟通。

二三十年后从事什么行业好?

现在3—9岁的孩子学什么能为二十年后打基础?

二三十年后，从事什么样的行业好?

我们现在应该为孩子做什么样的准备?

其实在互联网这场革命来临的时候，大多数人就像是清末浑浑噩噩的人，虽然注意到革命要来了，但是都不知道革命会怎么样，也不认为革命会给自己的生活带来多么大的影响。

就像前段时间热播的电视剧《白鹿原》中描述的那样，白鹿原上的人在革命来临之前会想，我们就是做农民的，祖祖辈辈就生活在这片土地上，我们才不相信革命会把我们怎么样!

不过当革命真的开始的时候，你会发现没有准备的人简直是不堪一击。

可以肯定地说，暂且不提二十年后的孩子们会生活在什么样的世界，就目前，我们这代人都会被互联网时代深深改变。

一、财富形式的改变

小明在这里预言，无论是身价很高的富翁还是中产阶级，如果你从事的是传统行业而不是与互联网有关的行业，都守不住自己的财富。

这一点从《白鹿原》就能看出来：聪明的人会在土改之前把土地变卖出去，而有的人看不清形势反而去收购土地，等到土改一来，他就变成了被批斗的对象。

这就告诉我们要对社会发展的趋势有基本的预判，能够先看到这个问题，才能想到未来会有怎样的变化，想到未来自己的孩子会有怎样的变化，再把注意力聚焦到互联网对我们的影响上。小明在《互联网心理学》中，把互联网比喻成一次新的“土改”，而这次“土改”最大的特点就是，一切正在由真实世界转到虚拟的网络生活。

人类科技的发展，在工业化初期，改变的是真实的物理世界。到后来的电气时代，人类的发展就出现了一个拐点，这个拐点就是：互联网让我们慢慢从真实世界撤出来，再慢慢地进入到虚拟的世界。而且不分民族、地域，国家人手一机的趋势，意味着未来我们所做的事都要与网络沾边。

过去在现实中读纸质书，变成了网络上的读书会；咨询室中的心理咨询变成了网络上的心理咨询；教室里面对面的授课变成网络上的微课堂；人和人线下玩游戏变成了虚拟的电子游戏等等，其中任何的改变都使得这个行业产生了暴富的机会。

二、人工智能相关的工作都会被需要

进入互联网化之后，真实世界的一切都将被人工智能取代，人工智能将会以最快的速度取代大部分人能做的事情。

在这个过程中，大部分的人将会失业，部分的人能抓住机会从事与人工智能有关的研究。

不仅懂计算机开发的人才能够从事这行，人工智能代替人的过程中，必须要研究过去人的一切是怎样思考的，包括道德是怎样的规则，因为要把这个规则套到人工智能上，所以研究哲学、伦理、法律的人都会被需要。

三、人性的研究

这会帮助我们弄清楚二三十年之后，什么行业我们可以继续做。

需要注意的是：人性中哪些可能是会被人工智能改变的，什么是不会变的。比如，人类的情绪、非逻辑思维、艺术思维这些是人工智能不太能替代的，从这个角度而言，未来二十年从事与这些相关的行业都会有创业、发展机遇。

说了这么多，其实当你能够关注到这个问题，就已经比别人领先了半步，提前避免当互联网化、人工智能的革命来的时候，无所准备。

有些父母比较聪明地培养自己的孩子，选择了人工智能无法取代的一些行业，比如与艺术有关，运动相关的。举个例子，没有任何人会有兴趣看到一群机器人打高尔夫球、骑马、踢足球。

有些领域，人类是会保留下来的，因为我们喜欢看到人类有缺陷、犯错误。比如创造，是互联网和机器无法取代的。所以可以从艺术、创造力、情感的角度去考虑未来二三十年后可以从事的行业。

当然，极少数无法被人工智能所替代的行业，大家是可以考虑的，在这里小明要和大家强调的是，与心理学相关行业的很多工作是暂时无法取代的。

道理非常简单，在很多涉及人性的地方，需要与人打交道，人工智能并不能深刻地理解人的处境，因为他们是永生的。

除此之外，心理学既研究人性，也研究机器性（机器独特的认知模式、决策模式，独特的思维方式），未来很多行业都会和心理学有很大的关系，如果一定要选择大学专业，小明认为心理学是你不能够错过的专业，不管多少都应该懂点。